U0113223

"一带一路"能源合作投资指南丛书

Investment Guide on Energy Cooperation between
China and Countries along the Belt and Road
— Indonesia

中国与"一带一路"沿线国家
能源合作投资指南
—— 印度尼西亚

李春丽　谢敬东　主编

上海财经大学出版社

图书在版编目(CIP)数据

中国与"一带一路"沿线国家能源合作投资指南.印度尼西亚/李春丽,谢敬东主编. —上海:上海财经大学出版社,2022.10

("一带一路"能源合作投资指南丛书)

ISBN 978-7-5642-3963-3/F · 3963

Ⅰ.①中… Ⅱ.①李…②谢… Ⅲ.①能源经济-经济合作-国际合作-中国、印度尼西亚-指南 Ⅳ.①F426.2-62②F434.262-62

中国版本图书馆 CIP 数据核字(2022)第 036200 号

□ 责任编辑 杨 娟
□ 封面设计 贺加贝

中国与"一带一路"沿线
国家能源合作投资指南
——印度尼西亚

李春丽 谢敬东 主编

上海财经大学出版社出版发行

(上海市中山北一路 369 号 邮编 200083)

网 址:http://www.sufep.com

电子邮箱:webmaster @ sufep.com

全国新华书店经销

江苏苏中印刷有限公司印刷装订

2022 年 10 月第 1 版 2022 年 10 月第 1 次印刷

710mm×1000mm 1/16 17.5 印张(插:2) 268 千字

定价:78.00 元

前　言

　　2013年9月和10月，中国国家主席习近平先后提出了建设"丝绸之路经济带"和"21世纪海上丝绸之路"的合作倡议，简称为"一带一路"。"一带一路"借用古代"丝绸之路"的历史符号，沿袭良好的国际交往历史传承，高举和平发展的旗帜，倡导合作共赢的理念，积极发展中国与沿线国家的经济合作伙伴关系，共同打造政治互信、经济融合、文化包容的利益、命运和责任共同体。"一带一路"倡议提出至今，中国与140多个国家和30多个国际合作组织签署了"一带一路"合作文件，有力推动了沿线国家的协同发展。

　　国际能源合作与安全一直是"一带一路"倡议中不可或缺的重要组成部分。在"一带一路"倡议下，中国与沿线国家的能源合作向纵深发展，参与"一带一路"的能源企业规模不断扩大，能源合作呈多元化的良好发展态势，形成了互利共赢的良好局面，也为解决中国能源问题提供了强有力的支撑。与此同时，"一带一路"相关合作企业需要增加对"一带一路"国家资源条件、投资环境、人文环境、政策法规等基本情况的了解，以增进彼此之间的信任，增进相互之间的友谊，化解不必要的矛盾，规避潜在的风险。

　　印度尼西亚位于亚洲东南部，是东南亚面积最大的国家，也是世界人口第四大国及东南亚第一经济体。印度尼西亚是东南亚能源生产与消费大国之一，蕴藏着丰富的能源资源，拥有丰富的水能、地热能、太阳能等可再生能源资源。相比化石能源，印度尼西亚可再生能源的开发程度还依然处于较低水平。印度尼西亚巨大的能源需求潜力及良好的经济活力，使其在"一带一路"能源合作中占有着重要地位。近些年，中国与印度尼西亚在油气、煤炭、电力等传统能源领域的合作卓有成效,在新能源领域的合作也已开始起步。随着能源转型、环境保护等影响因素的不断增强,中国与印度尼西亚新能源领域的合作空间十分广阔。

本书全面介绍了印度尼西亚能源投资环境,为相关能源合作企业提供投资和运营决策参考。

作　者

2022 年 1 月

目　录

1

印度尼西亚国家概况

1.1　地理环境

1.1.1　地理位置

印度尼西亚,全称为印度尼西亚共和国(印度尼西亚语:Republik Indonesia,英语:Republic of Indonesia,简称印尼)。位于亚洲东南部,由太平洋和印度洋之间的 17 508 个大小岛屿组成,是世界上最大的群岛国家。国土面积约191.36 万平方千米,海洋面积 316.6 万平方千米(不包括专属经济区)。与巴布亚新几内亚、东帝汶、马来西亚接壤,与泰国、新加坡、菲律宾、澳大利亚等国隔海相望。

1.1.2　首都

印度尼西亚首都雅加达,是全国的政治、经济和文化中心,常住人口1 037.4 万人。2019 年 8 月 26 日,印度尼西亚总统佐科·维多多发布迁都计划,2024 年将首都从雅加达迁至东加里曼丹省。雅加达比北京时间晚 1 小时。

1.1.3 行政区划

印度尼西亚共有一级行政区(省级)34 个,包括雅加达首都、日惹、亚齐 3 个地方特区和 31 个省。二级行政区(县/市级)共 514 个(2021 年统计)。①

1.2 政治环境

1.2.1 宪法

现行宪法为《"四五"宪法》。该宪法于 1945 年 8 月 18 日颁布实施,曾于 1949 年 12 月和 1950 年 8 月被《印度尼西亚联邦共和国宪法》和《印度尼西亚共和国临时宪法》替代,1957 年 7 月 5 日恢复实行。1999 年 10 月至 2002 年 8 月先后经过四次修改。

宪法规定,印度尼西亚为单一的共和制国家,"信仰神道、人道主义、民族主义、民主主义、社会公正"是建国五项基本原则(简称"潘查希拉")。

1.2.2 总统

印度尼西亚实行总统制。总统为国家元首、行政首脑和武装部队最高统帅。2004 年起,总统和副总统不再由人民协商会议选举产生,改由全民直选。

总统每届任期五年,只能连任一次。总统任命内阁,内阁对总统负责。2019 年 4 月 17 日,印度尼西亚举行历史上首次总统和立法机构同步选举。现任总统佐科和印度尼西亚伊斯兰教法学者理事会总主席马鲁夫搭档,普拉博沃和前雅加达副省长桑迪亚加搭档参选总统。佐科组合赢得总统选举,任期至 2024 年。

1.2.3 人协

人协,全称人民协商会议。国家立法机构,由人民代表会议(国会)和地方

---

① 中华人民共和国外交部,www.fmprc.gov.cn。

代表理事会共同组成,负责制定、修改和颁布宪法,并对总统进行监督。如总统违宪,有权弹劾罢免总统,每5年换届选举。本届人协于2019年10月成立,共有议员711名,包括575名国会议员和136名地方代表理事会成员。设主席1名,副主席4名。现任主席为班邦·苏萨迪约(Bambang Soesatyo)。

1.2.4　国会

国会,全称人民代表会议。国家立法机构,行使除修宪之外的一般立法权。国会无权解除总统职务,总统也不能宣布解散国会,但如总统违反宪法,国会有权建议人协追究总统责任。本届国会于2019年10月成立,共有议员575名,兼任人协议员。任期五年。设议长1名,副议长4名。现任议长为布安·马哈拉尼(Puan Maharani)。本届国会共有9个派系,即民主斗争党派系(19.33%)、大印度尼西亚运动党派系(12.57%)、专业集团党派系(12.31%)、民族觉醒党派系(9.69%)、国民民主党派系(9.05%)、繁荣公正党派系(8.21%)、民主党派系(7.77%)、国民使命党派系(6.84%)、建设团结党派系(4.52%)。[①]

1.2.5　地方代表理事会

地方代表理事会系2004年10月新成立的立法机构,负责有关地方自治、中央与地方政府关系、地方省市划分以及国家资源管理等方面立法工作。成员分别来自全国34个省级行政区,每区4名代表,共136名,兼任人协议员。设主席1名,副主席2名。现任主席为拉·尼亚拉·马塔利蒂(LaNyallaMattalitti)[②]。

1.2.6　政党

印度尼西亚实行多党制。1975年颁布的政党法只允许三个政党存在,即专业集团党、印度尼西亚民主党、建设团结党。1998年5月解除党禁。2019年大选中,共有16个政党参选,9个政党获得国会议席,民主斗争党成为国会第一大党。

---

① 中华人民共和国外交部,www.fmprc.gov.cn。
② 中华人民共和国外交部,www.fmprc.gov.cn。

1.2.7　法律体系

印度尼西亚的法律体系属于大陆法系,包括三部分:

①习惯法、伊斯兰法与荷兰法三者融合的刑法体系;

②以习惯法和伊斯兰法为主的民法体系;

③以荷兰法为基础的商法体系。

印度尼西亚法律的主要形式包括:宪法、人民协商会议通过的决议、人民代表会议通过的法律、具有替代性或临时性的行政法规、一般行政法规、总统法令和部长法令、地方性法规。

除部长法令外,以上立法文件的效力等级依次递减。部长法令的效力等级不明确,在实践中易引起争议。同时,国际条约的效力等级也不明确,在实践中易混乱。

在涉外法律方面,与中国相关的包括三个部分:

①中国与印度尼西亚签订的双边协定;

②中国与印度尼西亚共同参加的国际条约;

③中国与东盟自由贸易区的制度框架。①

1.3　金融环境

1997年亚洲金融危机中,印度尼西亚银行业受到巨大冲击,印度尼西亚盾严重贬值,出现清偿危机,并导致大规模挤兑现象,银行失去社会信誉。为此,根据与国际货币基金组织(IMF)达成的协议,政府对银行体系实行全面的改革。经过整顿,银行效益明显改观。IMF和亚洲开发银行向印度尼西亚提供贷款,大大改善了印度尼西亚的金融环境。

1.3.1　当地货币

印度尼西亚货币为印度尼西亚盾,印度尼西亚盾可自由兑换。在印度尼西

---

① 新浪网,https://k. sina. cn/article_6439963853_17fda0ccd001002x39. html。

亚的金融机构、兑换点,印度尼西亚盾可与美元、欧元等主要货币自由兑换。2015年以来,受世界经济不景气的影响,印度尼西亚出口额不断下降,而印度尼西亚国内需求旺盛,进口大幅上升,导致经常项目逆差扩大。

1.3.2 外汇管理

印度尼西亚实行相对自由的外汇管理制度。印度尼西亚盾可自由兑换,资本可自由转移。印度尼西亚货币实行自由浮动汇率政策,印度尼西亚银行采取一篮子货币汇率定价法,根据印度尼西亚主要贸易伙伴的货币汇率的特别提款权的汇率变化来确定印度尼西亚盾的对外比价,每日公布其汇率,2021年8月1日印度尼西亚货币对美元汇率为1美元兑14 460印度尼西亚盾。

2018年11月,中国人民银行与印度尼西亚央行续签了双边本币互换协议,旨在方便两国贸易和投资,维护金融市场稳定。协议规模为2 000亿元人民币/440万亿印度尼西亚盾,协议有效期三年,经双方同意可展期。

2021年9月6日,印度尼西亚银行宣布,根据与中国人民银行2020年9月30日签署的谅解备忘录,双方自2021年9月6日起正式启动印度尼西亚与中国本币结算合作框架(LCS)。此举是两国央行深化货币金融合作的重要里程碑,有助于形成印度尼西亚盾/人民币直接报价,扩大两国经贸往来中本币使用,促进贸易投资便利化。①

1.3.3 银行和保险公司

①中央银行:印度尼西亚中央银行是印度尼西亚银行(Bank Indonesia),是与内阁各部门平级的独立机构,具有不受其他部门干预,独立行使职能的权力;强调维护金融稳定、加强监督;制定并履行货币政策,维护盾币稳定;管理货币流通和利率,调节和保证支付系统工作顺利进行;通过监管手段健全银行和贷款体系。

②商业银行:印度尼西亚当地的主要商业银行有:Bank Mandiri、Bank Central Asia、Bank Nasional Indonesia、Bank Rakyat Indonesia、Bank Internasional

---

① 中华人民共和国国务院新闻办公室,http://www.scio.gov.cn/m/31773/35507/35513/35521/Document/1712073/1712073.htm。

Indonesia、Bank Danamon。

③外资银行:印度尼西亚当地外资银行有:汇丰银行、花旗银行、美国运通银行、摩根大通银行、荷兰银行、东京三菱银行、德意志银行、渣打银行、盘谷银行以及中国银行、中国工商银行和中国建设银行。与中国银行合作较多的当地代理行有汇丰银行、Bank Central Asia。

1.3.4　信用卡使用

印度尼西亚信用卡的使用较普遍,中国发行的 VISA 卡和万事达卡在当地可用,中国银联卡也可以方便使用。中国工商银行印度尼西亚分行已经在当地发行 VISA 卡和万事达卡,中国银行雅加达办事处也已发行借记卡。

1.4　国际关系

1.4.1　国际地位

印度尼西亚是万隆会议十项原则的重要发起国之一,是 G20、亚非新型伙伴关系、七十七国集团、伊斯兰会议组织等国际或地区组织的倡导者和重要成员,同 190 多个国家建立了外交关系。

1.4.2　外交主张

印度尼西亚外交主张奉行积极独立的外交政策,在国际事务中坚持不干涉内政、平等协商、和平解决争端等原则。1967 年 8 月参与发起成立东南亚国家联盟,视之为外交基石,积极参与东亚合作。主张大国平衡,重视同美国、中国、日本、俄罗斯、澳大利亚、印度以及欧盟的关系。重视不结盟运动和南南合作。主张多边主义,注重维护发展中国家利益,积极参与千年发展目标、联合国改革、气候变化、粮食能源安全、世贸组织谈判等。

1.4.3　同中国的关系

中国与印度尼西亚于 1950 年 4 月 13 日建交。1965 年印度尼西亚发生

"9·30事件"后,两国于1967年10月30日中断外交关系。20世纪80年代,两国关系开始松动。1990年8月8日,两国外长分别代表本国政府签署《关于恢复外交关系的谅解备忘录》,宣布自当日起正式恢复两国外交关系。1999年底,两国就建立和发展长期稳定的睦邻互信全面合作关系达成共识。2000年5月两国共同发表《关于未来双边合作方向的联合声明》。2005年4月两国共同发表关于建立战略伙伴关系的联合宣言。2013年两国共同发表《中印尼全面战略伙伴关系未来规划》。2015年3月两国共同发表关于加强全面战略伙伴关系的联合声明。2015年4月两国共同发表《中华人民共和国与印度尼西亚共和国联合新闻公报》。2018年5月,两国共同发表《中华人民共和国政府和印度尼西亚共和国政府联合声明》,10月,两国签署共建"一带一路"和"全球海洋支点"谅解备忘录。近年来两国领导人交往频繁,两国交往不断加深。[1]

2020年习近平主席三次应约同佐科总统通电话。2021年1月,国务委员兼外长王毅访问印度尼西亚。两国建有副总理级对话机制及政府间双边合作联委会(外长牵头)、经贸合作联委会(商务部长牵头)、防务与安全磋商(副总长级),以及航天、农业、科技、国防工业等领域副部级合作机制。双方除互设使馆外,我国在印度尼西亚泗水、棉兰、登巴萨设有总领馆,印度尼西亚在广州、上海、香港地区设有总领馆。

1.5　社会人文

世界银行数据显示:2020年印度尼西亚人口为2.735亿人,位居世界第四、东南亚第一;其中,城镇人口占总人口的比重为56%,农村人口占总人口的比重为44%(见图1—1)。

印度尼西亚是个多民族、多宗教的世俗国家。全国有100多个不同民族,主要民族有:爪哇族(占45%)、巽他族(占14%)、马都拉族(占7.5%)、马来族(占7.5%)、华人(占5%),此外还有:米南加保族、巴达克族、亚齐族、巴丽族、达雅族、托拉查族、望加锡族、尼亚斯族、卡罗族、巴度伊族、莫拉尼西亚族

---

[1]　中华人民共和国外交部,www.fmprc.gov.cn.

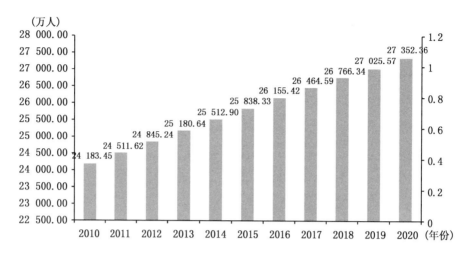

资料来源:根据世界银行数据整理而得。

图 1-1　2010—2020 年印度尼西亚人口总数

等。每个民族都有自己的风俗习惯,对各自活动区域内的矿物资源的开发利用有不同的规定(有些是世代相传下来的习俗)。

印度尼西亚国民中约 87% 的人口信奉伊斯兰教,是世界上穆斯林人口最多的国家,5% 信奉基督教新教,3% 信奉天主教,2% 信奉印度教,1% 信奉佛教。总体而言,在印度尼西亚,伊斯兰教以温和派为主。

中资企业赴印度尼西亚投资前,需对当地社会人文等基本信息有所了解,以便更好地展开投资活动,详见表 1-1。

表 1-1　　　　印度尼西亚社会人文基本信息

民族	数百个民族,主要民族为爪哇族	官方语言	印度尼西亚语
货币	印度尼西亚盾	宗教	伊斯兰教、基督教新教、天主教等
教育	9 年制义务教育	医疗	医疗服务分配不均
工会组织	80 个	主要媒体	安塔拉通讯社、印度尼西亚共和国电视台、《罗盘报》等

续表

习俗	【服饰礼仪】印度尼西亚人在衣着上总体比较保守,在公开场合人们服装普遍十分得体。男性在办公时通常穿着统一工装或穿长裤、白衬衫并打领带。长袖蜡染衫(当地称"巴迪衫")为印度尼西亚国服,在多数正式场合都可以穿着。妇女在办公室穿裙子和有袖的短外套,并避免色彩过于鲜艳。如果参观庙宇或清真寺,不能穿短裤、无袖服、背心或比较裸露的衣服。进入任何神圣的地方,一定要脱鞋。在巴厘岛,进入寺庙要在腰间束腰带
	【仪态礼仪】在印度尼西亚,当人们坐下来时,两腿不能交叉,如果非要这样做,就要把一条腿的膝盖放在另一条腿的膝盖上面。在巴厘岛,坐下时两腿要平放在地板上。在印度尼西亚,打呵欠要用右手将嘴遮住,否则是不礼貌;不要嘲笑别人的错误,也不能模仿任何人的动作,否则会伤害他们的感情;不要在街上或走路时吃东西,也不要用左手与人握手、触摸别人;与人谈话或进入别人家,都要摘下太阳镜
	【相见礼仪】印度尼西亚人友善且容易接近。在社交场合与客人见面时,一般习惯以握手为礼;在作正式介绍时,对称谓要多加注意,多数中间阶层的印度尼西亚人有两个名字,而许多下层人民只有一个。富有者通常都有很长的姓和名,通常只选用一个短名和首字母缩写名。在称呼人时,只能使用他们的第一个姓,不能使用第二个
	【餐饮礼仪】印度尼西亚人饮食习惯上以大米为主食,副食品主要有鱼、虾、牛肉等。印度尼西亚人习惯吃西餐。由于受当地华人的影响,他们普遍喜欢中餐。除在官方场合有时使用刀叉外,他们在用餐时,有边吃边喝凉开水的习惯,也爱喝葡萄酒、矿泉水等,一般不喝烈性酒
	【商务礼仪】印度尼西亚人特别注重送名片。初次相识,客人应把自己的名片送给主人,名片文字用英文。印度尼西亚人喜欢平和的声调、不摆架子的姿态和寻求一致的良好愿望,与他们谈判应态度谦逊并放低声音。拜访印度尼西亚商人时最好带上礼物,收下礼物即意味着承担了某种责任;对别人送的礼品要欣然接受,但不要当面打开包装。印度尼西亚商人喜欢宴请,作为客人,在回国前应以相同标准回报他人一次
	【主要禁忌】印度尼西亚人忌讳用左手传递东西或食物;忌讳有人摸他们孩子的头部,那会被认为是缺乏教养的行为;忌讳老鼠和乌龟;与印度尼西亚人交谈应避开政治、宗教等话题

1.6　发展规划

1.6.1　"建设全球海洋支点"战略构想

全球海洋支点战略由佐科·维多多于2014年竞选总统期间提出,被确立为佐科领导下新一届印度尼西亚政府国家战略性的施政纲领。2014年11月东盟领导人峰会上,佐科作为印度尼西亚总统在发言中正式提出全球海洋支点战略,主要包括五个方面的内容:

①重建印度尼西亚海洋文化；

②巩固和管理海洋资源，重点关注渔业资源；

③优先发展海洋基础设施和交通；

④通过海洋外交加深同各邻国的协同开发；

⑤加强构建海军防御能力。

"全球海洋支点"战略包括经济、政治、外交、军事、文化等多个维度，尤以经济为主。佐科当选总统后宣布成立新的海事统筹部，统筹管理海事与渔业部、旅游部、交通部、能源及矿业部四个相关部门。"全球海洋支点"战略延续了印度尼西亚原有的经济发展规划，但更突出强调海洋的重要性，在基础设施建设方面优先规划海上基础设施，如海上高速公路、深海港、航运业和海洋旅游业等。①

"全球海洋支点"战略与"一带一路"倡议存在高度对接的可行性，已作为"一带一路"建设的对接，写入了 2015 年 3 月发布的《中国与印度尼西亚关于加强两国全面战略伙伴关系的联合声明》中。②

1.6.2　新建经济增长中心

2018 年 7 月，为缩小经济较为发达的爪哇岛与其他地区的发展差距，印度尼西亚政府计划在爪哇岛外新建数个经济增长中心。印度尼西亚政府将推出 3 个国家级项目以促进形成新经济增长极，包括有潜力的大都会加速发展计划、城市和农村同步振兴计划、偏远和边境地区基础设施和基本服务加速发展计划。③

1.6.3　"三北一岛"开发计划

"三北一岛"是印度尼西亚北苏门答腊、北苏拉威西、北加里曼丹和巴厘岛 4 个地区的简称。2019 年 4 月，印度尼西亚政府代表参加第二届"一带一路"国际合作高峰论坛时，提出价值 911 亿美元的 27 个投资项目（详见附录 5），这也是

---

①　应霄燕,谢静岩.印度尼西亚全球海洋支点战略的实施与展望——基于国家战略适应性的分析[J].印度洋经济体研究,2019(6):132—149＋154.
②　应霄燕,谢静岩.印度尼西亚全球海洋支点战略的实施与展望——基于国家战略适应性的分析[J].印度洋经济体研究,2019(6):132—149＋154.
③　中国国际贸易促进委员会,企业对外投资国别(地区)营商环境指南——印度尼西亚(2019).

近年来印度尼西亚政府向世界各国重点推介的投资项目,主要包括海港、工业区、发电厂、冶炼厂和旅游区等。

1.6.4 印度尼西亚工业 4.0 计划

印度尼西亚工业 4.0 计划(详见表 1—2)部分借鉴了德国经验,但目标更为务实,具有较强的可操作性。主要目标是 2030 年进入全球前十大经济体,劳动生产率达到印度当前水平,研发投入强度达到中国当前水平。

表 1—2 印度尼西亚工业 4.0 计划中期拟颁布的十大措施

物流条件服务改善	交通部、工业部紧密合作,面向工业、商业领域物料物流与商品物流需求,建设物流基础设施
完善产业路径规划	工业部与各主要行业协会组织合作,联合制定产业发展路径,以协会为主,工业部审批
更新国家产品标准	参照东南亚先发国家及中国产品标准,完善、更新印度尼西亚国家产品标准
重点扶持中小企业	通过简化审批流程手续,降低中小企业准入门槛,支持集体经济合作社及中小企业发展
数字基础设施改善	建设国家级通信干路网络,改善城市、农村民用网络,在主要工业园区提升网络设施条件
外资吸引政策更新	进一步修订外资准入政策,开放更多产业领域并降低股权占比要求
提升人力资源质量	强化与中、日、韩顶级院校、在地外资及企业合作,联合建立职业培训中心,提升工人素质
持续保护生态环境	简化环保审批流程同时建立以最终结果为导向的环境评价体系
扶持奖励技术投资	通过税收优惠政策鼓励企业将研发投入强度提升至中国当前水平(2%)
统一央地政策法条	回收部分地方政府权限,统一各区域间政策、法条要求,优化营商环境

发展路径强调发挥印度尼西亚资源优势、人力优势,提升基础工业品质量和劳动力素质,融入全球产业链。该计划配套完善,同步发布了政策、预算、路线图等相关文件,可操作性较高。

1.7 优势产业

1.7.1 矿业

矿业在印度尼西亚经济中占有重要地位,印度尼西亚锡、煤、镍、金、银等矿产产量均居世界前列。印度尼西亚是全球最大的煤出口国,第二大的锡、镍生产国。印度尼西亚锡的储量为 80 万吨。煤炭已探明储量为 388 亿吨,主要分布在加里曼丹岛、苏门答腊岛和苏拉威西地区。

煤矿多数为露天矿,开采条件良好,煤炭质量较高,热量为 4 000～7 000 大卡/千克,含硫低,水分略高。金刚石储量约为 150 万克拉,居亚洲前列。印度尼西亚石油储量约为 1 200 亿桶,主要分布在苏门答腊岛、爪哇岛、加里曼丹岛、西兰岛和伊里安查雅等地;天然气储量高,已探明储量为 24 230 兆亿立方米,分布于苏门答腊的阿伦和东加里曼丹的巴达克等地。

1.7.2 旅游业

旅游业是印度尼西亚五大优先发展的支柱产业之一,在政府的大力扶持下,旅游业近年来以每年 10% 的速度增长,发展潜力巨大。根据世界旅游理事会统计,旅游业为印度尼西亚经济贡献了 170 亿美元。该机构称,印度尼西亚旅游业发展在世界排名第九,在亚洲位居第三,是东南亚旅游业发展最快的国家。据印度尼西亚旅游部消息,印度尼西亚 2019 年接待外籍游客 1 610 万人次,新冠肺炎疫情对印度尼西亚旅游业造成了沉重打击,疫情暴发前曾预期 2020 年可达 1 800 万人次,然而 2020 年前往印度尼西亚的外国游客人数仅为 402 万人次。2021 年 1—6 月,前往印度尼西亚的外国游客人数达到 80.2 万人次,比 2020 年同期的 313 万人次相比,大幅下降 74.33%,特别是以旅游业为最主要支柱的巴厘岛经济遭受重创。

1.7.3 基础设施建设

印度尼西亚基础设施建设发展相对滞后,是制约其经济增长和投资环境改善的一个主要瓶颈。与此同时，加强基础设施建设也是保证印度尼西亚经济能够年均增长 6% 的重要因素。印度尼西亚是群岛国家，与邻国直接接壤较少，外界互联互通主要通过海路、航空等方式。

随着经济发展和旅游业兴旺，印度尼西亚航空运输日益繁忙。各省、市及偏远地区均通航，全国有 179 个航空港，其中有 23 个达到国际标准，开通了国际航班、国内航班、朝觐航班、先锋航班等。航空公司主要有 Garuda 航空公司、Citilink 航空公司、Lion 航空公司、Sriwijaya 航空公司。政府的空运业发展方案包括当前主要机场的维护、改进和扩建，以及新机场的建设和旧机场的替代，具体项目包括棉兰、龙目机场建设。

印度尼西亚水路运输较发达，水运系统包括岛际运输、传统运输、远洋运输、特别船运。印度尼西亚全国有水运航道 21 579 千米，其中苏门答腊 5 471 千米，爪哇/马都拉 820 千米，加里曼丹 10 460 千米。印度尼西亚有各类港口约 670 个，其中主要港口 25 个。

为解决交通基础设施落后问题。2016 年印度尼西亚第 3 号总统令确定了"国家战略项目"。该项目旨在重点推动印度尼西亚铁路、高速公路、机场、港口和水坝建设，以改善交通状况。2018 年，印度尼西亚政府确定了 222 项重要工程作为国家战略建设项目，外加 3 项建设纲领。其中，69 项是公路建设，51 项是水坝工程，16 项是铁路工程等，所需资金共约 4 100 万亿印度尼西亚盾。根据印度尼西亚政府发布的《2020—2024 年国家中期发展计划》，基础设施将成为本届政府的优先发展项目，用于发展基础设施的基金总额达 3 591 亿美元，并计划未来 5 年把高速公路修通至全国的小型工业区、经济特区、旅游区、农业区和渔业区等，以促进当地经济迅速增长。

1.7.4 能源产业

印度尼西亚是化石能源与可再生能源大国，煤炭储量占世界煤炭总量的 3.1%，约有 280 亿吨的煤炭资源储备，是世界第四大煤炭生产和出口国；印度尼西亚还是亚洲第二大石油生产国，但石油勘探开发基本上依靠国外石油公司；印度尼西亚天然气储量在亚太地区位列第三，是东南亚最大的天然气供应国。此外，印度尼西亚地处太平洋板块与亚欧板块碰撞带，拥有丰富的地热、风能、太阳能及水力资源,可再生能源发展潜力较大。

近年来,随着印度尼西亚国内石油资源的日益紧张以及能源消费需求的持续增长,印度尼西亚已从传统的石油净出口国转变为石油净进口国,发展推广天然气、生物燃油、地热、太阳能和风能等替代能源已成为印度尼西亚政府"国家能源战略"的重要一环。

1.7.5 房地产业

近年来,印度尼西亚房地产业的发展也被广泛看好。房地产公司销量增长背后的动力是日益增长的城市人口对刚需住房的需求。住房的供不应求证明了房地产业巨大的发展潜力。开发商之间的竞争也日趋激烈,竞相以经济实惠的价格提供性价比更高的公寓或其他类似的刚需住宅项目。

房地产的投资价值引起了印度尼西亚本地投资者的兴趣,很多印度尼西亚本地人购买房产不再只是为了满足自己的住房需求,而是作为一种长期的投资。除了本地投资者,房地产业的投资潜力也吸引了外商的关注。目前已有多家世界知名的房地产开发商关注印度尼西亚房地产市场,包括中国、澳大利亚、日本、韩国和新西兰的投资者。

1.8 地区概况

印度尼西亚岛屿分布较为分散,主要有爪哇岛、苏门答腊岛、加里曼丹岛、苏拉威西岛、努沙登加拉群岛、马鲁古群岛和巴布亚群岛。

1.8.1 爪哇岛

爪哇岛面积 13.9 万平方千米,人口数 1.45 亿人(2021 年),人口密度 1 080 人/平方千米,是世界上人口最多的岛屿,也是世界人口密度最高的岛屿。

岛上 2/3 以上土地已开垦,主要粮食作物是水稻,其他作物有玉蜀黍、木薯、花生、大豆和甘薯等。岛上还生产木棉、芝麻、蔬菜、香蕉、芒果、柑橘和植物油等供当地消费,并出口茶叶、咖啡、烟草、橡胶、金鸡纳(奎宁的原料,种植在西爪哇高地）、甘蔗、木棉（种植在岛的东部）和椰子。爪哇生产的奎宁占世界奎宁产量的绝大部分。

西北海岸外的阿周那（Arjuna）油田是印度尼西亚的主要油田，有一条管道将油田与芝勒贡（Cilegon）连接，在芝拉札（Cilacap）、札普（Jepu）和泗水均设有炼油厂。岛上开采少量的锰、硫黄、磷酸盐、金和银。小规模的制造业包括蜡染印花、铸铁、银器加工、农具、鞣革、瓷砖及其他陶瓷制品。较大规模的工业包括纺织、橡胶制品、汽车装配、酿酒，以及鞋、纸张、肥皂、水泥、香烟的生产。

贾蒂卢胡（Jatiluhur）水坝是印度尼西亚最大的水坝。国家无线电网总部设于雅加达，泗水和雅加达附近的丹戎不碌（Tanjungpriuk）是印度尼西亚的主要港口。

1.8.2 苏门答腊岛

苏门答腊岛面积 47.3 万平方千米，是世界第六大岛屿，印度尼西亚最大的岛屿。人口数 57.76 万，是印度尼西亚人口第二多的岛屿。人口稠密的地区包括北苏门答腊、西苏门答腊的中央高地。最大城市是棉兰和巨港。

农业以稻米、咖啡、橡胶、茶叶、油棕、烟草、椰子等为主。出口农产品包括橡胶、烟草、茶叶、咖啡、棕榈油、苎麻纤维、琼麻、椰干、槟榔子、木棉、花生和胡椒。北苏门答腊高地种植出口用蔬菜。工业包括炼油、采矿、机械、化工、食品加工等。

重要城市有棉兰、巴东、巨港等。岛内山脉、平原和北部沿海沼泽相间分布，是印度尼西亚经济作物的最大种植园区。除锡、石油等矿产资源外，该岛主要种植橡胶、咖啡等各种热带经济作物。物产出口值占印度尼西亚的 60% 以上，可见苏门答腊岛在印度尼西亚经济中多么重要。

苏门答腊及其邻近岛屿蕴藏石油、天然气、锡、铝土矿、煤、黄金、银和其他矿产。靠近沙哇伦多（Sawahlunto）的翁比林（Umbilin）煤田面积约 100 平方千米。其他煤田包括亚生（Asen）山及南苏门答腊的矿床。廖内省的杜马伊（Dumai）地区有若干印度尼西亚境内最高产的油井；巨港和庞卡南—布郎丹（Pangkalan Brandan）也有油田开发。

1.8.3　加里曼丹岛

加里曼丹岛是世界第三大岛,面积74.33万平方千米。该岛为印度尼西亚、马来西亚和文莱共有,其中大部分区域归印度尼西亚。

加里曼丹岛大部分地区经济贫困,森林地带尚未开发。经济开发仅限于河流下游及海滨地带。

矿产包括石油、天然气、煤、金刚石、铜、金、铝土、镁、硫、铁、金、银、石英砂、石灰石、浮石等。

农产品有稻米、橡胶、胡椒、西(谷)米、椰子等。陆上交通以公路为主。大河多能通航。石油及铜矿开采和伐木业重要。金刚石储量居亚洲前列。西谷粉、胡椒产量居世界首位。石油、天然气和煤的开采与加工日益重要。岛上经济产业以林木业为主,另外有藤等森林资源。石油开采方兴未艾,靠近南中国海地带有大量石油分布。

加里曼丹是印度尼西亚唯一一个不处于火山地震带的区域,水电资源丰富。佐科政府目前正在研究的印度尼西亚迁都计划,几个迁都目的地都位于该岛。

1.8.4　苏拉威西岛

苏拉威西岛陆地面积为174 600平方千米,是印度尼西亚山地面积比重最大的岛屿,也是世界第11大岛,人口密度111.46人/平方千米。

该岛及邻近岛屿分为4省。岛上经济最发达的地区在南苏拉威西和北苏拉威西顶端部分。南方种水稻、玉米、木薯、芋、豆;沿海种烟草,制取海盐;坦佩(Tempe)与锡登伦(Sidenreng)两湖周围的冲积平原种植谷类。巴里巴里(Parepare)以东的萨维洛(Sawito)河上建有水电站。东北出产椰干、林产品和一些硫黄,还有相当规模的渔业。

1.8.5　努沙登加拉群岛

努沙登加拉群岛又名小巽他群岛,主要包括从巴厘到帝汶的两支岛弧,北支有巴厘、龙目、松巴哇、科莫多、弗洛里斯、索洛尔、龙布陵、阿洛诸岛,南支有松巴、萨武、罗地、帝汶等岛。

努沙登加拉群岛绝大部分属印度尼西亚,分属巴厘省、东努沙登加拉省和西努沙登加拉省管辖。帝汶岛部分地区属东帝汶。

东努沙登加拉省经济相对落后,渔业和畜牧业在其经济中占有重要地位,水产品主要包括石斑鱼、海参、海草和珍珠等。该省的草原适合发展畜牧业,木材开采潜力可达每年 14 713 吨。外商投资主要集中在渔业和服务业。出口农产品包括咖啡、可可等,出口目的地包括日本、中国、马来西亚、新加坡等。

西努沙登加拉省是印度尼西亚的"粮仓"之一,农业占其经济总量的四分之一。水稻是西努沙登加拉省主要粮食作物,每年种两季,种植总面积为 39.7 万公顷。

西努省可供经济作物种植园使用的土地面积达 665 314 公顷,种植园经济作物有椰子、腰果、咖啡、可可等 20 种。畜牧业以黄牛养殖为主。西努省工业发展相对落后,占其经济总量的 4%。主要出口精炼铜、珍珠、腰果、工艺品、海草等。主要出口市场为日本等。旅游业也是西努沙登加拉省经济的支柱产业之一。当地政府非常重视旅游业的发展,特别是龙目岛现已成为印度尼西亚著名的旅游胜地。

巴厘岛盛产稻米、玉米、椰子和咖啡,农业生产多以集体合作形式进行。土地垦殖率 65% 以上,还生产木薯、烟叶、花生、甘蓝、洋葱、水果、棕油等。牛奶、咖啡与椰干是巴厘岛主要出口产品。

与巴厘岛不同的是,龙目岛拥有众多未经破坏的自然生态系统,是印度尼西亚最有名的潜水胜地之一。著名的景点包括圣吉吉海滩、吉利岛和林贾尼火山等。

巴厘岛是印度尼西亚经济发展较发达的区域,是世界著名的旅游胜地,连续几年占印度尼西亚旅游收入的 45%。当地 80% 的居民从事旅游业。旅游业是巴厘岛的支柱产业,每年创造的产值占印度尼西亚 GDP 的 1%~1.5%。2018 年巴厘岛的外国游客总数超过 600 万人次,酒店平均入住率达 90%。自 2006 年起,中国成为巴厘岛最大的外国游客来源地,中国各主要城市均已开通飞往巴厘岛的航班。2018 年,从巴厘岛入境印度尼西亚的中国游客人数为 136.15 万人次,占访问巴厘岛国际游客总数的 22.43%。

2020 年 3 月初新冠肺炎疫情在印度尼西亚爆发,以旅游为最主要支柱的巴厘岛经济遭受了巨大打击。虽然印度尼西亚中央政府、旅游和创意经济部、巴厘省政府采取了一系列措施,数度规划巴厘岛的重新开放,终因疫情反复而未能如愿。2021 年以新冠变异病毒德尔塔毒株快速传播为主要特征的疫情反弹,让该岛防控形势更趋严峻。

1.8.6 马鲁古和巴布亚

马鲁古群岛是印度尼西亚东北部的一组群岛,属马鲁古省,包含哈马黑拉、塞兰、布鲁等岛。马鲁古群岛横贯赤道,分干季和雨季,森林覆盖率达 76%,有镍矿,主要种植稻、玉米、椰子和西谷米,出口木材、豆蔻、鱼虾和珍珠。巴漳岛建有东南亚的最大鱼干厂。岛际交通主要靠轮船,较大岛屿的内地有与海岸平行的公路,哈马黑拉岛的贾伊洛洛(Jailolo)建有机场。安汶是省会城市,其他重要城镇包括特尔纳特、楠勒阿(Namlea)、玛索希(Masohi)、图阿尔(Tual)、索阿休(Soasiu)、莫罗泰(Morotai)和拉布哈(Labuha)。

巴布亚省和西巴布亚省位于印度尼西亚版图最东边,东面接壤巴布亚新几内亚独立国,北临太平洋,南临阿拉弗拉海。巴布亚省是印度尼西亚面积最大的省,土地面积达 319 036 平方千米,占印度尼西亚国土面积的 16.7%。该地区位于新几内亚岛(New Guinea)西侧。新几内亚岛又称伊里安岛,是太平洋第一大岛屿和世界第二大岛,仅次于格陵兰岛。

农业方面,适合耕种的土地面积为 128 700 平方千米,占全部土地面积的 40.34%。主要农作物包括稻谷、玉米、木薯、红薯、花生、大豆、绿豆和芋头等。蔬菜和水果种类齐全,蔬菜包括红洋葱、大蒜、番茄、卷心菜、红辣椒、土豆、青豆、黄瓜、茄子、芥菜、四季豆、苋菜、胡萝卜等;水果包括牛油果、芒果、红毛丹、椰色果、木菠萝和柑橘等。

巴布亚省有大约 5 462 718 公顷土地适合发展种植园业,但被开发利用的比例极低(约 3%)。巴布亚省种植业作物主要包括椰子、烟叶、咖啡、坚果、豆蔻、橡胶以及棕榈油和可可。该省林区面积达到 32 271 799 公顷,森林覆盖率达到 90%。树木种类繁多,已发现的树种超过 1 000 多种,其中 150 种为经济类树木。巴布亚省畜牧业和家畜饲养业有广阔的发展空间,但适合发展畜牧业的地区尚未被充分利用与开发,因此巴布亚省每年仍从其他地区大量进口肉类产品。

巴布亚省三面环海,拥有 2 000 多英里的海岸线,内陆河流湖泊也分布广泛,因此渔业发展潜力巨大。海洋渔业产品包括金枪鱼、表层鱼类及底栖鱼类等;淡水鱼类有金鱼、鲶鱼以及各种甲壳类水产品。

基础设施方面,巴布亚省公路里程约为 21 824 千米。其中,国家级公路 2 637 千米,省级公路 2 362 千米,区级公路 16 825 千米。目前,当地政府正在着力建设连接巴布亚省全境的 11 条公路网络。巴布亚境内有大小机场 255 个,大部分省内各县首府机场可以起降 DHC6 型支线客机。比亚克岛(Biak)、蒂米卡(Timika)、查亚普拉等国际机场可以起降波音 747 飞机以及空中客车。约 75% 的旅客和货物通过海运进入巴布亚省,该省最繁忙的三个海港是马老(Merauke)、查亚普拉和比亚克岛。

邮政和通信设施基本完备,邮政服务覆盖到村,付费电话、电信营业厅和公共电话分布广泛,所有城市均已覆盖 Indosat 和 Telkomsel 这两家移动运营商的手机信号。

2

印度尼西亚经济概览

近年来,印度尼西亚经济保持快速发展,但受全球经济疲软和新冠肺炎疫情等因素影响,印度尼西亚经济也面临一定压力。预计印度尼西亚政府可能采取相对宽松货币政策、加征消费品进口关税并推迟大型资本品进口等系列措施,以刺激经济复苏并改善经常账户逆差状况。

2.1 宏观经济分析

2.1.1 宏观经济

一是总体经济发展较快。印度尼西亚是东南亚地区的第一大经济体,农业、工业和服务业均在国民经济中有着重要地位。目前已成为该地区经济增长最快的国家。即使受到了2008年金融危机的冲击,印度尼西亚的经济仍然保持了较快的增长。但近几年由于该国进出口受国际需求与价格影响下滑明显,其经济增速有所放缓,详见表2—1。但随着印度尼西亚服务部门投资限制的减少、基础设施建设投资的增加,以及国内消费的稳健增长,印度尼西亚的经济将被注入新的活力。

表 2-1　　　　　　　　　印度尼西亚 2010—2020 年主要经济数据

统计年度	GDP(百万美元)	GDP 增长率(%)	人均 GDP(美元)	人均 GDP 增长率(%)
2010	755 094.157 6	6.223 9	3 125.219 9	4.839 9
2011	892 969.104 5	6.169 8	3 647.626 6	4.784 1
2012	917 869.913 4	6.030 1	3 700.523 5	4.649 5
2013	912 524.136 7	5.557 3	3 631.672 7	4.200 2
2014	890 487.074 9	5.023 9	3 499.588 7	3.708 7
2015	861 933.966 4	4.793 9	3 346.487	3.529
2016	943 549.939 2	5.1	3 620.945 4	3.883
2017	1 015 857.626	5.1	3 848.071 2	3.955
2018	1 041 772.436	5.2	3 891.995	4.013 2
2019	1 119 190.781	5.02	4 135.569	3.875
2020	1 058 800	−2.07%	3 911.7	−6.3%

资料来源：世界银行数据库、印度尼西亚中央统计局。

2010 年 GDP 同比实际增长 6.22%，2015 年实际增长 4.79%，2016 年实际增长 5.1%，2017 年实际增长 5.1%，2018 年实际增长 5.2%，2019 年实际增长 5.02%。即最近 10 年，印度尼西亚经济增速均保持在 5% 左右。但由于新冠肺炎疫情在全球大流行，给 2020 年印度尼西亚经济带来巨大冲击——居民消费、企业生产和投资、商品进出口等均出现了不同程度的下滑，进而拉动整体经济缩减了 2.07%。

自 2010 年至 2020 年的具体国内生产总值变化趋势如图 2-1 所示。

尽管遭受了 2008 年国际金融危机的影响，印度尼西亚经济依然保持了较高的增长率。继 2010 年、2011 年分别实现 6.1%、6.5% 的经济增长后，2012 年印度尼西亚国内生产总值(GDP)比上年增长 6.23%，人均 GDP 达 3 700 美元。2013 年印度尼西亚 GDP 比上年增长 5.78%。印度尼西亚中央统计局从 2014 年开始，将实际 GDP 的计算基准年由原来的 2000 年改成了 2010 年。如果按照原来的基准，2014 年的增长率为 5.06%。2013 年的实际 GDP 按照原来的基准为 5.73%，按照新基准为 5.58%。印度尼西亚 2014 年的名义 GDP 为 10 542 万 6 935 亿印度尼西亚盾(约合 8 350 亿美元)。2015 年印度尼西亚名义 GDP

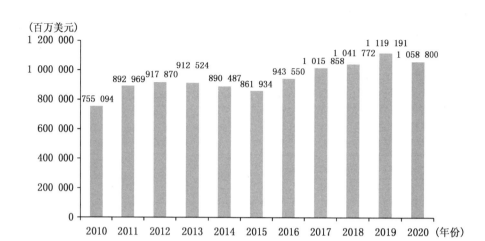

（百万美元）

图 2—1 2010 年至 2020 年印度尼西亚 GDP 情况

为 11 540 万 7 898 亿印度尼西亚盾（约合 8 617 亿美元），经济增长率为 4.8％，2010 年以来首次跌破 5％大关。2016 年印度尼西亚经济增长有所回升，名义 GDP 达到 9 324 亿美元，经济增长率为 5.02％。2017 年，印度尼西亚 GDP 超过 1 万亿美元，达 10 152 亿美元，同比增长 5.07％，人均 GDP 约为 3 877 美元。2018 年，印度尼西亚 GDP 约 10 400 亿美元，同比增长 5.17％，人均 GDP 约为 4 000 美元。2019 年，印度尼西亚 GDP 约 11 200 亿美元，同比增长 5.02％，人均 GDP 约为 4 200 美元。2016 年，印度尼西亚经济首次扭转佐科政府上台以来增速下滑趋势，在国内消费和汇率上升的拉动下实现了 5.02％的经济增速。2016—2019 年印度尼西亚实现了连续四年经济稳定增长、基础设施得到改善、居民就业和收入趋稳，政府经济职能得到强化。虽然这一经济增速与全球平均增速相比不算低，但实际上仍低于亚洲新兴经济体 6.4％的平均增速。

2020 年印度尼西亚全社会完成的名义 GDP 为 1 543.42 万亿印度尼西亚盾，按可比价格计算，实际缩减 2.07％（见图 2—2）——按平均汇率折算为 10 588 亿美元（接近 1.06 万亿美元），在全球排第 16 名。2020 年印度尼西亚人口数已经超过了 2.71 亿，是仅次于中国、印度、美国的全球第四人口大国。按当前数据计算，印度尼西亚人均 GDP 已降至 5 690 万印度尼西亚盾，略微超过 3 900 美元，在全球属于中等偏低收入国家。

二是新冠肺炎疫情给经济增长带来负面冲击。2019 年，印度尼西亚政府加

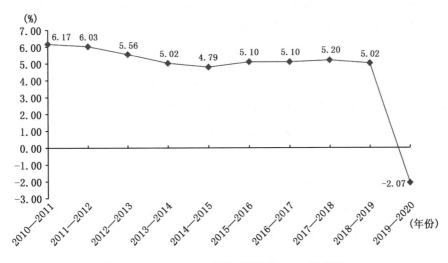

图 2—2　2010—2020 年印度尼西亚 GDP 增长率

强了基础设施建设投资,在能源和矿产行业也加大了开发力度,私营企业发展很快。2020 年,全球爆发新冠肺炎疫情,对印度尼西亚经济带来较大冲击,一方面,疫情打击了印度尼西亚国内基本的经济和金融活动。另一方面,国际环境不断恶化,导致出口尤其是矿产品出口大幅度下降,居民消费、企业生产和投资、商品进出口等均出现了不同程度的下滑,进而拉动整体经济缩减了 2.07%。

三是进出口状况有所改善。2019 年全球贸易需求下降,进一步增加了印度尼西亚出口压力,印度等部分国家提高了印度尼西亚进口产品的关税。2020 年新冠肺炎疫情爆发,国际油价下跌导致作为印度尼西亚主要的出口商品的矿物燃料价格剧烈波动,给印度尼西亚出口带来不利的冲击。尽管印度尼西亚采取了多项措施来控制出口,但国际收支平衡仍然面临较大压力。

2021 年以来,印度尼西亚的商品以及服务进出口呈现出明显的增长走势,第一季度进出口分别增长了 5.3% 和 6.7%,第二季度增速加快,同比增长率达 40.9% 和 48.4%,其中 2021 年 1—5 月,印度尼西亚加工出口额达到 667 亿美元,同比增长 30.53%,占印度尼西亚出口总额的 79.42%。

四是私人消费拉动经济增长。印度尼西亚是世界第四人口大国,是一个拥有 2.7 亿人口的消费市场,从经济结构上看,私人消费是印度尼西亚 GDP 增长的主要动力,2019 年拉动经济增长 2.9%。随着人均收入的不断提升,未来私人消费仍将是拉动印度尼西亚经济增长的主要动力。同时,固定资产投资作为 GDP 增长的第二贡献力量,2019 年增长 1.5%。另外,2019 年印度尼西亚进口增长率降低,而出口增长率上升,使得净出口对经济增长的贡献由 2018 年的一1.0% 上升为 1.4%。新冠肺炎疫情爆发以来,印度尼西亚国内消费支出持续下跌,2020 年第二季度至 2021 年第一季度,分别下跌了 5.7%、2.4%、2.8% 和 1.8%,2021 年第二季度消费支出同比增长 8.2%,GDP 同比上涨 7.07%,实现了疫情爆发以来的首次增长。[1]

五是政府提供优惠政策。疫情之下,为维持经济稳定运行,印度尼西亚财政部将延长优惠政策至 2021 年年底,以促进经济复苏。同时个人所得税的减免、中小企业的税收减免、新房增值税减免等优惠政策延长至 12 月。

六是重视发展工业。印度尼西亚的矿产资源很丰富,经济也比较依赖矿业的发展。2018 年 4 月,为了提高出口竞争力,并改变对矿业的依赖,印度尼西亚政府确定了十项优先步骤尝试第四次工业革命线路,包括:改善物流供应;重新设计工业区;适应可持续发展的标准和挑战;全力发挥中小微企业的作用;加速数码基础设施的建设;引进外资,包括向当地企业转让技术;提高人力资源素质;创新发展生态系统;提高技术投资奖励,政府将对技术转让提供税收优惠;统一规则和政策。可以预见,以上政策将对印度尼西亚工业发展提供有力的保障。

七是物价方面相对较高。2008—2019 年,印度尼西亚物价水平相对较高,且波动幅度较大。2010 年,因食品等价格上涨,印度尼西亚全年 CPI 上涨 6.96%,超出印度尼西亚央行设定的 5%±1% 的通胀目标区间。2013 年 6 月,因燃油价格上调,印度尼西亚通货膨胀率飙升,全年 CPI 上涨 8.38%。2015年,印度尼西亚政府稳定物价和服务业价格,与此同时全球大宗商品价格持续疲软,尤其是原油价格大幅下降,全年 CPI 涨幅降至 3.35%。2018 年,印度尼西亚通货膨胀率为 3.13%,近年来平均通货膨胀率在 4% 左右。2020 年全年印度尼西亚通胀率仅为 1.68%,低于国家调控目标的 3%(上下 1% 浮动),也是自2014 年以来的最低通货膨胀率。

---

① 印度尼西亚第二季度 GDP 同比上涨 7.07%,实现疫情以来最大涨幅[N]. 中银财经速评,2021-08-10.

八是区域发展不平衡。印度尼西亚全国区域发展很不平衡,国民生产总值六成以上来首都雅加达所在的爪哇岛,苏门答腊、加里曼丹、苏拉威西等其他岛屿占比不到四成。为缩小区域之间到发展不平衡,2018 年 7 月,印度尼西亚政府计划在爪哇岛外新建数个经济增长中心。具体而言,包括 3 个国家级项目:有潜力的大都会加速发展计划、城市和农村同步振兴计划、偏远和边境地区基础设施和基本服务加速发展计划。

经济特区建设方面,自 2014 年初以来,印度尼西亚已批准成立 10 个经济特区,分别为北苏门答腊省(Sei Mangkei)、南苏门答腊省(Tanjung Api-Api)、东加里曼丹省(Maloy Batuta)、北苏拉威西省比通(Bitung)、中苏拉威西省巴鲁(Palu)、北马鲁姑(Morotai)、西努沙登加拉省(Mandalika)、万丹省(Tanjung Lesung)、邦加勿里洞省勿里洞县(Sijuk)镇丹绒格拉洋(Tanjung Kelayang)和巴布亚省的梭隆(Sorong)特殊经济区。

2.1.2 货币金融

通货膨胀等其他指标已得到控制。2019 年平均通货膨胀率达到 3.1%,低于 2018 年的 3.2%,预计 2020—2023 年年均通货膨胀率将维持在 3.6%。据估计,2020 年的新冠肺炎疫情将使得通货膨胀增加 1.0%。由于中美之间贸易持续紧张,印度尼西亚盾对美元汇率仍受波动影响,2020—2023 年,印度尼西亚盾汇率将维持在 14 000—15 000 盾之间。根据国际货币基金组织和经济学人智库(EIU)的预测,预计从 2023 年到 2029 年,印度尼西亚盾汇率将逐渐上升,并回到疫情前的水平。

2019 年,因国内需求下降,印度尼西亚国内信贷增速为 6.4%,M2 增速为 6.5%。进入 2020 年,新冠肺炎疫情对全球金融市场带来不利影响,印度尼西亚央行多次通过购买政府国债的方式来稳定流动性。2020 年 2 月,受新冠肺炎疫情的影响,印度尼西亚的信贷增速继续降至 5.93%,是近 10 年来的最低水平。为加速经济复苏,2020 年印度尼西亚政府加大投资力度来刺激经济复苏,编制的经济复苏计划包括为了对抗疫情所做的医院升级、医疗设备及服务的款项等等,最终支出规模约为 579.78 万亿印度尼西亚盾。

2020 年 3 月中旬印度尼西亚金融和外汇市场波动,债市和汇市价格全线下滑,年内印度尼西亚盾对美元曾下跌 17％,10 年期印度尼西亚国债收益率上升超过 100 基点至 8％以上水平。其后随着全球避险情绪降温、流动性风险减少和印度尼西亚央行的积极干预,印度尼西亚盾从低位反弹,10 年期印度尼西亚国债收益率亦从高位回落 130 基点至 6.98％,比疫情前仅高 7 基点。但受疫情影响,印度尼西亚的财政赤字率和财政支出预算将大幅增加,未来需要发行更多国债去填补扩大的财政赤字。同时政府放宽让印度尼西亚央行在一手市场购买国债,或反映市场没有足够的需求吸纳政府额外的债券供应。

新冠疫情爆发至 2021 年 8 月,央行 6 次下调基准利率,助推国内经济复苏。印度尼西亚央行于 2021 年 2 月将基准利率下调至 3.5％,创历史最低水准。印度尼西亚央行下调基准利率主要是基于国内较低的通货膨胀率,2020 年 1 月以来,印度尼西亚国内的消费需求水准较低,近 7 个月,CPI 指数维持在 1.55～1.68 区间,为央行采取相应的货币政策提供了空间。①

2.1.3 财政收支

(1)设立财政赤字管理目标

印度尼西亚公共财政常年赤字。近年来印度尼西亚政府编制预算的主要思路是强化财政管理以加速经济增长,印度尼西亚政府给财政政策制定了三大目标,即消除贫困、减少不公平以及创造就业。其中,2019 年编制财政预算的重点工作有两项,即支持基础设施建设以及开发人力资源。2019 年印度尼西亚设定的财政赤字占 GDP 的比重目标是 1.52％～1.75％。

2020 年由于疫情影响印度尼西亚通过紧急法取消了赤字上限,将 2020 年的预算赤字扩大至 GDP 的 6.3％。但随着疫苗面世,未来将承诺逐步减少预算赤字,以恢复财政纪律。2021 年的预算赤字定为 GDP 的 5.7％。

(2)财政预算不断调整

2019 年印度尼西亚的财政收入为 2 129.9 万亿印度尼西亚盾,仅略低于 2019 年预算案设定的 2 165.1 万印度尼西亚盾目标,同比增长 9.6％;财政支出为 2 462.3 万印度尼西亚盾目标,同比增长 8％。总体来看,印度尼西亚财政预

---

① 印度尼西亚第二季度 GDP 同比上涨 7.07％,实现疫情以来最大涨幅[N].中银财经速评,2021-08-10.

算基本达到了设定的目标,完成状况良较好。

为防止经济放缓,政府、印度尼西亚银行和金融服务管理局(OJK)在 2020 财年推出了三项财政刺激计划,主要形式是赋予区域财政当局权力,在受这一疫情影响的战略产业中审慎安排公共资本投资,以及为公共私人伙伴关系计划提供更多支持。

政府已经根据国家经济复苏计划为 2020—2021 财政年度编制了新冠肺炎疫情综合应对刺激计划的预算。2020 财年政府预算为 695.2 万亿印度尼西亚盾,相当于 476 亿美元。

2021 财年政府预算达到 356.5 万亿印度尼西亚盾,相当于 244 亿美元,包括 17 亿美元用于 COVID-19 疫苗采购。

(3)财政赤字加大

从财政执行情况来看,尽管印度尼西亚政府债务规模增长较快,但税收表现和支出效率均有改善,大型基建和社会福利项目进展顺利,2019 年印度尼西亚财政运行整体较好,财政赤字为 259.9 万印度尼西亚盾,占 GDP 的比重为 1.6%,低于 2018 年的 1.9%,也符合预算案中设定的 1.52%~1.75% 的目标。

由于新冠肺炎疫情笼罩全球,世界上几乎所有的国家和地区都受到新冠肺炎疫情的负面影响,各国都需要庞大的开支。新冠肺炎疫情后 2020 年印度尼西亚收支预算案开支赤字将高达国内生产总值(GDP)的 6.34%,比起 1998 年爆发金融危机时期的预算赤字还要大。

2.1.4 国际收支

(1)商品贸易顺差

2020 年全年,尽管在新冠肺炎疫情的压力下,印度尼西亚的国际贸易还是出现大约 217.4 亿美元顺差,远比 2019 年全年 32 亿美元的顺差更为优秀,这主要受益于作为印度尼西亚主要出口商品的大宗商品如棕榈油和煤炭价格的上涨。

2020 年全年度出口额方面,油气同比下降了 29.52%,农业同比增加了 13.98%,加工业同比增加了 2.95%,采矿业同比下降了 20.7%。2020 年度进口额方面,消费品同比下降 10.93%,辅助原材料和资本物品也分别同比下降了

18.32%和16.73%；在出口市场增长方面，印度尼西亚非油气出口美国的增加值约达2.66亿美元，其次是印度约增2.55亿美元、荷兰约增1.2亿美元、韩国约增8 220万美元、日本约增6 330万美元；在市场份额方面，印度尼西亚出口目的国仍以中国为主，其出口值占总出口额的21.39%。此外，印度尼西亚主要的出口市场还有美国、日本、印度、马来西亚和新加坡等。

2021年1月至5月，印度尼西亚出现高达101.7亿美元的贸易顺差，好于2020年仅为41.8亿美元的贸易顺差，也好于2018年的贸易逆差。

(2)矿物燃料和植物油脂是主要出口产品

从商品看，矿产品是印度尼西亚首要出口商品，2019年出口382.2亿美元，下降19.7%，占印度尼西亚出口总额的22.9%。这是因为印度尼西亚石油、天然气、锡、煤炭、镍、金刚石、铀、铜、铬、铝矾土、锰等矿产资源储量丰富，具有显著的资源禀赋优势。

动植物油脂、机电产品和贱金属及制品也是印度尼西亚主要出口商品，2019年分别出口175.4亿美元、137.2亿美元和133.6亿美元，其中动植物油脂和机电产品出口下降13.8%和6.8%，贱金属及制品出口增长7.5%。

此外，纺织品及原料出口128.3亿美元，下降3%。上述四类产品合计占印度尼西亚出口总额的34.4%。

(3)长期债务占比大，外债结构保持健康

2019年，印度尼西亚外债总额估计值为3 661.8亿美元，较2018年略有下降。近年来印度尼西亚加大了基础设施建设的投资力度，但是由于国内资金相对不足，对外国援助和贷款的依赖度有所提高，外债呈攀升态势。截至2020年底，印度尼西亚外债为4 175亿美元，其中政府和中央银行外债为2 092亿美元，包括国企在内的私营部门外债为2 083亿美元。

2020年印度尼西亚经济增长−2.07%，政府债务占GDP总值38.5%，已优于大多数G20成员和东盟国家，只有中国、韩国、越南等少数国家表现比印度尼西亚好。目前，印度尼西亚政府针对经济复苏采取了十分审慎的政策，国家预算赤字仍控制在6%，而许多国家赤字都超过10%，例如美国15%、法国10.8%。此外，许多国家的政府债务也在疫情期间大大增加，例如美国债务占GDP总值的103%，法国118%，德国72%，中国66%，印度近90%，而印度尼西亚只有 38.5%。

（4）国际储备大量增加

2019 年，印度尼西亚政府调整进出口政策逐渐生效，非油气商品以及工业制成品交易活跃，贸易收支由逆差转为顺差，使得国际储备增加。

2021 年 9 月，印度尼西亚银行（BI）数据显示，外汇储备猛增 75 亿美元至 1 448 亿美元，创历史新高。它不仅创造了纪录，而且远远超过了 4 月份创下的 1 388 亿美元的纪录。该报告无疑是个好消息，在疫情导致全球经济不确定的情况下，增加外汇储备对于保持印度尼西亚盾汇率的稳定非常重要。

（5）印度尼西亚盾汇率不断起伏

印度尼西亚货币方面，2018 年 10 月 11 日印度尼西亚盾兑美元汇率一度上升到 1 美元兑 15 253 印度尼西亚盾的历史高位，在经历一波贬值浪潮之后，2019 年已经趋于稳定回落到 1 美元兑 14 000 印度尼西亚盾的五年均线附近，但突然爆发的全球新冠肺炎疫情和石油价格战使印度尼西亚货币再次承受巨大压力。2020 年因突然的冲击而发生逆转，3 月底印度尼西亚货币对美元汇率升至 1 美元兑 163 67 印度尼西亚盾的历史高位，截至 2021 年 10 月 28 日印度尼西亚货币对美元汇率回落至 1 美元兑 14 217 印度尼西亚盾。

2.1.5　产业表现

印度尼西亚是东盟最大的经济体，农业、工业和服务业均在国民经济中有着重要地位。

（1）服务业贡献最大

产业结构方面，服务业在印度尼西亚三大部门中贡献最大，且占比呈现逐步增加的态势。2018 年印度尼西亚农业部门 GDP 为 1 334.8 亿美元，工业部门 GDP 为 4 140.60 亿美元，服务业部门 GDP 为 4 524.28 亿美元；农业、工业和服务业占 GDP 的比重分别为 12.81%、39.73% 和 43.41%。2009—2018 年来，三部门产值总体呈上升趋势，农业部门和工业部门占 GDP 比例略有下降，服务业部门占 GDP 比例缓慢增加，2020 年印度尼西亚服务业 GDP 占比达到 44.4%，成为印度尼西亚最大的产业。

(2)信息通信、运输存储和建筑业增长最快

在国民经济各行业中,维持较高增长率的行业有信息和通信、运输和仓储,以及建筑业。其中,信息和通信业增长速度最快,近年来维持在年均10%左右的实际增长率,2017年实现了9.81%的实际增速,较前期略有下降,但远高于GDP整体增速。这主要得益于移动互联网在印度尼西亚的快速发展,以及政府关于加快电子政务建设、国企管理信息化、数字产业发展等政策支持。佐科提出目标要在2020年将印度尼西亚建设成为东盟国家规模最大的数字经济体。

运输和仓储业是发展第二快的行业,根据印度尼西亚中央统计局(BPS)的数据,2018年印度尼西亚运输和仓储行业产值797.3万亿印度尼西亚盾(约合人民币3 986.5亿元),对印度尼西亚2018年GDP(14 837.36万亿印度尼西亚盾,折合人民币74 186.8亿元)的贡献率达到5.73%,运输和仓储业的快速发展与政府加快物流发展的政策密不可分,印度尼西亚2017年出台的第15套政策包括以降低物流成本为中心。近年来政府的基建也大部分投入交通基础设施相关领域,也正是由于本届政府以基础设施建设为头等重任,建筑业成为快速发展的行业,近年实际增长率基本在6.5%左右。

(3)煤炭出口萎缩,精炼金属出口增加

以煤炭、石油为主的采矿业曾经是印度尼西亚经济的主要驱动力,随着经济发展政策的调整和具备成熟开采条件的石油储量下降,采矿业不断下滑,而采矿业作为印度尼西亚矿产出口驱动因素的主导地位将日益丧失。2019年,矿业产品占商品出口总额的13.1%,煤炭占其中90%以上。由于国内盈余减少和外部需求减弱,煤炭出口将会走弱,在国内大力发展燃煤发电将消耗该国煤炭生产中越来越大的比例,惠誉的关键项目数据库显示,印度尼西亚煤电项目占在建电力项目的60%以上,装机容量超过2 100万千瓦。

印度尼西亚政府将实施一系列政策,包括对金属精炼商的投资激励,以及直接禁止未经加工的矿石出口,以便将投资导向附加值更高的矿产活动,而不是出口原矿。印度尼西亚政府已于2020年实施了对未加工镍矿石出口的禁令。尽管原矿石的出口将停滞不前,但精炼金属的出货量将强劲增长。政府鼓励本地加工的政策已经产生了重大影响,2015—2019年,精炼金属的出口以年均9.2%的速度增长,从93亿美元增长到134亿美元。

2019 年印度尼西亚钢铁出口增长了 5 倍多,达到 74 亿美元,约占所有精炼金属出口的 80%;而这些钢铁产品中有近一半销往中国。据惠誉预测,中国仍将是印度尼西亚金属矿石加工产品出口的主要增长动力。

2020 年印度尼西亚的煤炭产业发展迅速,并带来了巨大的经济效益,目前已经成为印度尼西亚市场经济的重要组成部分。根据能源和矿产资源部发布的相关数据,在 2020 年疫情影响下,印度尼西亚煤炭产量减少到 5.58 亿吨,但与年初计划的产量目标(5.50 亿吨)相比还高出 1.4%;同年,印度尼西亚煤炭出口达到了 3.06 亿吨,与 2019 年 4.59 亿吨的煤炭出口量相比有了大幅减少。其中,印度尼西亚对华出口的煤炭总量占比最大,约为 32%;其次为印度,出口规模占比超过 24%;而对日本、马来西亚、菲律宾、韩国、越南等国家的煤炭出口均不足 7%。可以看出,中国已经成为印度尼西亚煤炭的最大合作伙伴。

印度尼西亚拥有着丰富的煤炭资源,是全球煤炭生产和出口大国,虽然受到 2020 年疫情的影响,但印度尼西亚仍是全球煤炭最大出口市场。随着中国及部分疫情已经受控的国家在后期逐步重新开放市场,使得对包括煤炭在内的大宗商品需求激增,价格随之一路上涨。而高煤价也刺激到印度尼西亚矿企(例如上市矿企 PT Adaro Energy、国企 PT Bukit Asam)加快发展,未来一段时间内,印度尼西亚煤炭产业仍有着较大的投资潜力。

(4)制造业各细分领域差异较大

印度尼西亚经济处于工业化中期阶段,制造业对经济的贡献率在 20% 以上,但自 2012 年开始,其增速一直低于经济整体增速。目前印度尼西亚的经济政策仍是以发展劳动密集型工业为主,近五年中,食品和饮料制造业、纺织和服装制造业、皮革及鞋类制造业发展较快,其中食品饮料制造业增长尤其抢眼,五年平均增长率达到 8.5%,而纺织和服装制造业在 2019 年增长达 15.4%。[①]

电力和天然气供应、林业、制造业整体出现不同程度的增速下滑,而在制造业内部的 15 个二级行业中,有 8 个行业出现经济增速同比下降,尤其是木材加工、橡胶及塑料、皮革及鞋类、机械设备制造、交通设备制造等。

2020 年印度尼西亚制造业 GDP 占比达到 21%,“印度尼西亚制造 4.0”

① 印度尼西亚经济社会发展报告(2019—2020)[EB/OL]. https://www.ydylcn.com/skwx_ydyl/bookdetail? SiteID=1&ID=10255930。

(Making Indonesia 4.0)是印度尼西亚工业部在 2018 年启动的重大经济发展政策,目标预定于 2024 年提高生产率达 40%,并使制造业对印度尼西亚经济贡献提高 18.9%。从"印度尼西亚制造 4.0"的规划路线图可知,印度尼西亚工业部已划定汽车、食品和饮料工业、纺织和服装、电子和化学产品等为优先发展产业。

2.2 能源市场分析

2.2.1 印度尼西亚对煤炭与石油的依赖度依然较高

根据 BP 的数据资料,2020 年印度尼西亚一次能源消费总量为 18 235.7 万吨油当量,见表 2-2。一次能源结构中,石油占 30.67%,煤炭占 42.73%,天然气占 19.66%,水电占 0.17%,可再生能源占 0.37%,见图 2-3。石油与煤炭占一次性能源消费总量的 73.4%,与 2018 年的 78.2%相比,一次性能源供给结构变化不大,对石油与煤炭的依赖度较高。

表 2-2 　　　　　　　2020 年印度尼西亚一次能源消费 　　　　　单位:万吨

能源种类	艾焦	油当量(万吨)
石油	2.34	5 592.6
煤炭	1.5	3 585
天然气	3.26	7 791.4
核能	0	
水电	0.17	406.3
可再生能源	0.37	884.3
总计	7.64	18 235.7

资料来源:根据 BP 数据整理而得。

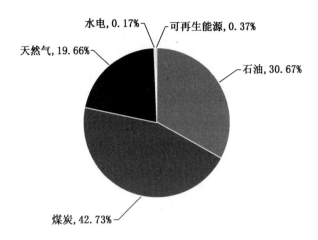

水电, 0.17%　可再生能源, 0.37%
天然气, 19.66%
石油, 30.67%
煤炭, 42.73%

资料来源:根据 BP 数据整理而得。

图 2—3　2020 年印度尼西亚一次能源消费结构

2.2.2　电力供需矛盾趋缓,人均用电指标仍有待提高

印度尼西亚是世界上最大的群岛国家,群岛的地理形态对印度尼西亚的电力电网覆盖工作构成严峻挑战,尤其外岛的经济发展和提升居民生活水平均依赖于可靠的电力供应。但作为典型的热带雨林气候,天然拥有丰富的地热、风能、太阳能及水力资源等,土地也相对宽裕,具备良好的建设电站的资源条件。印度尼西亚新能源与可再生能源的装机容量潜力可达 200 吉瓦时。作为东南亚地区最大的能源生产及消费国,印度尼西亚的能源需求有望继续强劲增长。

截至 2019 年底,印度尼西亚用电普及率已从 2012 年的 73.37% 快速提升至 95.35%,但仍有 4.65% 的家庭依然没有通电。目前爪哇岛和苏门答腊岛电力需求总和占全国电力需求约 90%,其他岛屿电力消耗总和占比仅 10% 左右,中长期来看印度尼西亚经济增长潜力依然很大。根据印度尼西亚 2019 年电力十年规划,未来十年印度尼西亚的电力需求将增长到 433 太瓦·时(2019 年为 245 太瓦·时),年平均增长达到 5.9%。[1]

电力供应方面,短期内疫情造成电力供过于求,部分项目被推迟,但后疫情

---

① 2021 年印度尼西亚电力基建投资环境分析[EB/OL]. https://www.seetao.com/details/97962.html, 2021-07-21.

时代随着经济复苏、需求回暖,中长期随着国家重建计划和电力规划的持续推进,电力供应仍有巨大增长空间。受需求下降影响,部分地区电力出现供应过剩,因此印度尼西亚国家电力公司 Perusahaan Listrik Negara(PLN)已将 2020 下半年资本支出预算减少了 46.4%,推迟部分非优先电站项目,同时铺设更多输配电线路以消化产能。而从中长期来看,印度尼西亚于 2019 年出台了总投资高达 4 120 亿美元的"国家重建计划",计划从 2020 年至 2024 年新建 25 个机场、升级 165 个机场、修建电站和海上高速公路等,投资额较印度尼西亚总统佐科 2014 年提出的 3 500 亿美元规模大幅扩大。根据 RUPTL2019—2028 国家电力规划,印度尼西亚未来十年电力新增装机为 56.4GW,提升空间较大。全球发电量统计如表 2—3 所示。

表 2—3　　　　　　　　　　全球发电量统计表　　　　　　　　　单位:TWh

	2014	2015	2016	2017	2018	2019	2020
北美洲总计	5 314.2	5 318.4	5 331.1	5 287.7	5 452.5	5 382.4	5 243.6
中南美洲总计	1 287.3	1 296.6	1 305.6	1 306.8	1 330.9	1 339	1 282.8
欧洲总计	3 939.2	3 982.7	4 021.4	4 061.3	4 065.5	3 992.1	3 871.3
独联体国家总计	1 337.9	1 340.9	1 369.3	1 383	1 416.4	1 428.8	1 397.1
中东地区总计	1 051.4	1 109.7	1 143.7	1 190.5	1 207.4	1 253.6	1 265.2
非洲总计	767.9	788.4	796.5	824.8	847.2	863.4	843.9
美国	4 363.3	4 348.7	4 347.9	4 302.5	4 461.6	4 411.2	4 286.6
中国	5 794.5	5 814.6	6 133.2	6 604.4	7 166.1	7 503.4	7 779.1
印度尼西亚	228.6	234	247.9	254.7	267.1	278.9	275.2
亚太地区总计	10 333.7	10 433.9	10 947.6	11 570	12 339.3	12 741.6	12 919
世界总计	24 031.7	24 270.5	24 915.2	25 624	26 659.1	27 001	26 823

资料来源:根据 BP 数据整理而得。

2019 年的统计数据,印度尼西亚人口约 2.70 亿,发电量 279 太瓦·时,见图 2—4,人均发电量 1 033 千瓦·时,不足世界平均水平的 1/3,随着经济社会的不断发展,人均用电指标仍有很大上升空间。

2.2.3　电源布局以煤电为主,结构持续优化

印度尼西亚各省的装机容量极其不平衡。万丹省的装机容量一直位居前

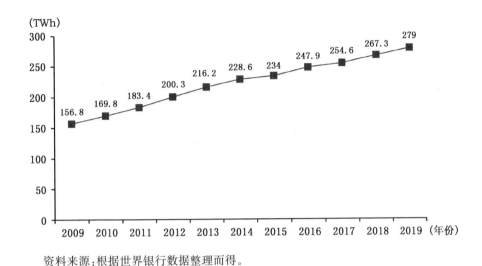

资料来源：根据世界银行数据整理而得。

图 2－4　2009—2019 年印度尼西亚发电量

列，接下来依次是东爪哇省、西爪哇省、中爪哇省、雅加达首都特区以及北苏门答腊省、南苏门答腊省。

印度尼西亚各类发电厂的发电量和电力分配量区间相对集中，尤其是北苏门答腊省、南苏门答腊省、雅加达首都特区、西爪哇省、中爪哇省、东爪哇省、万丹省和南苏拉威西省。它们既是电力生产大省，也是电力分配（消费）大省。好在印度尼西亚国内跨岛配送电力的需求不是很强烈，大部分生产电力都可以在各岛内进行配送，北苏门答腊省、南苏门答腊省生产的电力要高于本省的需要，但是苏门答腊岛的其他省的电力消费量要远远高于发电量，这样就可以在岛内维持事先电力配送的基本平衡。

爪哇岛内的雅加达首都特区和西爪哇省的发电量远低于分配量，但是岛内中爪哇省、东爪哇省、万丹省的发电量要高于分配量，爪哇岛内可以基本实现发电量和消费量的平衡。其他省所在的岛屿的发电量和消费量都不大，电力缺口小。总之印度尼西亚国内对全国性的电网设施和远距离电力配送设备的需求并不强烈。当然，人口集中的爪哇岛是个例外，它需要其他能源资源大岛的输入。好在苏门答腊岛、加里曼达岛、分别在它的西边和北边，距离不是很远，而且不存在跨海输送能源资源或电力的技术难题。

长期以来印度尼西亚依赖火力发电。根据 Statista 数据统计资料，2020 年度,印度尼西亚燃煤发电占 49.66％,天然气和燃油发电合占 35.64％(见图 2—5)。2019 年,印度尼西亚发电量达到 279 太瓦·时,发电能源结构以火力发电为主,主要为燃煤发电(约占 50％),另外还有一部分天然气和燃油发电。2020 年印度尼西亚可再生能源仅占全国能源结构总体 14.7％,仍与政府设定的 2025 年可再生能源占比 23％的目标相差较远。[1]

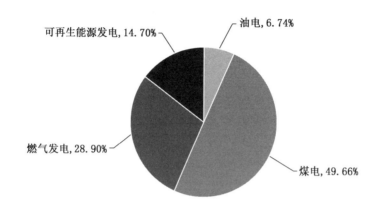

资料来源:Statista。

图 2—5　2020 年度印度尼西亚分燃料发电量构成

2019 年 3 月 18 日,印度尼西亚能源和矿产资源部批准了 PTPLN(Persero)电力供应商业计划(RUPTL)2019—2028 年,作为未来 10 年 PLN 业务领域电力系统发展的指南。RUPTL 不仅基于满足 PLN 未来 10 年的电力业务需求,还考虑了新能源、可再生能源、天然气、煤炭和石油等一次能源的使用类型。相比 2018 年制定的电力供应商业计划(RUPTL)2018—2027 年,各项计划比重有所调整,如表 2—4 所示。

表 2—4　　　　　　　　　　2018 年计划与 2019 年计划总体对比

描述	单位	RUPTL2018—2027	RUPTL2019—2028	变动百分比
电力需求预测	％	6.9	6.42	−6％
发电增量	MW	56 024	56 395	1％
总输电线路	kms	63 855	57 293	−10％

---

[1]　印度尼西亚电力行业报告:处于高速发展阶段[EB/OL]. https://www.investgo.cn/article/gb/fxbg/202108/554457.html。

描述	单位	RUPTL2018—2027	RUPTL2019—2028	变动百分比
总变电站容量	MVA	151 424	124 341	−18%
总配电线路	kms	52 639	472 795	−10%
总配电站容量	MVA	50 216	33 730	−33%
2025 年能源组合目标	%	煤:54.4 新能源与可再生能源:23.0 天然气:22.2 柴油:0.4	煤:54.6 新能源与可再生能源:23.0 天然气:22.0 柴油:0.4	

　　2020 年印度尼西亚可再生能源仅占全国能源结构总体 14.7%,仍与政府设定的 2025 年可再生能源占比 23% 的目标相差较远。根据规划,印度尼西亚将重点开发水能、地热能以及生物质能等其他可再生能源,以此提高可再生能源占比,尽管可再生能源潜力巨大,但煤炭仍保持主导地位。

　　按照这种预测趋势,可以看出印度尼西亚的电力发展路径是,逐渐淘汰燃油发电,煤电和气电并重构成主体电源,同时大力发展水电和地热、生物质等非水可再生能源,以应对国内经济发展、电力需求增长、NDC 承诺以及生态环保的需要。印度尼西亚对于发展煤电有着极大的热情,原因主要包括:

　　①印度尼西亚国内丰富的煤炭资源,且开采条件优越,价格低廉;

　　②国内油气资源日渐枯竭油电逐渐淘汰,难以大规模发展气电,而水电资源虽然丰富,但开发条件并不理想,因此需要依靠煤电作为基荷电源;

　　③尽管政府制定了非化石能源发展目标和 NDC 目标,但政府不愿意增加电力供应成本,再加上可再生能源发展基础薄弱、风光资源的间歇性问题,以及地热资源全部在原始森林,开发难度极大,使得印度尼西亚的可再生能源发展十分缓慢,而且印度尼西亚的煤电机组技术水平普遍较为落后,在能效、污染物排放等方面还有很大的改进空间,可以看出,印度尼西亚电力工业还有很大的发展空间,是中国开展"一带一路"电力合作的重点国家。

2.3 中国-印度尼西亚能源合作概况

印度尼西亚投资协调委员会(BKPM)数据显示,2013 年中国对印度尼西亚直接投资 2.97 亿美元,在印度尼西亚外资来源中位列第 12 位;2019 年中国首次成为印度尼西亚第二大外资来源国;2020 年中国对印度尼西亚直接投资逆势上扬至 48.4 亿美元,印度尼西亚第二大外资来源国地位进一步稳固。中国对印度尼西亚的投资涵盖矿冶、电力和基础设施、制造业、数字经济、农渔业等广泛领域,在不锈钢、工业氧化铝、变压器等许多领域填补了印度尼西亚的有关技术空白。[①] 中国与印度尼西亚能源合作的表现为三个方面:国家间能源贸易、政府间能源合作、企业间能源投资。

2.3.1 能源出口是印度尼西亚对华出口贸易的重要组成部分

中国海关公布的数据显示,2020 年印度尼西亚对华贸易总值达到 785 亿美元。根据计算出的贸易总额,2020 年印度尼西亚对中国的出口总值为 374 亿美元,比 2019 年增长了 10.10%。与此同时,印度尼西亚在 2020 年从中国的进口总值约为 410 亿美元,与 2019 年同期相比下降了 10.13%。

印度尼西亚对中国出口的前十大商品是:矿物燃料,矿物油及其蒸馏产品,钢铁、动植物油及其分解产品,木浆或其他纤维素材料,矿石矿渣和矿粉,机电设备及其零件,纸和纸板,铜及其制品,鞋和鞋套,各种化工产品。

印度尼西亚对中国出口的服务主要集中在三个领域:旅行、商务和运输。运输服务主要来自飞机和船舶,另外还有很多专业技术人员服务中国公司,主要为会计师、建筑师、设计师和海底焊接工等。

2019 年印度尼西亚对中国矿产品出口下降,但仍是对中国出口最多的产品,出口额 106.8 亿美元,下降 1%,占印度尼西亚对中国出口总额的 38.3%。贱金属及制品出口 37.6 亿美元,增长 18%,占印度尼西亚对中国出口总额的

---

① 中国驻印度尼西亚大使肖千:RCEP 开启中印度尼西亚合作新篇章[EB/OL]. http://new.tzxm.gov.cn/xwwz_9109/tjsy/202104/t20210427_ 1277681.shtml.

13.5%。此外,动植物油脂出口 36.2 亿美元,增长 11.3%,占印度尼西亚对中国出口总额的 13%,是第三大类出口产品。

印度尼西亚自中国进口的商品主要集中于机电产品。2019 年进口 198.8 亿美元,微增 0.3%,占印度尼西亚自中国进口总额的 44.3%。其中,电子类产品进口 92.1 亿美元,下降 7.9%;机械类产品进口 106.7 亿美元,增长 8.7%。此外,贱金属及制品进口 53.3 亿美元,下降 6.6%,占自中国进口总额的 11.9%;化工产品进口 41.6 亿美元,下降 8.8%,占自中国进口总额的 9.3%。在上述产品上,日本、新加坡和韩国等国家是中国的主要竞争对手。

2020 年,印度尼西亚一些优质和有潜力的产品的出口量显著增加:钢铁增长 134.3%;燕窝增长 88.05%;纸和纸制品增长 133.25%;咖啡、茶、马黛和香料增长 175.34%;鞋类增长 19.75%;香精油、香料制剂、化妆品增长 15.62%;陶瓷产品增长 53.08%;锡及其衍生产品增长 544.07%;铝及其衍生产品增长 2 031.53%。

根据图 2-6 可以看出,2008—2019 年,印度尼西亚矿物燃料类产品对华出口比重虽在缓慢下降,但大部分保持在 29%~40%,尤其在 2009 年全球金融危机的背景下,印度尼西亚矿物燃料类出口一度占到了对华货物出口总额的 40.5%,由此可见能源在印度尼西亚对华出口贸易中的地位。[①]

其中,煤炭是中国—印度尼西亚能源贸易的主体。2019 年印度尼西亚主要出口商品构成中矿产品排名第一,矿产品总计 347.28 亿美元,矿产品出口中国 106.76 亿美元,占比 27.9%,其中煤炭 58.22 亿美元。印度尼西亚是中国最大的煤炭进口来源国。[②]

表 2-5 显示,2020 年印度尼西亚对华煤炭贸易顺差为 43.09 亿美元,比 2015 年 26.73 亿增长 60%。此外,天然气也是中国-印度尼西亚能源贸易的重要组成部分。2020 年,印度尼西亚天然气对华出口额为 15.42 亿美元,进口额 314 万美元。印度尼西亚对华天然气贸易几乎是纯出口。2020 年印度尼西亚石油、石油产品及有关原料对华出口额为 9.13 亿美元,进口额 2.85 亿美元,首

---

① 耿伟伟,宋秀琚. 中国-印度尼西亚能源合作:进展、动因及挑战[J]. 东南亚纵横,2019(3):28—37.

② 2019 年印度尼西亚货物贸易及中印尼双边贸易概况[EB/OL]. https://countryreport. mofcom. gov. cn/record/view110209. asp? news_id=68158.

图 2—6　2008—2019 年印度尼西亚矿物燃料对华出口变化

次顺差为负值。中国-印度尼西亚彼此为重要的能源市场和能源供应方。

表 2—5　　　　　2010—2020 年印度尼西亚主要能源对华贸易　　　单位:百万美元

年份	煤　炭			石　油			天然气		
	出口	进口	顺差	出口	进口	顺差	出口	进口	顺差
2010	4 393.89	12.55	4 381.34	1 273.67	741.04	532.63	339.52	0.06	339.46
2011	7 570.21	11.77	7 558.44	934.35	761.4	172.95	412.53	0.07	412.46
2012	7 314.68	10.19	7 304.49	366.94	408.73	−41.79	429.78	25.28	404.5
2013	6 894.02	23.16	6 870.86	864.03	266.86	597.17	457.35	21.44	435.91
2014	4 725.75	58.96	4 666.79	330.41	172.97	157.44	818.16	0.4	817.76
2015	2 718.53	45.41	2 673.12	698.39	196.86	501.53	1 089.12	0.25	1 088.87
2016	3 626.36	98.86	3 527.5	807.65	119.04	688.61	807.65	119.04	688.61
2017	5 108.64	139.93	4 968.71	685.86	264.65	421.21	1 042.41	0.08	1 042.33
2018	5 867.89	219.9	5 647.99	367.32	298.83	68.49	2 363.91	1.93	2 361.98
2019	5 821.71	173.55	5 648.16	175.36	337.92	−162.56	1 892.2	1.43	1 890.77
2020	4 582.7	273.4	4 309.3	913.52	285.78	627.74	1 542.99	3.14	1 539.85

　　资料来源:根据联合国双边贸易数据库(UN Comtrade Database)相关数据整理,https://comtrade.un.org/data/。

　　注:在 UN Comtrade Database 对贸易数据进行搜索时,采取国际贸易标准分类(SITC)修订 4(Rev.4)分类标准,故搜索的商品编码分别为:32(煤、焦炭及煤砖),33(石油、石油产品及有关原料),34(天然气及人造气);同时将报道者(Reporter)选择为印度尼西亚,贸易双方(Partner)为中国与印度尼西亚。

2.3.2 能源合作协议与财政援助是中国-印度尼西亚政府间能源合作的生长点

中国-印度尼西亚能源论坛是两国政府最主要的能源合作机制,也是两国政府实现能源合作的重要平台。该论坛迄今已成功举办6届,每届论坛上两国政府均会签署重要的能源合作协议或备忘录,这些合作文件保障了两国能源合作进程的稳定[①],详见表2—6。

表2—6　　　　　第1—6届中国—印度尼西亚能源论坛及其成果

论坛	时间	地点	达成的合作协议或备忘录
第1届	2002年9月25—27日	印度尼西亚巴厘岛	1. 东固(Tangguh)——福建液化天然气(LNG)供应框架协议 2. 巨港(Palembang)火力发电站项目 3. 北苏门答腊的火力发电站项目 4. 东加里曼丹至东爪哇的天然气管道建设项目 5. 西苏门答腊的奥比林(Ombilin)煤矿开采项目
第2届	2006年10月27—29日	中国上海	1. 芝拉扎(Cilacap)燃煤发电项目 2. 巨港东区发电项目(Palembang Timur) 3. 中国海洋石油集团有限公司收购西班牙雷普索尔公司(Repsol)在印度尼西亚的部分资产 4. 中国石油天然气集团有限公司收购戴文能源(Devon Energy) 5. 东固(Tangguh)液化天然气项目的进展 6. 阿沙汗(Asahan)1级水电项目 7. 北苏风港(Labuhan Angin)燃煤电站项目
第3届	2008年12月22日	印度尼西亚雅加达	1. 中国海洋石油集团有限公司延长在马都拉海峡(Madura Strait)油气区的开采合同 2. 西爪哇公主港(Pela buhan Ratu)火电站2号机组融资合作协议 3. 巴芝丹(Pacitan)火电站1号机组融资合作协议 4. 中爪哇芝拉扎(Cilacap)1×660兆瓦容量电站建设项目 5. 南苏门答腊穆印(Muara Enim)火电站2×113.5兆瓦电力购买协议 6. 南苏门答腊穆印(Muara Enim)煤炭开采合资企业项目 7. 占碑(Jambi)和南苏门答腊生物柴油发展项目 8. 东加里曼丹煤炭开采合作项目

---

① 耿伟伟,宋秀琚. 中国-印度尼西亚能源合作:进展、动因及挑战[J]. 东南亚纵横,2019(03):28—37。

续表

论坛	时 间	地 点	达成的合作协议或备忘录
第4届	2010年10月19—20日	中国南宁	1. 印度尼西亚巴厘岛塞露坎巴湾电厂(380兆瓦)股东合资协议书 2. 合资公司组建协议 3. 合作开采矿山、锰产品深加工的备忘录等多项合作协议
第5届	2017年10月13日	印度尼西亚雅加达	《中华人民共和国国家能源局与印度尼西亚能源和矿产资源部关于能源合作的谅解备忘录》
第6届	2019年7月8日	中国北京	两国能源领域合作不断深化,在石油天然气、煤炭、电力及可再生能源等领域成效显著。中印尼双方代表分享了两国在电力、可再生能源、煤炭、石油天然气等领域的先进技术、合作现状及未来合作潜力,并就一些共同关心的问题进行了热烈的讨论和交流,论坛取得了预期的成果。双方希望能在中国"一带一路"倡议和印度尼西亚"全球海洋支点"战略的指引下,顺应世界能源发展的大趋势,携手实现中印尼能源合作行稳致远

中国-印度尼西亚政府间能源合作成果也体现在财政援助领域,尤其是中国对印度尼西亚的能源财政援助。根据 AIDDATA 数据,2000—2014 年,中国政府对印度尼西亚的财政援助共 86 例,其中能源领域的援助为 19 例,总援助金额为 58.248 亿美元(见表 2—7)。

表 2—7　　　　　2000—2014 年中国政府对印度尼西亚能源领域的财政援助

年份	项 目	资金援助机构	项目执行方	金额(美元)
2003	芝拉扎(Cilacap)电站	中国银行	PT Sumber Segara Primada-ya、Geo Dipa Energi、中国成达工程有限公司	4.08亿
2004	南苏风港(Labuhan Angin)电站	未明	中国机械设备进出口公司、Perusahaan Listrik Negara(印度尼西亚国营电力公司)	1.82亿
2005	巴比巴卢(Parit Baru)电站	未明	未明	0.935亿
2005	贾蒂格德大坝(Jatigede Dam)	未明	中国水电建设集团国际工程有限公司	1.69亿
2008	万丹苏拉拉亚(Banten Suralaya)电站	中国进出口银行	中国电建集团山东电力建设有限公司、中国东方电气集团有限公司	3.308亿

续表

年份	项 目	资金援助机构	项目执行方	金额(美元)
2008	东爪哇百通(Paiton)电站	中国进出口银行	中国哈尔滨电力工程有限公司	3.3亿
2008	南安由(Indramayu)电站	中国进出口银行、中国出口信用保险公司、中国中信集团有限公司、中国国家开发银行、中国工商银行、中国建设银行	中国机械设备进出口公司、中国电力工程有限公司	5.92亿
2009	万丹隆达尔（Banten Lontar)电站	中国银行	中国东方电气集团有限公司、印度尼西亚 PT Dalle Energy	4.55亿
2009	公主港(Pelabuhan Ratu)电站	中国进出口银行	中国上海电气集团股份有限公司	4.81亿
2009	亚齐(Aceh)电站	中国进出口银行	中国水电建设集团国际工程有限公司	1.24亿
2009	巴芝丹(Pacitan)电站	中国进出口银行	中国东方电气集团有限公司	2.93亿
2009	阿瓦－阿瓦（Tanjung Awar-Awar)电站	中国银行	中国电力工程有限公司、中国机械设备进出口公司、印度尼西亚 PT Penta Adi Samudra	3.715亿
2011	巴比巴卢(Parit Baru)项目再贷款	中国进出口银行	中国葛洲坝集团有限公司、印度尼西亚 PT Praba Indopersada	1.33亿
2012	南苏 5 号(Sumsel - 5)电站	中国国家开发银行	中国电力工程有限公司	3.18亿
2013	芝拉扎(Cilacap)电站扩充项目	中国国家开发银行	印度尼西亚 PT Sumber Segara Primadaya	7亿
2013	贾蒂格德大坝(Jatigede Dam)项目再贷款	中国进出口银行	中国水电建设集团国际工程有限公司	1.3亿
2013	东努沙登加拉（East Nusa Tenggara）Raknamo 大坝、Kolhua 大坝、Mbay 大坝	中国进出口银行	未明	1亿
2014	庞卡兰苏苏(Pangkalan Susu)电站	中国进出口银行	中国水电建设集团国际工程有限公司	3.73亿
2014	塔卡拉(Takalar)电站	中国进出口银行	中国葛洲坝集团有限公司	2.41亿

2.3.3 能源是中国企业对印度尼西亚投资最集中的领域

目前,印度尼西亚经济保持较快增长,国内消费成为印度尼西亚经济发展稳定动力,各项宏观经济指标基本保持正面,经济结构比较合理。印度尼西亚持续向好的经济发展前景和特有的比较优势将继续吸引外资涌入。

近年来,我国企业借"一带一路"东风,积极开拓印度尼西亚市场。在两国的煤炭、煤电项目合作方面,国家能源集团(原中国神华)"身先士卒",南苏穆印露天煤矿和配套煤电项目是煤炭企业出海典范,中国华电和中国大唐随后也加入其中。在水电方面,两国之间的合作更为久远。阿萨汉水电站项目由中国华电总承包,中国葛洲坝水电集团、中国水电建设集团闽江局分包实施,该项目因出色的项目管理水平、过硬的工程质量和良好的盈利能力而被誉为"中国工程企业走向国际市场的'名片'"(见表2—8)。

表2—8 中国-印度尼西亚能源相关合作(不完全统计)

序号	项目名称	生产规模(万吨/年)或装机容量(兆瓦)	投资金额(亿美元)	省份	承建/运营单位	合作模式	项目进度
1	南苏穆印露天煤矿	210	—	南苏门答腊	国家能源集团	BOO	已投运
2	阿萨汉一级水电站	180	—	北苏答腊省	中国华电	EPC	已投运
3	巴淡2×55MW燃煤电厂	110	1.81	廖内群岛	中国华电	EPC	已投运
4	巴厘岛一期3×142MW燃煤电厂	426	6.3	巴厘	中国华电	BOOT	2015年8月全部投运
5	爪哇7号2×1050MW燃煤电厂	2 100	18.8	万丹	国家能源集团	BOOT	2019年底1号机组投运
6	玻雅2×660MW坑口电厂	1 320	12.6(贷款)	南苏门答腊	中国华电	BOOT	2019年3月主体开工
7	芝拉扎三期1000MW燃煤电厂	1 000	—	中爪哇省	中国能建	EPC	2016年6月投运
8	南苏1号2×350 MW独立发电厂	700	7.4	南苏门答	国家能源集团	BOO	2016年12月贷款担保
9	万丹超临界燃煤电厂项目	670	—	万丹	哈电国际	EPC	2017年3月投运
10	芝拉扎二期660 MW燃煤电厂	660	6.9	中爪哇省	中国能建	EPC	2019年11月投运

续表

序号	项目名称	生产规模（万吨/年）或装机容量（兆瓦）	投资金额（亿美元）	省份	承建/运营单位	合作模式	项目进度
11	米拉务 2×225 MW 燃煤电厂	450	—	亚齐	中国大唐	BOOT	2019 年 9 月桩基开工
12	吉利普多二期 2×135MW 燃煤电厂	270	—	苏拉威西	中国能建	EPC	2017 年 10 月 3A 机组调试
13	塔卡拉 2×100 MW 燃煤电厂	200	—	南苏拉威西	中国能建	EPC	2018 年 7 月投产
14	明古鲁 2×100 MW 火电项目	200	3.6	明古鲁	中国电建	BOT	2019 年 11 月首台机组并网
15	BOSOWA 集团 2×55MW 燃煤电厂	110	1.4(EPC)	苏拉威西	中钢国际	EPC	—
16	北苏三 2×50MW 火电项目	100	—	北苏拉威西	中国电建	持股 10%	2019 年 6 月锅炉安装
17	Sulbagut－1（2×50 MW）燃煤电厂	100	2.1～2.2	格伦达洛	中国电建	持股 20%	2018 年 10 月桩基开工
18	卡里姆 2×25MW 燃煤电厂	50	—	廖岛	中国电建	EPC	2018 年 12 月工程设计
19	卡杨一级水电站	900	—	北加里曼丹	中国电建	EPC	2018 年 10 月签署合同
20	瓦泰普一级水电站	443	—	亚奇	中国电建	EPC	2018 年 10 月签署合同
21	加蒂格格德水电站	110	—		中国电建	EPC	2019 年 10 月引水隧洞贯通

资料来源：李晓平，焦敬平. 印度尼西亚能源产业发展现状与中印合作展望[J]. 能源，2020(6)：67—71.

印度尼西亚投资协调委员会（BKPM）数据显示，2019 年，印度尼西亚落实投资 809.6 万亿盾（539.7 亿美元），同比增长 12.2%，完成当年投资目标的 102.2%。按投资类型分类，国内投资（DDI）386.5 万亿盾（257.7 亿美元），同比增长 17.6%；外国投资（FDI）423.1 万亿盾（282 亿美元），同比增长 7.7%。从投资领域看，国内投资前五大行业依次为：交通仓储通信业（68.1 万亿盾）、建筑业（55.1 万亿盾）、种植业养殖业（43.6 万亿盾）、水电气供应（37.2 万亿盾）、食品工业（36.6 万亿盾）。外国投资前五大行业依次为：水电气供应（59 亿美元）、交通仓储通信业（47 亿美元）、金属制品业（36 亿美元）、房屋园区建筑业（29.0 亿美元）和矿产业（23 亿美元）。

依据 International Trade Center(ITC)资料,2020 年印度尼西亚输出项目为矿物燃料、矿物油及其蒸馏产物(15.7%)、动植物油脂及其裂解产物(12.7%)、钢铁(6.6%)、电机设备及其零件(5.7%)、贵重金属(5.0%)、车辆及其零配件(4.0%)等;输入项目为机器及机械用具及其零件(15.4%)、矿物燃料、矿物油及其蒸馏产物(11.1%)、电机设备及其零件(13.5%)、塑胶及其制品(5.1%)、钢铁(4.8%)等。

2020 年印度尼西亚主要出口目的地国家为中国大陆(18.8%)、美国(11.1%)、日本(9.2%)、印度(7.4%)等,主要进口来源国家为中国大陆(25.3%)、新加坡(12.4%)、日本(9.2%)、泰国(5.6%)等。

印度尼西亚与我国双边贸易对印度尼西亚进出口货物结构方面,2020 年我国出口至印度尼西亚主要产品为机器及机械用具及其零件(18.13%)、电机设备及其零件(11.59%)、塑胶及其制品(10.04%)等;自印度尼西亚进口主要产品为矿物燃料、矿油及其蒸馏产品(29.39%)、钢铁(24.12%)、电机设备及其零件(7.11%)等。

印度尼西亚非常欢迎中国投资,并且为中国企业营造相对良好的投资环境。近年来,中国与印度尼西亚投资合作持续快速发展,规模迅速扩大、领域不断拓展、地域分布广泛。印度尼西亚已成为中国对外直接投资的最主要目的地之一。2019 年中国首次成为印度尼西亚第二大外资来源国;2020 年中国对印度尼西亚直接投资逆势上扬至 48.4 亿美元,印度尼西亚第二大外资来源国地位进一步稳固。中国对印度尼西亚的投资涵盖矿冶、电力和基础设施、制造业、数字经济、农渔业等广泛领域,在不锈钢、工业氧化铝、变压器等许多领域填补了印度尼西亚的有关技术空白。此外,印度尼西亚长期是中国企业对外工程承包的前十大市场之一,能源是中国企业对印度尼西亚投资最集中的领域。

3

印度尼西亚能源资源投资分析

3.1 煤 炭

3.1.1 煤炭资源

（1）地质背景

印度尼西亚位于欧亚大陆的东南边缘，是构造活跃地区，由于板块俯冲作用，地震和火山活动频繁，地质背景复杂。在印度尼西亚西部，欧亚和印度板块结合部的是巽他海沟（Sunda Trench）。新生界是印度尼西亚的含煤地层，其分布于巽他大陆及其周围的沉积盆地中，覆盖着印度尼西亚的大部分地区。这里有俯冲边缘处火山活动的产物，有蛇绿岩、岛弧岩浆岩及碰撞期侵入的澳大利亚地壳层。在巽他大陆内部，始新世广泛的断裂作用始于俯冲作用时期，并导致了很多沉积盆地的形成。有些沉积盆地的深度超过了 10km，并充填了新生代沉积物，且富含煤炭、石油和天然气。大型的沉积盆地位于苏门答腊岛、爪哇岛的近海地区以及加里曼丹岛的东部和南部。到了新近纪，加里曼丹岛山脉的升起增加了环加里曼丹沉积盆地的沉积物来源。

(2)煤炭资源

印度尼西亚大部分的煤层来自古近系和新近系,煤层埋藏较浅。在煤炭探明储量中,无烟煤和烟煤占68%,次烟煤和褐煤占32%。印度尼西亚煤炭几乎都是露天开采,91%产自东加里曼丹和南加里曼丹,9%则来自南苏门答腊岛南部。

印度尼西亚的主要含煤盆地分布在苏门答腊岛的中部和南部,以及加里曼丹岛的东部和南部。这些主要含煤盆地分别为南苏门答腊盆地、中苏门答腊盆地、库台盆地、巴里托盆地和巴西亚盆地[①]。

根据BP世界能源统计年鉴,截至2020年底,印度尼西亚的煤炭探明储量为348.69亿吨,占全世界煤炭探明储量的3.2%,储产比为62。其中,无烟煤和烟煤的储量为231.41亿吨,次烟煤和褐煤的储量为117.28亿吨。[②]

根据印度尼西亚煤炭工业协会的统计,印度尼西亚煤资源量为1 052亿吨,储量为211亿吨,详见表3—1。

表3—1 　　　　　　　　　　印度尼西亚煤炭资源及储量 　　　　　　单位:百万吨

岛屿	省份	资源量					储量		
		预测	推断	控制	探明	总计	概略	证实	总计
苏门答腊	亚齐	0.00	346.35	13.40	90.40	450.15	0.00	0.00	0.00
	北苏门答腊	0.00	7.00	0.00	19.97	26.97	0.00	0.00	0.00
	廖内省	12.79	467.89	6.04	1 280.82	1 767.54	1 354.76	585.61	1 940.37
	西苏门答腊	24.95	475.94	42.72	188.55	732.16	0.68	36.07	36.75
	占碑省	90.84	1 508.66	243.00	173.20	2 115.70		9.00	9.00
	明古鲁省	15.15	113.09	8.11	62.30	198.65	0.00	21.12	21.12
	南苏门答腊	19 909.99	10 970.04	10 321.10	5 883.94	47 085.07	9 289.01	253.00	9 542.01
	楠榜省	0.00	106.95	0.00	0.00	106.95	0.00	0.00	0.00
	合计	20 153.72	13 995.92	10 634.37	7 699.18	52 483.19	10 644.45	904.80	11 549.25
爪哇	万丹省	5.47	5.75	0.00	2.09	13.31	0.00	0.00	0.00
	中爪哇	0.00	0.82	0.00	0.00	0.82	0.00	0.00	0.00
	东爪哇	0.00	0.08	0.00	0.00	0.08	0.00	0.00	0.00
	合计	5.47	6.65	0.00	2.09	14.21	0.00	0.00	0.00

---

① 梁富康,苏新旭. 印度尼西亚的煤炭资源及开发前景[J]. 中国煤炭,2019,45(4):128—132.
② BP. BP世界能源统计年鉴[R]. 2021.

续表

岛 屿	省 份	资源量					储 量		
		预测	推断	控制	探明	总计	概略	证实	总计
加里曼丹	西加里曼丹	42.12	468.95	3.39	2.58	517.04	0.00	0.00	0.00
	中加里曼丹	197.58	951.86	17.33	471.89	1 638.66	10.14	64.14	74.28
	南加里曼丹	0.00	5 525.16	362.59	6 377.81	12 265.56	1 806.56	1 797.80	3 604.36
	东加里曼丹	14 396.27	11 068.56	4 755.42	7 684.72	37 904.97	3 141.20	2 762.63	5 903.83
	合计	14 635.97	18 014.53	5 138.73	14 537.00	52 326.23	4 957.90	4 624.57	9 582.47
苏拉威西	南苏拉威西	0.00	144.94	33.09	53.09	231.12	0.06	0.06	0.12
	中苏拉威西	0.00	1.98	0.00	0.00	1.98	0.00	0.00	0.00
	合计	0.00	146.92	33.09	53.09	233.10	0.06	0.06	0.12
马鲁古	马鲁古	2.13	0.00	0.00	0.00	2.13	0.00	0.00	0.00
新几内亚	西巴布亚	93.59	32.82	0.00	0.00	126.41	0.00	0.00	0.00
	巴布亚	0.00	2.16	0.00	0.00	2.16	0.00	0.00	0.00
	合计	93.59	34.98	0.00	0.00	128.57	0.00	0.00	0.00
全国合计		34 890.88	32 199.00	15 806.19	22 291.36	105 187.43	15 602.41	5 529.43	21 131.84

印度尼西亚的含煤省主要有 6 个,分别为南苏门答腊省、东加里曼丹省、南加里曼丹省、占碑省、廖内省、中加里曼丹省,这 6 个省的煤炭资源量和储量分别占全国总量的 97.7% 和 99.8%,详见表 3—2。

表 3—2　　　　　　印度尼西亚主要富煤省的资源量和储量　　　　　　单位:亿吨

排名	省份	涉及的盆地	资源量	储量
1	南苏门答腊省	南苏门答腊	471	95.4
2	东加里曼丹省	库台、伯劳、北塔拉坎	379	59
3	南加里曼丹省	巴里托、巴西亚	122.7	36
4	占碑省	南苏门答腊	21.2	0.09
5	廖内省	中苏门答腊	17.1	19.4
6	中加里曼丹省	巴里托、库台、默拉维	16.4	0.74
合　计			1 028	210.63

(3)煤质特点

印度尼西亚煤炭具有高水分、低灰分、低硫分、高挥发等特性。印度尼西亚煤炭的变质级别为中低级别,灰分通常小于 10%,硫分通常小于 1%。在南苏门答腊盆地南部等地区,地质构造和火山活动导致煤的级别明显增高。煤质特点决定了其燃烧后的大气污染物含量较低,比较环保。印度尼西亚的煤炭主要用于发电,按照其发热量,可将煤炭的产品类型分为极高质量、高质量、中等质量和低质量4个等级的品级。印度尼西亚的煤炭以中等级别和低等级别为主,分别占比62%和24%。发热量大于25.5MJ/kg的煤炭只占14%。

在空气干燥基状态下,典型的印度尼西亚煤中,次烟煤的发热量为23.9MJ/kg~30.2MJ/kg,挥发分为37.00%~42.15%,低硫0.10%~0.85%;褐煤热值为18.2MJ/kg~24.4MJ/kg,挥发分24.10%~48.80%,硫分0.10%~0.75%。

不同岛屿产出的产品煤质各有差异,苏门答腊岛中部的Muba港煤质发热量为21.6~24.2MJ/kg,全水分为33%~37%,内水为13%~15%,灰分为4%~10%,硫分为0.3%~0.6%。在加里曼丹岛北部,煤质发热量为24.3MJ/kg,全水分为19%,内水为16%,灰分为2%,硫分为0.6%。而在加里曼丹岛南部,煤质发热量为28.4MJ/kg~33.2MJ/kg,全水分为10%~12%,内水为4%~9%,灰分为3%~5%,硫分为0.3%~0.9%。总体而言,加里曼丹岛产出的煤炭品质总体比苏门答腊岛的煤质更优良。[1]

(4)主要煤矿资源分布

①穆印露天煤矿(Muyin Open-pit Coal Mine)

穆印露天煤矿是一座露天矿区,位于印度尼西亚苏门答腊盆地南部的普拉布穆利背斜北翼,地质构造走向为NW—SE方向,整体形态为缓波状的褶皱形态构造,区内有NNE和NNW方向的断层。该构造形成于印度洋板块与欧亚板块之间的相对运动。矿区为走向NW-SE,倾向NNE的单斜构造,地层倾角为4°~6°,未见断层,地质构造简单。露天煤矿项目勘探工作区位于印度尼西亚南苏门答腊省巨港市(Palembang)当库镇(Dangku),距巨港市区西南约100千米,普拉布穆利县城(Prabu-mulih)西约10千米。行政辖区分属穆印县(MuaraEnim),工作区东西长6.5千米,南北宽6.5千米,面积约42平方千米,交通出行便利。[2]

---

① 梁富康,苏新旭.印度尼西亚的煤炭资源及开发前景[J].中国煤炭,2019,45(4):128-132.
② 韦玉飞.印度尼西亚穆印露天煤矿非工作帮残煤回收[J].露天采矿技术,2017,32(7):16-20+24.

②波拉湾煤矿(Belawan Coal Mine)

波拉湾煤矿位于印度尼西亚中加里曼丹省木拉代威(Muaramewe)县城以北约80千米处,其地层属下第三系古新统之BatuAyau组。该组以泥质岩为主,占80%以上;砂岩、砂砾岩小于20%,砂岩、砾岩多呈透镜状夹于泥质岩中。由于本区的节理、裂隙不发育,地层对比有一定难度,加之整个勘探区几乎都被原始热带雨林覆盖,工作条件十分艰苦。

③朋古鲁煤矿(Bengkulu Coal Mine)

朋古鲁煤矿煤系地层为海相沉积,沉积年代为新生代晚三叠纪上新世至第四纪更新世,煤的变质程度低,煤种为褐煤。主采煤层MS煤层特征:煤层结构简单,呈块状互层,层理清晰,煤层较硬。矿区地质构造简单,无大的地质构造,矿区煤层赋存稳定,为一近东西走向,近北南倾向单斜构造。矿区水文地质简单,地面无大型水体及河流,无临近井工开采的采空区,只有本矿历年来已开采的采空区,矿井涌水量不大,无大的水害威胁。该矿位于印度尼西亚苏门答腊岛的朋古鲁省、北朋古鲁县,距省会城市朋古鲁市直线距离30千米,有矿区简易公路通达朋古鲁市区,到达煤炭码头运输距离45千米,煤炭运输主要是汽车运输。[①]

④卡布兰煤矿(Kaburan Coal Mine)

卡布兰煤矿区位于印度尼西亚中加里曼丹省,距省会帕朗卡拉亚(Palangkaraya)市约150千米。煤矿区南北长6.6千米,东西长11千米,面积约35平方千米。矿区内地形属丘陵地带,地形较为平缓,区内最高点+130米,最低点+51米,地形高差一般在50米左右。本区煤系地层岩石强度小,岩芯取出后极易风化破碎,为松散软岩类,属于典型的三软工程地质条件(煤层软、顶板软、地板软),适合露天开采。[②]煤层为低灰、低中硫、低磷、一级砷、中热值褐煤。矿区所在区域平均年降雨量2 300毫米,雨季集中在每年的11月至次年的6月,雨季时软岩地层将严重影响露天开采,此期间一般停采。煤矿区有多条建议公路与通往帕朗卡拉亚市的沥青公路相连。[③]

---

① 龙继红,吴道. 印度尼西亚朋古鲁煤矿全煤巷支护改革可行性探讨[J]. 江西煤炭科技,2016(2):109—111.

② 吴晓鹏. 印度尼西亚KABURAN煤矿区工程地质特征分析[J]. 江西煤炭科技,2012(4):60—62.

③ 罗嗣祥,胡艳青,黎心宇. 关于印度尼西亚卡布兰煤矿开拓方式的讨论[J]. 江西煤炭科技,2012(3):99—101.

⑤巴拉煤矿(Bara Coal Mine)

巴拉煤矿位于亚齐特区的中西部,距离印度洋的直线距离约 20 千米,煤矿区南北长 3.5～7 千米,东西宽 1.5～3 千米,面积约 10.6 平方千米。矿区总体为走向北西—南东,倾向南西的单斜构造,发育宽缓褶曲,地层倾角平缓,一般小于 5°,勘察过程中未发现断层。巴拉煤矿主要生产特低至中灰、特低至中硫、高热值的优质褐煤,可广泛应用于热力发电、煤化工等方面。该煤矿煤层厚、埋藏浅、煤质优,是良好的环保型能源。[①]

⑥纳拉布赖煤矿(Narrabri Coal Mine)

纳拉布赖煤矿位于印度尼西亚东加里曼丹西库塔伊县森达瓦(Sendawar)北部的无忧河东侧,距西库塔伊县约 100 千米。该地区为典型的热带海洋性气候,炎热、潮湿、多雨,无四季区分,每年 4 月至 9 月为旱季,10 月至次年 3 月为雨季,年平均气温为 22.3℃～32.9℃。

(5)煤炭工业发展现状

印度尼西亚是世界第五大煤炭生产国,煤炭生产始于 20 世纪 80 年代,并在近些年显著增加。印度尼西亚能源和矿产资源部(MEMR)数据显示,2020年,印度尼西亚煤炭产量为 5.63 亿吨,比 2019 年实际 6.162 亿吨减少 5 320 万吨,同比下降 8.6%。2021 年印度尼西亚煤炭产量目标由之前的 5.5 亿吨上调至 6.25 亿吨。新冠肺炎疫情导致全球经济增长放缓,采矿业也随之受到影响,因此 2021 年有必要增加煤炭产量以支撑出口。

印度尼西亚煤炭产量的增长在很大程度上归因于规模化的开采,这一趋势将继续保持。未来煤炭产量的增长中,将有越来越高的比例来自中小规模煤矿。加里曼丹岛和苏门答腊岛是印度尼西亚的两个主要的煤炭产区。在印度尼西亚的煤炭开发过程中,通过成本分析可使煤炭企业优化经营活动,从而增强企业的市场竞争力。

印度尼西亚现有生产煤矿 108 座,平均产能 360 万吨/年,年产 500 万吨以上煤矿有近 20 座,产业集中度较高,前十位的煤企产量约占全国总产量的60%。布米资源公司(BumiResoources)和阿达罗公司(AdaroEnergy)是印度尼西亚最大的两家煤炭企业。

① 白维灿. 印度尼西亚 BARA 煤矿褐煤煤质特征[J]. 中国煤炭地质,2009,21(S2):36—37+53.

印度尼西亚煤炭生产比较集中,由少数几家大型煤炭企业垄断国内的煤炭生产。

①布米资源(Bumi Resources)

布米资源在印度尼西亚由非常有影响的 Bakrie 家族控制,是印度尼西亚最大的煤炭生产商,拥有印度尼西亚大型煤炭生产商卡尔蒂姆·普里马煤炭公司(KaltimPrimaCoal)和阿鲁特明公司(Arutmin)大部分股权,两家公司生产空干基高位发热量在 4 200~7 100 大卡之间的动力煤。2020 年全年,布米资源的煤炭产量为 8 110 万吨,同比减少 6%,煤炭销量 8 150 万吨,同比下降 7%。2021 年上半年,印度尼西亚布米资源公司原煤产量为 4 010 万吨,较上年同期减少 90 万吨,下降 2.2%,布米资源是印度尼西亚最大的动力煤生产商。

②阿达罗能源(Adaro Energy)

阿达罗能源为印度尼西亚第二大动力煤生产商,主要煤矿位于印度尼西亚南加里曼丹省,主产高位收到基为 4 000~5 000 大卡煤炭,公司于 2016 年从全球矿业巨头必和必拓手中收购了其在印度尼西亚的冶金煤矿项目,年产能在 600 万吨在右。公司自 1992 年成立以来,产量煤由 100 万吨迅速蹿升至近年来的 5 000 万吨左右,2020 年全年阿达罗煤炭产量为 5 453 万吨,较 2019 年的 5 803 万吨下降 6.03%,煤炭销量为 5 414 万吨,较 2019 年的 5 918 万吨下降 8.52%。2021 年 1—9 月份,印度尼西亚动力煤产量预计为 4 300 万吨,占全年产量目标 6 250 万吨的 68.8%。

③因地卡能源(Indika Energy)

因地卡能源是一家领先的综合性多元化印度尼西亚集团,业务覆盖完整能源价值链。按 2019 年产量计,Indika 是印度尼西亚第三大煤矿公司。它还为印度尼西亚石油和天然气部门提供工程、采购和建筑、运营和维护以及相关服务,也提供各种河海运输服务和港口服务。2021 年,Indika 能源煤炭产量目标为 3 140 万吨,其中基泰扩公司产量目标 3 000 万吨,MUTU 公司产量目标 140 万吨。该公司表示,如果市场基本面保持平稳,2021 年度产量将达到 3 400 万吨。

④基泰扩加瓦阿贡(Kideco Jaya Agung)

基泰扩加瓦阿贡成立于 1982 年,在印度尼西亚东加里曼丹省 Paser Regency

的 50 921 公顷特许经营区进行露天煤矿开采,根据第一代煤炭工作合同(CCoW)持有煤矿开采权,直至 2023 年。Kideco 目前经营六个露天采矿场,生产一系列含硫、灰分和氮含量低的亚烟煤,使其在燃煤电厂使用时对环境友好。基泰扩加瓦阿贡现为印韩合资的大型煤矿生产商,其中印度尼西亚本土的 Indika Energy 持有公司 46% 的股权。作为印度尼西亚成本最低的煤炭生产商,Kideco 在 2020 年生产了 3 300 万吨煤炭,并已向 16 个国家的 50 多个客户供应煤炭。

⑤班普(Banpu)

班普成立于 1983 年,是一家主营煤矿生产的泰国能源公司,并于 1989 年在泰国证券交易所上市。Banpu 公司通过其印度尼西亚的上市子公司 ITM 管理着印度尼西亚加里曼丹岛的五大煤矿,并在东加里曼丹有自己的专用码头 Bontang Coal Terminal。

⑥贝劳(Berau Coal)

贝劳是一家位于印度尼西亚的私人煤炭公司,主要业务是在其位于印度尼西亚东加里曼丹的特许区域进行露天煤矿开采。根据其与印度尼西亚政府所签订的 30 年期协议,公司在 2025 年 4 月 26 日之前拥有该区域的煤炭采矿权。2011 年罗斯柴尔德家族控股的矿业投资公司 Vallar 将印度尼西亚最大的煤炭生产商布米资源和第五大煤炭生产商贝劳进行合并。

⑦普吉亚森煤炭公司(PTBA)

普吉亚森煤炭公司为印度尼西亚国有煤炭生产公司,拥有 73 亿吨煤炭资源量和 19.9 亿吨煤炭储量,近来该公司与中国的中铁集团、神华集团等都有较为频繁的合作往来,拟借助来自中国的资本共同开发其在国内的煤炭资源。

3.1.2 煤炭规划及发展政策

对印度尼西亚矿业投资进行直接规范的法律是该国政府 2009 年新出台的《矿产和煤炭矿业法》(以下称"新采矿法")。印度尼西亚在此之前所采用的是其独立后通过的 1967 年颁布的关于采矿法的第 11 号法律《矿业法通则》(以下称"旧采矿法")。

根据旧采矿法第 3 章、第 5 章规定,采矿许可证"Kuasa Pertambangan"(此为印度尼西亚语,下简称 KP)只能向印度尼西亚国民和印度尼西亚公司颁发。

旧采矿法第 12 条明确规定,作为矿业企业而拥有采矿许可证的主体必须拥有印度尼西亚国籍。也就是说,KP 的所有权仅限于印度尼西亚国民,禁止外国公司获得采矿许可证。而在新采矿法中外国公司不再被禁止申请和持有矿业许可权,这为外资注入矿业、促进矿业发展创造了条件。与旧采矿法相比,新采矿法统一了采矿许可证制度,即 IUP。IUP 向印度尼西亚国民和外商投资企业(PMA)广泛开放,并且只规定了矿权本身不得转让,没有限制股份的转让,这也意味着外商投资企业依然可以通过股份收购的方式获取当地矿权。

为了加强对矿权的绝对控制,印度尼西亚政府又于 2010 年、2012 年相继颁布了"关于实施采矿业务经营的 2010 年第 23 号政府管理条例""关于修正 2010 年第 23 号政府管理条例"。2012 年颁布的"关于修正 2010 年第 23 号政府管理条例"规定,持有 IUP 的外商投资企业持股比例应逐步剥离,以便印度尼西亚股东在生产期的第 10 年内拥有 51％的份额。该条例规定采用资源民族主义政策,主要目的是维护国家对自然资源的永久主权。因此,它将对印度尼西亚的外国矿业投资造成新的限制。资源民族主义的基本概念是保护东道的国家利益,这种趋势在其各种投资监管层面都很明显,包括但不限于:

①将采矿投资政策从合同制度(工程合同)转变为许可制度,以加强对矿业投资的国家控制;

②在第 10 个生产年度将外国投资者的超过 51％股份剥离至本国;

③禁止出口未加工原矿;

④对现有的工程合同进行重新谈判以遵守新的采矿法。

资源民族主义政策的采用在一定程度上造成了法律政策的不连续性和监管的冲突。从 2009 年颁布的新矿业法第 169 条(a)款可以看出,在该法颁布之前已存在的工程合同在合同到期之前仍然有效。然而,新矿业法第 169 条(b)款又规定,除非涉及国家收入,否则委托方有义务在法律颁布后不迟于一年内为持有的旧的工程合同商定新条款。这意味着在法律颁布之后,旧的工程合同的国家税收应根据新矿业法的规定进行调整。

为了加强对本国资源的保护,印度尼西亚政府又于 2012 年 5 月发布能源矿务部第 7 号条例,对 65 种矿产品加征 20％的出口税,明确从 2014 年开始禁止原矿出口。为了鼓励外商在提高冶炼精度方面的投入,继 2010 年 23 号令,印度尼西亚政府又分别于 2012 年、2013 年和 2014 年颁布了 24 号令、27 号令和 77 号令,对持股比例进行调整。其中 77 号令从两方面对外商持股比例做了更为明确的规定:

①从国内投资变更为外商投资的矿业企业,根据是否具有勘探权,外商持股比例分别为 75% 和 49%;

②当持有采矿营业执照的外资投资公司在生产五年后开始,则持有采矿营业执照,必须强制剥离股权时,印度尼西亚方将至少持有该公司股份的一定比例:第 6 年 20%、第 7 年 30%、第 8 年不少于 37%、第 9 年不少于 44%、第 10 年不少于 51%。要剥离的股份必须提供给国家政府、省政府、省/市政府或国有和地区企业。如果这些机构不愿意收购这些股份,它们就可以通过招标方式提供给印度尼西亚私营企业实体。工作合同还可包括撤资要求。这就意味着中国矿业企业必须在印度尼西亚本地加大精炼加工环节的投入,以降低矿产加工成本。

从印度尼西亚政府这些法令与政策可以看出,印度尼西亚对于其国内的矿产资源,从严格的国家主义,变成了相对宽松的资源民族主义,领取矿业许可证的主体增加了有外资背景的合资公司。但是,印度尼西亚很多法律规定十分模糊,在矿业法修改前所签订的合作采矿合同,必须按照 2009 年新采矿法进行重新谈判,这个过程本身也是一个很复杂的利益博弈的过程,而且印度尼西亚政府透明度很低,政府违约的相关可能性比较大。2007 年通过的新《外国投资法》明确了矿业领域本国资本应占 50% 以上的规定,再加上上文所提及的新采矿法及相关政策的出台,使得在印度尼西亚进行的矿业投资存在被国有化或者矿业企业控制权减弱的风险。

2019—2028 年规划中,到 2028 年,煤电新增装机为 27.063 吉瓦,占比 48%。尽管来自环境保护方面的诉求降低燃煤发电依赖度的压力不断增大,但由于印度尼西亚煤炭资源丰富,燃煤开采成本低,燃煤发电成本相对较低,加之煤炭资源可获得性较为普遍,燃煤发电规模还在扩大。印度尼西亚国家电力公司(PLN)规划推出了一大批规模较大的煤电项目,以尽快解决印度尼西亚电力供应缺口问题,燃煤电站机会较多。鉴于非坑口燃煤电站 IPP 项目竞争激烈,企业应从扩大市场规模、避开低电价竞争、提高成功率考虑投资,重点关注坑口燃煤电站的跟踪和开发。

3.1.3 印度尼西亚煤炭投资分析

（1）有利条件

印度尼西亚的煤炭资源丰富、煤炭工业发达、电力普遍紧缺,而且煤炭具备低灰、低硫的特性,适合燃煤发电。在印度尼西亚现有的电力规划中,未来 10年,无论是装机容量还是发电量,将会有极大的发展,煤炭在其中扮演重要的角色。

印度尼西亚的投资环境稳定,政府鼓励民营资本和外国企业对其电厂进行投资。世界经济论坛《2020 年度全球竞争力报告》显示,印度尼西亚在全球 140个国家和地区中竞争力排名第 40 位。印度尼西亚发电市场逐渐市场化。随着发电端向民营资本开放,吸引了印度尼西亚本土及来自中国、日本、韩国、马来西亚、印度、欧洲的外国企业投资印度尼西亚电厂。

印度尼西亚佐科总统就职后表示,印度尼西亚下一阶段计划建设 3 500 万千瓦电站项目。自 3 500 万千瓦装机规划推出后,各外资企业积极参与印度尼西亚电力市场开发。截至目前,中资企业直接参与印度尼西亚电源项目投资的有神华、华电、泛海、协鑫、中电建设、中国石油、中国能建、葛洲坝集团及大唐等,开发侧重点多为燃煤电厂项目。

印度尼西亚的电力项目国际招标已有近 20 年的历史,整套招投标体系及开发机制相对成熟完备,行业准入门槛比较透明、规范,开发流程清晰,电价回收机制完备,电力投资风险基本可控。

（2）不利条件

南亚和东南亚地区是中国股权投资海外煤电项目的主要区域。过去十年,中国海外煤电股权投资建成的海外煤电项目中,近 94% 位于南亚和东南亚。而印度尼西亚凭借专项 35 吉瓦鼓励政策、较好的人口基数红利和经济发展预期以及完备的两部制购电政策,与巴基斯坦、孟加拉国一起成为近几年中国企业海外电力投资的热点。印度尼西亚的资源禀赋和国家政策决定了其以煤电为主的电力外资政策。不少中国企业已经参与到印度尼西亚本国的煤电项目投资中。总体来看,由于 2018—2022 年集中落地的装机量较大,电力需求又难以实现快速增长,因此,在印度尼西亚电力发展规划顺利实施的情况下,即使印度尼西亚可以按照预期实现较快的经济发展,爪哇—巴厘地区也将在2022年出现较严重的产能过剩,加里曼丹和苏门答腊地区预计也将出现小幅的煤电产能过剩。

印度尼西亚位于板块构造的交汇处,构造复杂,断裂将煤田分隔得支离破碎,煤矿的资源量和储量规模有限,从而影响了电厂供煤的保障程度。另外,印度尼西亚的煤炭为较年轻的新生界煤,变质程度低、含水量高、发热量低,增加了运输的成本,并影响了燃煤发电的效率。在煤炭开采的过程中,由于绝大部分是露天矿煤田,热带地区的暴雨极容易对生产不利。同时,印度尼西亚的基础设施普遍较差,煤炭开发所需的公路、港口等设施较不完善。印度尼西亚群岛国家的特点又决定了其没有形成统一的电网,电厂发出来的电无法上网。

印度尼西亚的人口众多,土地是民众私有,因此在建设煤矿和电厂时需要解决征地问题。在人口密集的地区,需要和数十户甚至上百户居民逐一进行谈判,征地的工作异常困难。在某些地区,当地政府过多地颁发采矿许可,导致非法采矿及出口煤炭的活动增加,采矿的合法性难以甄别。

(3)投资分析

煤电联营项目可以从煤炭供应、销售上彼此联系,贯通产业链的上下游,使煤矿和发电厂共同享受收益、共同承担风险、各自弥补本身的结构性缺陷,可以适合印度尼西亚这种群岛国家。

开发印度尼西亚的煤电联营项目,需要找到合适的切入点,因地制宜,扬长避短,制定合理的投资策略,才能取得较好的开发前景。根据印度尼西亚的地理特征、煤炭资源分布、电力市场等特征综合分析,可总结出以下两种煤电联营投资模式:

①煤矿-短距离运输-坑口电厂模式,即苏门答腊模式

该模式适合南苏门答腊、东加里曼丹等偏远的岛屿地区,南苏门答腊的人口稠密,煤炭资源丰富,电力可通过区域电网送至爪哇岛,装机容量可以达到一定的规模。东加里曼丹、巴布亚新几内亚、苏拉威西等偏远的岛屿人口较少,电网分布有限,电力装机可适当偏小,以供应当地市场。煤炭的运输可以视条件选择用传送带运输或者卡车运输。

②煤矿-海运-电厂模式,即加里曼丹模式

这种煤电联营的方式尤其适合印度尼西亚这种群岛国家。煤矿投资可选择在东加里曼丹、南加里曼丹等煤炭资源丰富、煤质较好、海运条件较好的地区。电厂投资可以选择在人口密集、电力需求旺盛、经济发达、煤炭运达卸载条件便利的地区,如爪哇岛、苏门答腊岛、巴厘岛等沿海地区。这种投资模式的电力装机容量可以达到较大的规模。煤炭的运输方式主要是海运。

3.2　石油和天然气

3.2.1　石油和天然气资源

印度尼西亚位于西、南太平洋区域重要的矿产资源带,石油、天然气资源丰富,是东南亚主要的产油国,是全球最大的液化天然气生产国。

印度尼西亚的油气储量区主要有苏门答腊、加里曼丹、纳土纳和爪哇等地的陆地和近海。印度尼西亚共有 60 多个油气盆地,分别位于苏门答腊油气区(印度尼西亚最主要的产油区)、爪哇油气区、东加里曼丹油气区、东部油气区和南海海域油气区。其中 15 个盆地生产石油、天然气、海上盆地面积为 1 500 000 平方千米,约 1/3 位于深水区;陆上盆地面积为 800 000 平方千米,约 1/5 位于勘探困难区。目前仍有 45% 以上的盆地尚未进行二维地震一级更高程度的地质勘探,油气资源潜力巨大。1988 年,印度尼西亚石油天然气总探明储量达到 253 亿桶峰值,此后石油探明储量出现大幅度下跌,并一直呈下降趋势。2019 年,石油探明储量为 25 亿桶(约 3 亿吨),较上一年下降 21.3%,约占世界石油探明储量的 0.1%。2008 年,天然气探明储量达到 203 亿桶油当量峰值,随后开始缓慢下滑;2019 年仅约为 90 亿桶油当量,约占世界天然气探明储量的 0.7%。这些油气盆地分布及开采状况如图 3-1 所示。

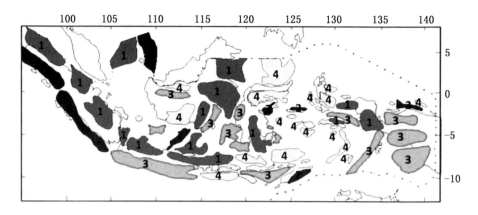

注:1. 产油气盆地;2. 钻探有油气储藏但尚未开采的盆地;3. 钻探但尚未发现油气储藏的盆地;4. 边缘盆地。

数据来源:Indonesia:Petroleum Geology & Potential,http://www.ccop.or.th/epf/indonesia/indonesia_petroleum.html。

图 3—1　印度尼西亚油气盆地分布及开发现状

印度尼西亚主要油气区分布如下:

(1)苏门答腊油气区

该区是印度尼西亚最主要的产油区,面积 20.8×104 平方千米,包括如下盆地:

①北苏门答腊盆地

北苏门答腊盆地面积 8×104 平方千米,有几排基本平行盆地轴向的背斜带,下第三系覆盖在基岩上,为夹有碳酸盐岩的云母石英砂岩,上第三系由海侵页岩及碳酸盐岩沉积变为海退相砂、页岩,最后是湖泊和陆相沉积。油田以多套砂岩产层的断层背斜圈闭为主,也有少量碳酸盐岩油田。

②中苏门答腊盆地

中苏门答腊盆地由北西向的凹陷和地垒构成,面积 5×104 平方千米。沉积岩厚度只有 2 750 米,却是长期高产油气盆地,主要由于 6℃/100m 的高地温梯度弥补了沉积岩厚度薄的缺点。1973 年产油量占全国总产量的 60%。产油层主要是中新统海侵砂岩,上覆中—上新统海退的产气砂岩。储层平均孔隙度 28%,渗透率 1μm²。油田主要为背斜圈闭。该盆地含有印度尼西亚最大的米纳斯油田、杜里油田和高产的贝卡萨普油田。

③南苏门答腊盆地

南苏门答腊盆地与中苏门答腊盆地相似,中间被蒂加普卢隆起分隔,东南部以楠榜隆起为界,面积 7.8×10^4 平方千米。油气一般产于渐新统至上新统的海侵砂岩和上部海退砂岩,个别为台地碳酸盐岩储层。含油砂层多达 52 个,孔隙度为 20%~30%,渗透率 $250 \times 10^{-3} \mu m^2$。生油层主要是中新统页岩。盆地内有油田 70 个,成群分布在复背斜带上,大部分属背斜圈闭油田。

(2)爪哇油气区

南界为爪哇火山弧,北部为巽他大陆架,基底断裂发育。第三系在南部厚达 7 600 米,向大陆架逐渐变为 1 000~3 000 米。由北东—南西向的卡里蒙爪哇弧形拱起分成两大盆地。该区是印度尼西亚第三大油气区。西北爪哇盆地面积 22×10^4 平方千米。基底为前第三系浅变质岩和白垩系岩浆岩,断裂纵横交错。盆地有多种类型储层,有前第三系变质岩,渐新统凝灰岩、角砾岩、砂岩,中新统礁灰岩和砂岩。产层平均孔隙度 18%~27%。目前已有 20 多个油气田,其中只有 4 个在陆上,其他都在海上。盆地内有重要的贾蒂巴朗火山岩油田。

东北爪哇盆地的北部经大陆架与东加里曼丹的一些盆地相连。陆地部分东西向断裂,海上北东向断裂。盆地分为三个较大的构造单元。产层为中、上新统砂岩和石灰岩。油田分布在复背斜带上。泗水及炽布油田的储层以中新统至上新统海退碎屑岩为主。近年在海上的中新统碳酸盐岩和砂岩中发现了油气。

(3)东加里曼丹油气区

该区是印度尼西亚第二大产油区,位于加里曼丹地块以东。默腊土斯隆起以西为巴里托盆地,以东为打拉根、库特和塞布库盆地。

①打拉根盆地。打拉根盆地的南北分别以曼卡利哈隆起和沙巴的马格达雷那山为界,东为苏拉威西海,西为加里曼丹地块。基底断裂沉陷形成盆地。从始新世开始发育海侵和海退碎屑岩夹石灰岩。油田位于盆地西侧的打拉根岛和崩尤岛上,均为大型穿窿构造,储层为上新统的砂岩和砾岩,已发现 4 个背斜圈闭油田。

②库特盆地。库特盆地为望加锡海峡扩张断陷形成的三角洲盆地。西部

为加里曼丹地块,东为望加锡深海槽,南为帕特诺斯特隆起,面积 $10×104$ 平方千米。产层主要是中、上新统三角洲和海退砂岩。印度尼西亚最大的海上油田阿塔卡有 34 个含油砂层,孔隙度达 35%,渗透率为 $4\sim5\mu m^2$。汉迪尔油田的油层总厚达 200 米。该盆地现已发现 20 多个油气田,它们呈近于平行的两带分布,北东向延伸约 350 千米。第十五届世界石油大会介绍了马哈坎三角洲地区油气勘探技术及效果,认为勘探第一阶段主要集中在构造圈闭上,发现了阿塔卡等几个油田,后来产量下降。第二阶段通过区域地质研究,主要是层序地层学和石油系统的研究,终于在三角洲薄层砂岩分布区发现了吐努、波西科、悉悉等大型气田,它们是新概念、地层圈闭和新技术互相结合的产物。

③巴里托盆地。巴里托盆地位于默腊土斯隆起与加里曼丹地块之间,有始新世到更新世沉积。西部地区厚度小于 1 500 米,向东靠近默腊土斯隆起地层加厚到 7 000 米,褶皱剧烈、断层发育。在过渡带上发现了丹容油田,产层为始新统和上新统砂岩,属背斜圈闭。

(4)东部油区

萨拉瓦提盆地位于伊里安中央山脉南侧,面积近 $10×104$ 平方千米。储层主要是中新统礁灰岩和孔隙性碎屑灰岩,平均孔隙度 19%～30%。现已发现 15 个油气田。

斯兰盆地是印度尼西亚最小的盆地,上新世—更新世地层发育,厚度在 3 000 米以上。已发现的 3 个油田分布在岛的东北岸,产层为上新统近岸砂岩,深度只有 100～250 米。在三叠系也发现了油田。

(5)南海海域

南海海域部分已进入中国传统领海边界内,目前只有西纳土纳盆地产油。此盆地呈北—北东向,西侧是彭尤盆地。它们都是泰国湾马来盆地内的凹陷或次盆地。西纳土纳盆地北部由腾格水隆起与马来盆地南部分开,东部则由纳土纳隆起与东纳土纳盆地分隔开。上渐新统和下中新统的页岩为良好的生油层和盖层,产层为渐新统三角洲及河道砂岩。该盆地中已发现乌当、特鲁布克和卡卡普油田,自 20 世纪 70 年代投入开发。近年发现的纳土纳气田,位于纳土纳岛东北 225 千米,水深 145 米,产层为第三系礁灰岩,估计储量 $1.3×1\,012$ 立方米,二氧化碳含量达 71%。

　　表3-3数据显示,仅从探明储量而言,印度尼西亚近20年来一直处于走低势态,而中国恰恰相反。造成这一结果的最大原因就是在地质勘探和油气储量探测方面,印度尼西亚的投入后劲明显不足,这些投入包括政策鼓励、资金支持和技术发展等方面。而中国自20世纪90年代进入高速发展以来,对能源的迫切需求刺激了政府和社会资本的投入力度,加大了对油气资源的勘探论证研究,发现了更多的油气储量。再以2020年的数据为例,印度尼西亚的石油探明储量约为中国的十分之一、世界探明总储量的0.1%,储产比(Reserves/Productionratio,又称储采比,油气田剩余可采储量与当年产量之比。储产比是度量油气田生产能力的一项指标,在编制油气生产计划和规划时必须考虑这一因素)远低于中国。巨大的开采潜力,众多的油气盆地与实际探明储量之间的差距越大,合作的领域越多。差距就是商机,印度尼西亚要弥补理论储量与实际探明储量之间的差距,就必须加大投入力度,并鼓励国际油气企业进入印度尼西亚能源市场。印度尼西亚对石油资源国际合作的需求还因为国内石油产量与消费量之间的比例越来越低而更加迫切。

表3-3　　　　　　　　　印度尼西亚、中国石油探明储量

国家	2000年底 十亿桶	2010年底 十亿桶	2019年底 十亿桶	2020年底			
				十亿桶	十亿吨	占总量比例	储产比
印度尼西亚	5.1	4.2	2.5	2.4	0.3	0.10%	9
中国	15.2	23.3	26	26	3.5	1.50%	18.2

　　资料来源:《2021年BP世界能源统计年鉴》,为了参照对比,特将中国的数据一并列出。

　　表3-4显示,从2010年至2020年的11年间,印度尼西亚的石油产量实际是下降的,年均下降24%,但其国内消费量确实逐年上升的,年均上升1.9%。印度尼西亚国内石油市场供不应求,必须增加国内石油生产或从国外寻求石油供应。此时期,中国的情况类似于印度尼西亚。从总体而言,中国在这10年间的石油生产量和消费量均呈上升态势,但是消费量的上升比例要远远大于生产量增加的比例。从单年来看,相比2015年,中国2016年的石油产量实际上是减少了,减产率近7.2%。因此,中国也面临着国内石油供不应求,需要增加生产、进口原油和石油产品。在石油工业领域,印度尼西亚与中国"同病相怜"。虽然如此,但印度尼西亚与中国的石油供应状况不是一个层次的问题。中国的

经济发展程度要高于印度尼西亚,提质转型是当前中国经济发展的必然选择。在石油工业方面,中国的财力、技术装备和管理等都处于世界前列,消费市场已被充分开发。中国面临问题的实质是有限的资源与产能过剩之间的矛盾——可供开发的石油资源越来越少,已经远远不能满足被激发出来的巨大的石油生产能力,必须在境外寻找用武之地。相对而言,印度尼西亚的经济发展还处于增量期,最大限度地增加市场的石油供应是解决发展能源瓶颈的当务之急。与中国的解决之道相反,印度尼西亚面对的问题是"双低"——探明储量低和生产能力低。印度尼西亚必须提高自己的石油能源生产能力,在技术、资金和管理等方面加大研发投入。而如果要想在短期内解决产能不足的问题,则需要加强国际能源合作,进行国际融资,引进先进的技术和管理经验:一是加大地质勘探力度,增加油气探明储量;二是提升石油生产能力。

表 3—4　　　　印度尼西亚、中国石油产量和消费量　　　　单位:千桶/日

国家	类别	2010年	2011年	2012年	2013年	2014年	2015年	2016年	2017年	2018年	2019年	2020年	年均增长率	
													2020年	2009—2019年
印度尼西亚	产量	1 003	952	917	883	847	838	876	838	808	781	743	−4.90%	−2.40%
	消费量	1 443	1 579	1 663	1 657	1 642	1 552	1 508	1 610	1 649	1 626	1 230	−24.40%	1.90%
中国	产量	4 077	4 074	4 155	4 216	4 246	4 309	3 999	3 846	3 798	3 836	3 901	1.70%	0.10%
	消费量	9 390	9 739	10 170	10 668	11 120	12 066	12 499	13 137	13 576	14 005	14 225	1.60%	5.40%

资料来源:《2021 年 BP 世界能源统计年鉴》,为了参照对比,特将中国的数据一并列出。

对原油的处理能力也是石油产能的关键指标之一。目前,印度尼西亚国内共有 10 座左右的炼油厂,但这些炼油厂设备陈旧,且经营不善,加上它们不适应处理本国重馏分高的原油来生产中间分馏物,因此其低硫含蜡残油多输往邻国加工提炼。为了提升印度尼西亚国内的炼油能力,印度尼西亚政府及油企积极寻求国外的技术和财政支持、改建、扩建、新建炼油厂。20 世纪 80 年代,苏门答腊的杜迈炼油厂利用西班牙、奥地利提供的技术和财政支持,扩建了加氢裂化设备;爪哇的芝里卡普炼油厂和加里曼丹的巴厘巴板炼油厂也增加了加氢裂化装置。总体而言,印度尼西亚国内加工原油的能力还是不能满足国内市场的需要,这方面的国际合作需求强烈。

表 3—5 和表 3—6 显示,印度尼西亚的炼油厂产能基本处于缓慢上升阶段,2009 年至 2019 年增长 0.1%。印度尼西亚的实际原油加工量,自 2009 年至 2019 年增长率是 0.2%,2020 年由于新冠肺炎疫情原因,有变化,缩减 10%。

其国内消费量于 2009 至 2019 年逐年上升,年均上升 1.9,说明印度尼西亚国内石油市场供不应求,必须增加国内石油生产或从国外寻求石油供应,2020 年由于新冠肺炎疫情原因下降 24.4。如果将印度尼西亚自 2009 年至 2019 年的原油产量、石油消费量和原油加工量数据放一起,印度尼西亚原油产量及加工量低下的问题就更直观了,具体数据见表 3—7。

表 3—5　　　　　　　　印度尼西亚、中国石油炼油厂产能　　　　　　单位:千桶/日

国家	2010年	2011年	2012年	2013年	2014年	2015年	2016年	2017年	2018年	2019年	2020年	年均增长率	
												2020年	2009—2019年
印度尼西亚	1 099	1 099	1 099	1 099	1 099	1 111	1 111	1 111	1 094	1 111	1 127	1.40%	0.10%
中国	12 323	13 015	13 681	14 503	15 253	15 024	14 895	15 231	15 655	16 199	16 691	3.00%	3.60%

资料来源:《2021 年 BP 世界能源统计年鉴》,为了参照对比,特将中国的数据一并列出。

表 3—6　　　　　　　　　印度尼西亚、中国原油加工量　　　　　　单位:千桶/日

国家	2010年	2011年	2012年	2013年	2014年	2015年	2016年	2017年	2018年	2019年	2020年	年均增长率	
												2020年	2009—2019年
印度尼西亚	853	880	820	822	848	836	885	885	916	918	826	−10.00%	0.20%
中国	8 408	8 686	9 199	9 599	10 165	10 824	11 304	11 844	12 574	13 433	13 857	3.20%	6.10%

资料来源:《2021 年 BP 世界能源统计年鉴》,为了参照对比,特将中国的数据一并列出。

表 3—7　　　　　　印度尼西亚原油产量、石油消费量和石油加工量　　　　单位:千桶/日

国家	2010年	2011年	2012年	2013年	2014年	2015年	2016年	2017年	2018年	2019年	2020年	年均增长率	
												2020年	2009—2019年
产量	1 003	952	917	883	847	838	876	838	808	781	743	−4.90%	−2.40%
消费量	1 415	1 590	1 646	1 677	1 708	1 571	1 628	1 696	1 785	1 863	1 230	−24.40%	1.90%
加工量	853	880	820	822	848	836	885	885	916	918	826	−10.00%	0.20%

资料来源:《2021 年 BP 世界能源统计年鉴》。

印度尼西亚拥有较为健全的能源领域特许经营法律制度、配套交易合同文本,这些是印度尼西亚吸引外资投资其能源产业的必要条件。

根据 BP 世界能源统计 2021 年鉴数据(见表 3—8),2020 年年底印度尼西亚拥有 1.3 万亿立方米天然气探明储量,低于 2019 年的 1.3 万亿立方米。印度尼西亚的天然气探明储量在全球排第二十二位,在亚洲太平洋地区排第二

位,仅次于中国。印度尼西亚是管道天然气和液化石油气的主要出口国。

印度尼西亚的天然气目前能实现自给自足,但到 2023 年可能发生变化,届时,能源需求将继续增长,缺乏新项目补充,这将使印度尼西亚变成一个天然气净进口国。BMI Research 估计,2022 年,干燥天然气产量预计将降至 530 亿立方米,低于 2017 年的 732 亿立方米。大型气田的自然下降将影响天然气产量,其中影响最大的是天然气巨头海上 Mahakam 气田。

近年来,产量问题和消费增长导致的天然气短缺迫使印度尼西亚购买现货液化石油气以满足出口任务。政府开始建设新的液化石油气油库和天然气传输管道,解决国内天然气需求,虽然这可能会降低出口量。

表 3-8   印度尼西亚天然气产量   单位:十亿立方米

国家	2010 年	2011 年	2012 年	2013 年	2014 年	2015 年	2016 年	2017 年	2018 年	2019 年	2020 年	年均增长率	
												2020 年	2009—2019 年
印度尼西亚	87	82.7	78.3	77.6	76.4	76.2	75.1	72.9	73.2	67.5	63.2	−6.80%	−1.40%
中国	96.5	106.2	111.5	121.8	131.2	135.7	137.9	149.2	161.5	177.6	194	9.00%	7.50%

资料来源:《2021 年 BP 世界能源统计年鉴》。

图 3-2 数据显示,2010—2020 年,印度尼西亚的天然气产量、消费量和出口量总体上呈现双下降的趋势,特别是 2018 年至 2020 年,递减趋势更加突出,这可能与印度尼西亚大力推广煤炭能源消费,以及新冠肺炎疫情有关。

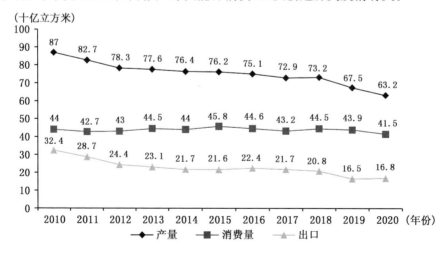

图 3-2   2010—2020 年印度尼西亚天然气产量、消费量与出口量

印度尼西亚的油气资源遍布全国各个岛屿与海洋专属经济区。由于有些盆地的地质条件,对勘探开采的技术要求不高,交通便利,油气的开采、运输、提炼和分销渠道畅通,这些油气盆地已经进行了大规模的开采,技术、操作及管理等各方面都较成熟。但还有一些油气盆地地质条件差,或处于偏远地区,或处于深海,对技术要求颇高,这样的油气盆地的商业开采成本高,经济效益差,所以尚未对其进行勘探或大规模商业开发。总而言之,印度尼西亚的油气盆地,不管是已探明的还是理论储量,都显示其油气资源非常丰富、开采潜力巨大。

除了传统的原油和天然气开采项目,印度尼西亚政府也鼓励煤层甲烷和页岩气开发。能源和矿产资源部基于基础调研估计,印度尼西亚煤层甲烷储量约为 453 万亿立方英尺。2007 年,印度尼西亚政府开始授权开发位于苏门答腊岛苏门答腊盆地中部和南部以及加里曼丹东部库泰和巴里托盆地的煤层甲烷。新加坡达特能源公司和印度尼西亚一家公司自 2013 年开始在加里曼丹东部进行煤层甲烷开发,目标是供应两家电厂和邦坦液化石油气厂,2020 年煤层甲烷产量达 1 830 亿立方英尺/年。

2019 年,印度尼西亚政府进行三轮石油和天然气区块招标,采用总收入分成合同成功签署了 3 个新的石油和天然气勘探工作区,获得 3 760 万美元的签字费;与此同时,批准了 5 个到期区块的延期合同,取得了 10.4 亿美元的签字费。

印度尼西亚上游油气监管机构(SKK Migas)指出,印度尼西亚可能还有 10 个储量规模类似南苏门答腊 Sakakemang 工作区(该地区天然气潜在储量为 2 万亿立方英尺)的油气田待发现。该机构预计,到 2027 年,印度尼西亚主要油气田项目将超过 40 个,需要约 433 亿美元投资,鉴于国内外经济形势,为提高国内石油天然气产量,计划未来将披露承包商所需数据,并在多个国家进行介绍宣传,为潜在油气区块吸引更多投资。①

3.2.2 石油和天然气规划及发展政策

2014 年印度尼西亚颁布的《国家能源政策条例》提出要实现 2025 年约 4 亿吨油当量和 2050 年约 10 亿吨油当量的主要能源的供应指标;实现 2025 年约

---

① 卫培. 印度尼西亚油气工业状况与投资环境分析[J]. 国际石油经济,2020,28(10):51—59.

1.4 吨油当量和 2050 年约 3.2 石油当量吨的人均能源消耗指标。此外,该条例还提出要优化主要能源的多样性结构,在经济性允许的条件下,在 2025 年实现新能源和可再生能源占 23%,2050 年达到 31%;在 2025 年实现石油占比少于 25%,2050 年少于 20%;在 2025 年天然气占比最低 22%,2050 年最低 24%。可以看到印度尼西亚逐步减少对石油的依赖,天然气占比有所增加,印度尼西亚国内电力,尤其是可再生能源的发展空间还很可观,政策正在致力于推动能源的清洁化、低碳化。

2014 年,印度尼西亚发布了《国家天然气政策路线图(2014—2030)》,认为 2015—2025 年是高需求增长期,2025—2030 年是中速增长期。据估计,仅天然气的提纯、储存设施和相关基础设施投资在 2025 年前就需要 320 亿美元,预计 2025 年与 2015 年相比产量有望增加 45%。

根据 2007 年 3 月印度尼西亚新的投资法,外资可享受"国民待遇",外资使用印度尼西亚土地的最长期限增加到 95 年,投资项目的审批期限由 150 天减少到 30 天,同时在公司所得税、增值税、生产用设备和器具进口税等多方面给予税收优惠,并致力于提高税收服务的透明度等。

在油气领域特殊的优惠政策包括:对深海和边远地区油气区块,公司与政府之间的分成比例由原来的 15%∶30% 变为 49%∶51%;对进口油气设备,取消所有有关的税收;对勘探区块,将义务勘探期由 10 年变为 3 年。此外,为了恢复关井油田的生产和提高在产油田的产量,计划实施技术援助合同(TAC)和提高采收率合同(EOR),允许经营者从增加的产量中回收投资成本。其中,TAC 是从经营的最初产量中回收,并由印度尼西亚国家石油公司(Pertamina)付给每桶产量的报酬。此外,对新的边际油田还有进一步的鼓励措施。

2013 年 4 月颁布第 70/011 号条例,对油气勘探和开发免征进口关税、增值税、奢侈品消费税等,并简化油气领域许可证审批制度,旨在鼓励企业投资油气勘探和开发。

2014 年印度尼西亚颁布《国家能源政策条例》,提出要实现 2025 年约 4 亿吨油当量和 2050 年约 10 亿吨油当量的主要能源的供应指标;实现 2025 年约 1.4 吨油当量和 2050 年约 3.2 吨油当量吨的人均能源消耗指标;实现 2025 年约 115 吉瓦和 2050 年约 430 吉瓦的电站总装机指标;实现 2025 年约 2 500 千瓦时和 2050 年约 7 000 千瓦时的人均用电量指标。条例还提出要优化主要能源的多样性结构,在经济性允许的条件下,实现 2025 年新能源和可再生能源占23%,2050 年达到 31%;2025 年实现石油占比少于 25%,2050 年少于 20%;2025 年天然气占比最低 22%,2050 年最低 24%。在世界气候变化的背景下,世界上绝大多数经济体都面临着能源转型的问题,既要保证能源供应,确保能源安全、低廉,同时也要调整能源供给构成,减轻化石能源消耗比重,加大可再生能源或绿色能源比重。

印度尼西亚天然气产业发展的最初目的是以出口为导向的,随着国内石油产量的下降以及国际油价的节节攀升,国际收支平衡的压力越来越大。为弥补高油价、低产量为政府财政带来的不利影响,自从进入 21 世纪以来,政府就不遗余力地扩大天然气的产量,同时增加天然气在国内能源消费中的比重。正是因为国内天然气消费量的增加,导致出口量相应地下降。国内天然气消费受制于基础设施不足以及运送和配送的网络不健全,这一方面源于长期的投资不足,另一方面也是受制于其独特的地理特征,产地与消费地不一致,高额的运输成本限制了其市场网络的拓展。

印度尼西亚不仅出口天然气,有时也进口天然气。在某些情况下,为了履行出口义务,保障市场份额,不得不依靠生产数量来满足长单需要,而国内的需求不足再靠进口来满足。当然就整体而言,由于国内能源政策的调整,天然气国际市场份额呈现下降趋势。同样由于未能预测到国际市场的变化,天然气价格大多没有与国际市场价格联动的条款,曾经签订的天然气长单合同都定价偏低,从而也丧失了大量收益。印度尼西亚政府一直试图就长期合同进行重新谈判,但是从商业角度,这种谈判涉及商业信誉和国家信誉等。

天然气消费中工业用气占 46%、发电占 33%,交通运输所占比例相当低。印度尼西亚致力于减少对石油的依赖,随着经济的发展,未来天然气的需求会有明显的增加,这体现在工业、发电、运输等多个领域。天然气储量丰富,应该在多年内能够满足国内需求和出口需求。不过,天然气产业的发展还存在很多障碍性因素,比如投资问题、管理体制问题、国内的基础设施薄弱问题等等,能够解决这些问题需要进行全方位的改革才能理顺各种关系。

3.2.3 印度尼西亚石油天然气投资分析

在印度尼西亚境内从事上游油气开发的企业格局各不相同,资产规模和主要目标资产也不尽相同,有专门开展陆上油气资产开发的小型公司,也有投资大型深水和液化天然气(LNG)项目的超级巨头,这也反映出印度尼西亚油气行业存在多样化的投资机会。

(1)印度尼西亚油气行业的上游资产结构概况

目前,活跃在印度尼西亚油气行业的上游公司有170余家,印度尼西亚地方政府、国家石油公司和本土石油公司所持权益区块面积占48%。在印度尼西亚拥有剩余权益储量和油气区块数量较多的公司除了印度尼西亚地方政府、国家石油公司、本土石油公司和私人投资者之外,名列前茅的是埃尼、BP、雪佛龙等国际大石油公司,其余多为中国、日本、马来西亚等亚洲的国家石油公司和独立石油公司(见表3-9、表3-10、图3-3)。①

表 3-9 印度尼西亚油气权益储量位列前 20 的公司

序号	名 称	权益储量(亿桶当量)	天然气权益储量(亿桶当量)	原油权益储量(亿桶当量)	公司性质
1	印度尼西亚政府	80.619 3	80.107 8	0.511 5	印度尼西亚政府
2	印度尼西亚国家石油公司	41.351 1	26.566 3	14.784 8	印度尼西亚国家石油公司
3	日本国有石油、天然气和金属开采公司(JOG-MEC)	16.291 6	15.386 5	0.905 1	日本政府独立行政法人
4	国际石油开发帝石(IN-PEX)	15.835 6	14.917 8	0.917 8	日本石油公司
5	壳牌	13.848 7	12.958 7	0.89	国际石油公司
6	BP	13.612 7	13.253 7	0.359	国际石油公司
7	梅科能源(Medco Energi)	8.301 9	6.968 9	1.333	印度尼西亚石油公司
8	雪佛龙	7.491 1	5.241 8	2.249 3	国际石油公司

---

① 卫培. 印度尼西亚油气工业状况与投资环境分析[J]. 国际石油经济,2020,28(10):51-59.

续表

序号	名　称	权益储量（亿桶当量）	天然气权益储量（亿桶当量）	原油权益储量（亿桶当量）	公司性质
9	埃尼	6.258 7	5.351 5	0.907 2	国际石油公司
10	三菱	3.933 7	3.818 4	0.115 3	日本石油公司
11	云顶（Genting）	3.795 1	3.633 1	0.162	马来西亚石油公司
12	中国海油	3.749 3	3.587 3	0.162	中国国家石油公司
13	马来西亚国家石油公司	3.726 6	2.933 3	0.793 3	马来西亚国家石油公司
14	私人投资者	3.043 1	2.855 8	0.187 3	——
15	埃克森美孚	2.762	0.568 7	2.193 3	国际石油公司
16	雷普索尔	2.539 2	2.514 4	0.024 8	国际石油公司
17	JXTG Holding	2.522 5	2.456	0.066 5	日本石油公司
18	印度尼西亚国家天然气公司（PGN）	2.281 7	1.810 8	0.470 9	印度尼西亚国家天然气公司
19	三井物产	1.888 2	1.123 3	0.764 9	日本财阀
20	中国石化	1.727 1	1.463 8	0.263 3	中国国家石油公司

除印度尼西亚国家石油公司外，梅科能源是印度尼西亚最大的独立石油公司，最近几年从国际石油公司手中收购了一批印度尼西亚境内在产油田，其主要资产之一是 2016 年收购自康菲的南纳土纳海 B 区块 40% 的权益。印度尼西亚国家天然气公司的上游业务子公司 Saka Energi，主要资产为庞干（Pangkan）、麻拉巴高（Muara Bakau）和吉打邦（Ketapang）等区块。Energi Mega Persada 公司的主要资产为陆上区块本图（Bentu）和海上区块康厄安（Kangean）。

表 3－10　　　　　　印度尼西亚油气区块数量位列前 20 的公司

序号	名称	区块数量	作业区块数量	权益面积（平方千米）	公司性质
1	印度尼西亚国家石油公司	101	42	234 267	印度尼西亚国家石油公司
2	私人投资者	39	11	15 454.27	——
3	梅科能源（Medco Energi）	21	17	35 085.33	印度尼西亚石油公司
4	埃尼	13	10	22 506.15	国际石油公司
5	Sugico Graha	12	7	10 984.32	印度尼西亚石油公司
6	BP	9	6	8 304.67	国际石油公司
7	雷普索尔	9	6	17 640.74	国际石油公司
8	马来西亚国家石油公司	9	2	10 120.32	马来西亚国家石油公司
9	三井物产	8	2	2 667.15	日本财阀
10	中国石油	8	3	3 513.54	中国国家石油公司
11	Energi Mega Persada	8	6	13 511.37	印度尼西亚石油公司
12	国际石油开发帝石（INPEX）	6	2	5 752.24	日本石油公司
13	第一石油（Premier Oil）	6	4	14 520.94	英国石油公司
14	Ephindo	6	5	3 994.64	印度尼西亚石油公司
15	Samudra Energy	6	4	7 836.64	新加坡石油公司
16	阿布扎比投资公司	6	4	17 511.13	阿联酋投资公司
17	雪佛龙	5	5	9 850.61	国际石油公司
18	日本国有石油、天然气和金属开采公司（JOGMEC）	5	2	4 240.11	日本政府独立行政法人
19	China Investment Co.	5	0	1 478.81	中国投资公司
20	NuEnergy Gas	5	5	4 676.35	澳大利亚石油公司

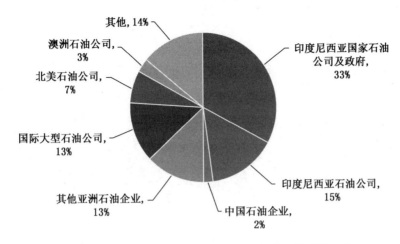

图 3—3　印度尼西亚境内各类石油公司权益区块面积占比

（2）中国与印度尼西亚油气合作情况

中国与印度尼西亚油气合作有着良好的基础。中国石油企业早期在印度尼西亚的主要投资方式是进行油气田股份权益并购，目前拥有多个印度尼西亚油气田股权，近两年成功进入印度尼西亚石油天然气基础设施建设等领域。

中国石油和中国海油在印度尼西亚石油天然气领域投资较早，1994 年中国海油收购了美国 ARCO 公司在印度尼西亚马六甲油田 32.85％的权益资产。随着对印度尼西亚国内市场和法律的熟悉，中国石油企业在印度尼西亚投资的公司数量和投资领域都在不断拓展，从上游油气勘探开发延伸到下游工程建设和天然气销售领域。例如，中国海油与印度尼西亚国家电力公司（PLN）签署了供气合同，中国石化在印度尼西亚建设石油仓储设施，中国石油先后中标电缆和海上输油管道建设项目（见表 3—11）。随着合作的不断深入，未来在石油天然气基础设施设计建设和新能源、可再生能源等领域，中国与印度尼西亚将有更大合作空间。①

---

① 卫培.印度尼西亚油气工业状况与投资环境分析［J］.国际石油经济，2020，28（10）：51－59.

表 3－11　　　　　　　　中国石油企业在印度尼西亚的主要交易活动

序号	时间	主体	主要活动	合同金额
1	1994 年 9 月	中国海油、美国 AR-CO 公司	中国海油收购美国 ARCO 公司在马六甲的油田 32.85％的股权,权益储量 1 280 万桶	1 600 万美元
2	2002 年 1 月	中国海油、雷普索尔- YDF 公司	中国海油购买雷普索尔- YDF 公司在印度尼西亚 9 家公司的 5 个区块,探明储量 7.33 亿桶	5.85 亿美元
3	2002 年 4 月	中国石油、美国戴文(Devon)公司	中国石油收购戴文在印度尼西亚的 6 个油田,权益已探明储量 1.06 亿桶油当量	2.16 亿美元
4	2002 年 10 月	中国海油、BP	中国海油从 BP 手中收购印度尼西亚西巴布亚省东固项目 12.5％的权益	2.75 亿美元
	2002 年 11 月	中国石油、马来西亚国际矿产资源公司	中国石油与马来西亚国际矿产资源公司签署协议,购买其所持有印度尼西亚 SP 区块 45％的权益	不详
5	2002 年 11 月	中国石油、马来西亚国际矿产资源公司	中国石油与马来西亚国际矿产资源公司签署协议,购买其所持有印度尼西亚 SP 区块 45％的权益	不详
6	2003 年 4 月	中国石油、马来西亚国家石油公司、赫斯印度尼西亚控股公司(AHIH)	中国石油联手马来西亚国家石油公司收购了赫斯印度尼西亚控股公司,双方各获得 50％的股权	1.64 亿美元
7	2004 年 5 月	中国海油、BG	中国海油收购 BG 在 Muturi 区块 20.77％的权益	810 万美元
8	2004 年 12 月	中国海油、印度尼西亚国家电力公司(PLN)	签署天然气销售协议,2006—2018 年中国海油作业的海上东南苏门答腊区块将每天向印度尼西亚国家电力公司供应 800 亿英热单位天然气	不详
9	2005 年 1 月	中国石油、美国埃伊帕索公司	中国石油收购埃伊帕索所持 Bangko 区块 25％的权益	不详
10	2005 年 7 月	中国石化、印度尼西亚国家石油公司	中国石化与印度尼西亚国家石油公司签署联合兴建东爪哇杜班炼油厂协议,日加工能力 15 万～20 万桶	投资约 10 亿美元

续表

序号	时间	主体	主要活动	合同金额
11	2008 年 4 月	中国海油、哈斯基能源公司	中国海油收购哈斯基能源 50% 的股份,共同开发东爪哇省以北的马都拉海峡天然气和凝析油田	1.25 亿美元
12	2009 年 7 月	中化	中化购买印度尼西亚私营石油公司 Pt. Sele Raya 持有的 Merangin II 区块 20% 的权益及 Belida 区块 40% 的权益	不详
13	2009 年 9 月	中国石油、新加坡石油公司(SPC)	中国石油收购新加坡石油公司 Sampang 区块 45.5% 的权益	22 亿美元
14	2011 年 9 月	中国石化、雪佛龙	中国石化从雪佛龙手中收购东加深水项目 18% 的权益	6.8 亿美元
15	2012 年 10 月	中国石化	石油仓储项目位于廖内群岛省巴淡岛西点工业园,计划建设约 260 万立方米原油及油品仓储设施、配套码头等	投资约 2 亿美元
16	2018 年 10 月	中国石油测井公司、中油国际	中国石油测井有限公司项目部中标中油国际印度尼西亚 Jabung 油田电缆测井服务合同,合同期 24 个月	835 万美元
17	2019 年 8 月	中国石油管道局工程有限公司	中国石油管道局工程有限公司与印度尼西亚 PT. Hutama Karya 联合体中标目前全球最大口径海上输油管道 EPC 项目	不详

(3)合作机制

中国与印度尼西亚也在不断交往中形成了一些能源合作机制,推动油气领域合作不断开展。

2002 年首届中国-印度尼西亚能源论坛在雅加达召开,受到了两国政府和企业的高度重视,2002—2019 年中国-印度尼西亚能源论坛一共举行了六次,两国之间就加深两国能源实质性合作问题进行了深入交流,达成了共识,也签署了多项合作协议,论坛为两国加强能源领域特别是油气领域的交流,促进企业开展实质性合作搭建了良好的平台。

2017 年 11 月,第五届中国-印度尼西亚能源论坛召开,两国签署了《中华人民共和国国家能源局与印度尼西亚能源和矿产资源部关于能源合作的谅解备忘录》。

2018 年 5 月李克强总理访问印度尼西亚期间双方签署了《中华人民共和国和印度尼西亚共和国政府联合声明》,声明中同意举行第六届中国-印度尼西亚能源论坛,加强油气、煤炭、电力、新能源和可再生能源合作,愿共同推动尽早签署关于在和平利用核能研发领域开展合作的协定。中国-印度尼西亚能源论坛的良好开展也为中国—印度尼西亚两国在能源领域的合作提供了一个良好的开放的平台,推动双方更深层次、更宽领域的合作。

2019 年 7 月,第六届中国—印度尼西亚能源论坛召开,石油天然气的基础设施建设是本次论坛的主要议题之一。

(4)合作模式

中国与印度尼西亚油气合作主要有三种方式:

①两国企业以签署销售协议形式进行贸易合作。如中国海洋石油有限公司 2004 年 12 月与印度尼西亚 PLN 公司(即国家电力公司)签署天然气销售协议,从 2006 年起向印度尼西亚供气。根据协议,2006—2018 年,海上东南苏门答腊产品分成合同区将每天供应 800 亿 BTU 的天然气。天然气主要由 Zelda 区和 Banuwati 区生产,通过海底管线输送到 PLN 公司位于西爪哇的 Cilegon 电厂。该项目是海上东南苏门答腊产品分成合同区第一个商业性供气项目,将为有效开发利用印度尼西亚天然气资源做出贡献。中国海洋石油有限公司在该产品分成合同区拥有 65.3% 的权益,并担任作业者。

②以投资形式共同开发利用油气资源。中国石油天然气集团公司是我国海外石油投资的主力军,2002 年 4 月,中国石油签订收购 Devon Energy 公司在印度尼西亚的油气资产协议。中国石油支付 2.16 亿美元购买 1.06 亿桶油当量已探明储量和 5 700 万桶油当量可能储量的权益。2002 年初,中国海洋石油总公司以 5.85 亿美元收购西班牙雷普索尔- YPE 公司在印度尼西亚资产的五大油田的部分权益,从而成为印度尼西亚最大的海上石油生产商。这五大油田的总储量探明 7.33 亿桶,探明加控制储量 9.31 亿桶。2018 年 10 月,中国石油测井有限公司印度尼西亚项目部中标中油国际印度尼西亚 Jabung 油田(Petrochina International Jabung Ltd.)电缆测井服务合同,合同期为 24 个月,合同金额高达 835 万美元。此外,中国石油公司还计划与印度尼西亚巴塔米纳国营

石油公司按照"中方公司提供老油田提高采收率技术和资金,印方公司提供地盘并负责政府公关"的模式进行合作,巴塔米纳将拿出印度尼西亚8个区块(包括储量巨大的纳土纳气田)和中石油合作。据此,中石油在印度尼西亚的发展目标是,到2023年产量实现570万吨,2027年产量实现翻番,即800万~1 000万吨。

③中国企业以收购印度尼西亚油田海外股份的方式加强与印度尼西亚的合作。中海油是最早涉及海外勘探开发的中国石油企业之一。1994年出资1 600万美元收购印度尼西亚马六甲油田32.85%的股份,获得份额储量1 280万桶,第二年又买了该油田的6.39%的股份,每年从该油田获得份额油近40万吨。2002年中海油出资5.91亿美元收购西班牙瑞普索公司在印度尼西亚五个区块的权益,接着又通过"市场换资源"的原则,参与澳大利亚和印度尼西亚的三块石油天然气田开发。此后,中海油还完成收购印度尼西亚东固天然气项目的储量股权;2003年与澳大利亚西北大陆架天然气项目(简称"NWS项目")的股东,就收购该项目上游油田的产量及储量权益签订了购买协议,中海油取得"CLNGJV"25%的股权。此外,中海油出资9 810万美元,收购了BG集团在印度尼西亚巴布亚省Muturi区块的生产分成合同20.76%的股权,使中海油在塘古天然气项目的份额由原来的12.5%上升到16.96%。

(5)建议

首先,持续跟踪,主动把握印度尼西亚投资机会。印度尼西亚是亚太地区主要的天然气出口国之一,也是中国进口LNG的主要来源国之一,印度尼西亚政府正在积极推动国内LNG项目。建议中国石油企业关注国际大石油公司持有的LNG项目权益,例如壳牌持有35%权益的Abadi LNG项目;关注印度尼西亚国家石油公司作业资产,例如海上马哈坎(Mahakam)区块,进行资产评估与筛选,为主动出击做好准备。目前,印度尼西亚许多成熟期油田仍处于一次采油阶段,2012年以来,政府强调通过提高石油采收率相关技术优化油田产量,并鼓励企业投资,中国石油企业在这方面有着技术优势,应注意把握这一领域的市场机遇。

其次,提前谋划,更好规避财税金融风险。深入研究印度尼西亚现有的合同模式,例如提高采收率合同、技术援助合同以及总收入分成合同中对承包商收益率影响较大的条款。研究印度尼西亚货币管理制度和汇率变动趋势,将法律、商务和财务工作前置,制定适合印度尼西亚市场的本土化经营策略,为进入印度尼西亚石油和天然气上下游市场做好充足的准备,确保项目投资后可以获得较好的回报率,更好地规避风险。

最后,多方合作,携手打造"亚太油气合作区"。日本是印度尼西亚最大的LNG出口对象国,日本石油公司在印度尼西亚油气市场占有重要地位,目前,日本有9家石油公司在印度尼西亚进行投资,在剩余权益储量和区块持有数量上均位居前列。中国企业可尝试与日本石油公司在印度尼西亚进行第三方市场合作,在不同方面取长补短,使投资发挥出最大效益。[1]

(6)困难与挑战

印度尼西亚油气资源丰富,其石油产量一度达到世界原油产量的4%。过去,印度尼西亚是东南亚国家中唯一的石油输出国组织(欧佩克)成员,是亚洲重要的石油生产国,而石油收益曾是其国家收入的支柱。20世纪90年代起,印度尼西亚石油产量逐年减少,国内用油需求却不断增长。再加上印度尼西亚国内的投资环境不佳、旧油井设备老旧且资源匮乏、新油田开发落后等因素,2004年起,印度尼西亚从石油出口国变为石油进口国。2008年,印度尼西亚退出欧佩克。2015年底,印度尼西亚重回欧佩克组织。2016年,印度尼西亚再次被暂停欧佩克成员国资格。

印度尼西亚油桶光辉渐渐褪去,但石油行业的竞争依然激烈。印度尼西亚石油长期被各大跨国企业开采。综上,在印度尼西亚投资石油行业似乎已非明智之选。然而对于海洋石油勘探开发刚起步的中国石油企业而言,却仍然暗藏机会。

在印度尼西亚,油气对外合作开采的合同模式主要有:产品分成合同、联合作业协议、技术援助合同、提高采收率合同等。但在产品分成合同的分成模式下,不少石油公司追求投资回报率,以投资的加速回收为唯一目标。由此导致油藏破坏性开采,忽略油藏开采的可持续性。若干年后结果就是油藏枯竭快,采出程度低。而这一情况就为后续提高采收率合作留下空间。中国的二次采油、三次采油技术水平已位于世界前列,中国石油企业可以通过丰富经验和先

---

[1] 卫培.印度尼西亚油气工业状况与投资环境分析[J].国际石油经济,2020,28(10):51—59.

进技术,提高老油田的采收率,更好地应对印度尼西亚老油田市场。

中国石油企业已顺利进军印度尼西亚,然而挑战并未停止。两国油气双边合作也存在大型项目进展缓慢、合作缺乏稳定性等诸多问题,风险较大。老油田日渐枯竭,开采难度不断提升。新油田后继乏力,规模愈小,稳住产量成为很多油气企业面临的难题,此外,国际油价不断波动,对公司运营提出更高要求。如何处理与印度尼西亚当地政府、民众和宗教势力的关系,做到可持续发展,这都考验着中国企业的智慧。[①]

3.3 核 能

3.3.1 印度尼西亚核能发展条件

印度尼西亚岛屿众多,电网分散且单机容量不大,比较适合模块式高温气冷堆的应用。印度尼西亚的核能开发已持续了 50 多年,通过采取引进和自主发展相结合的方式,印度尼西亚已成为东盟国家中应用核能技术最为成熟的国家。就目前情况看,印度尼西亚已建有专门的核监管机构以及反应堆动力研究机构和反应堆实验室,开展了全方位的核能技术培训,强化了旨在提升公众认同感的核能教育。印度尼西亚通过开展同 IAEA、美、日、俄等国的国际核合作,确保核能技术始终保持先进水平。

核能开发是印度尼西亚解决未来能源安全和兑现国际承诺的不二选择,印度尼西亚当前的核安全能力建设已获得 IAEA 的评估认可。然而,印度尼西亚核能的成功开发不仅需要得到高层决策的支持,更需要持续提升民众对核能的接受度。

3.3.2 印度尼西亚核能计划的产生及其发展

在两极对峙的冷战格局下,作为地区新兴大国的印度尼西亚与作为全球超

---

① 中国贸易投资网中国—印度尼西亚油气产业合作调研[EB/OL]. http://www.tradeinvest.cn/information/4393/detail。

级大国的美国在国家利益方面的双重冲突,促使印度尼西亚一度采取与东方集团结盟的政策。印度尼西亚采取国外引进和自主发展相结合的方式,逐渐发展为东盟国家中核能技术最为成熟的国家。

(1)建立专门的核监管机构

1954 年,印度尼西亚宣布成立放射性国家调查委员会;1958 年 12 月,印度尼西亚宣布成立原子能委员会和原子能机构。1964 年 12 月,将上述机构整合为印度尼西亚国家原子能委员会(the National Atomic Energy Agency,BA-TAN)。BATAN 是一个被授权执行国家核科学技术研究、发展和许可职能的政府机构,其宗旨是在地区层次上确保印度尼西亚在核科学技术的研发方面处于领先地位。1997 年颁布的核能法律和第 46 号总统令,将 BATAN 认定为核能事业的执行机构。2013 年,BATAN 被确定为向总统负责的非部级政府机构。[①]

2017 年 4 月,经印度尼西亚能源和矿产资源部批准,印度尼西亚国家电力公司公布了未来十年《商业电力采购规划》,首次正式提出发展核能。该规划指出,为确保实现 2025 年可再生能源占比达到 23% 的目标,如水能、风能、地热能、太阳能、生物质能等其他可再生能源发展不达预期,将考虑发展核能。这说明印度尼西亚政府仍将核能作为清洁能源发展的最后选项。规划还将在偏远地区开发核电站,作为替代其他高成本可再生能源的选项。由于印度尼西亚是群岛国家,印度尼西亚国家电力公司正在考虑小型模块反应堆在某些岛屿的应用。

(2)持续推进反应堆动力研究和反应堆实验室建设

在印度尼西亚的核能规划中,首要任务是要推进反应堆动力研究和反应堆实验室建设。1965 年,印度尼西亚首座实验性核反应堆在万隆建成并投入运营。1968 年,印度尼西亚建成日惹核设施。印度尼西亚政府还建设了许多支持设施,比如核废料处理设施,燃料研究和安全测试设施。根据 2006 年第 5 号总统令,印度尼西亚将在 2025 年建设 4 座核电站。至 2025 年总发电量将至少达到 4 000 兆瓦,届时将能满足大约 1.96% 的电力需求。

---

① 李小军. 印度尼西亚核能的发展现状及国际核合作[J]. 东南亚南亚研究,2017(3):38—45+109.

2014 年中期,印度尼西亚原子能委员会与俄罗斯国家原子能委员会达成一项开发印度尼西亚首座核电站(30 兆瓦)的协议。2015 年 4 月,俄罗斯原子能海外公司(Rusatom Overseas)宣布俄罗斯和由德国纽克姆公司(NUKEM Technologies)主导的印度尼西亚公司联合,赢得了一个在印度尼西亚建设多重目标的 10 兆瓦高温反应堆的初步设计合同,这是"未来印度尼西亚核能计划的旗舰型工程"。2015 年 9 月,俄罗斯原子能海外公司同印度尼西亚原子能机构签署关于在印度尼西亚建设更大规模核电站的协议,其中提出了浮动核电站(FNPP)问题。2016 年 1 月,印度尼西亚原子能委员会表示将在 2016 年发起组建核电计划实施机构(NE - PIO),在 2025 年将会有四大反应堆运营。

(3)推进旨在提升公众认同感的核能教育

反核团体的长期抗议,是阻碍印度尼西亚核能发展缓慢的一个重要原因。通过开展各种形式的核能教育,不断累积信任资源,不断提升公众认同感,赢得公众的广泛支持,是核能抱负国顺利推进核能开发的重要保证。印度尼西亚创制出多种教育模式,基于吸收科学技术敏感期和可塑性的考虑,印度尼西亚在中小学引入关于核能技术方面的相关教育活动;鼓励和提高核能专家在国家科学会议上出现的机会;通过专业解释安全处理放射性核废料的方式,让民众对核废料的处理有一个科学的认知;鼓励写有核能相关著作的专家在国家书店售卖著作,从而提升核能技术的普及;向民众普及核能在医疗等方面发挥的独特作用等。

印度尼西亚政府希望通过运行这些实验堆,为建造核电站积累经验。由于印度尼西亚地处环太平洋地震带,民众对发展核电十分谨慎。特别是 2011 年日本福岛核事故发生以来,印度尼西亚政府一直把发展核电作为"最后选项"。核能虽存在风险,但随着印度尼西亚国内能源需求的快速增长,对传统化石能源的需求越来越大,加之印度尼西亚政府签署了《巴黎协定》,面临温室气体减排的沉重压力,而核能本质上是一种清洁能源,只要技术成熟、控制得当,完全可以避免核事故。正因如此,越来越多的人开始支持发展核能。根据印度尼西亚国家原子能机构公布的统计数据,2011 年以来印度尼西亚民众对核电站的支持率呈逐年上升态势。

3.3.3 印度尼西亚核能计划中的国际核合作

通过推进国际核合作,确保印度尼西亚的核能技术始终保持先进性,这是印度尼西亚政府核能发展规划的核心内容之一。

日本和俄罗斯是向印度尼西亚提供核能技术援助最重要的两个国家。日本对印度尼西亚核专家及核机构具有重要影响,1991年,印度尼西亚政府与日本 NEWJEC 公司签署合同,日本对印度尼西亚提供核技术和监管技能方面的专业培训。日本将东南亚的越南和印度尼西亚视为核能出口的主要潜力国。2014年8月,日本原子能机构宣布同 BATAN 拓展这种合作,包括研究和开发高温气冷反应堆。2007年11月,日本与印度尼西亚政府签署了核能合作协议。2014年8月,日本原子能机构与印度尼西亚国家原子能机构签署了研制高温气冷堆的合作协议。

俄罗斯是印度尼西亚参与国际核合作的主要对象国。2003年8月,印度尼西亚与俄罗斯签署一项为期10年的核合作协议,其中包括建设一个研究核动力反应堆的计划。2014年中期,印度尼西亚原子能委员会与俄罗斯国家原子能委员会达成一项开发印度尼西亚首座核电站(30兆瓦)的协议。2014年9月,俄罗斯原子能公司表达了要在巴淡岛建设两座核电厂的兴趣。2015年8月,俄罗斯国家核能公司与印度尼西亚国家原子能机构签署了建设浮动核电站的合作协议。

美国也对与印度尼西亚开展核能合作持积极态度。2015年10月,美国 Martingale 公司与印度尼西亚 Thorium Consortium 集团签署合作协议,共同开发基于钍元素的熔盐反应堆,装机容量250兆瓦。2015年10月,美国的马丁格尔(Mar-tingale)与印度尼西亚的钍联盟,包括 NuklirPT 工业(国有的核燃料处理公司)、PTPLN(国有能源公司)和 PTPer-tamina(国有的石油天然气巨头)达成一项协议,拟建设一座核能发电"托尔康钍基熔盐堆"。

此外,印度尼西亚还同其他国家也展开了核能技术方面的合作。2016年8月,中国核工业建设集团公司(CNEC)同 BATAN 签署了一项在印度尼西亚开发高温反应堆的合作协议。印度尼西亚国家原子能委员会、IAEA 和韩国电力公司/水力原子力株式会社(KEPCO/KHNP)共同提议建设一座由韩国建造的

SMART(System-integrated Modular Advanced Reactor)原型堆。CNEC报告显示印度尼西亚的目标是2027年在加里曼丹和苏拉威西岛建设小规模的高温反应堆。2019年8月15日,印度尼西亚国家原子能机构(Batan)与PT印度尼西亚电力公司(PT Indonesia Power)签署谅解备忘录(MoU),未来将就在能源领域使用核技术开展合作,包括开展建设核电厂的可行性研究。根据谅解备忘录,双方的合作范围包括建设核电厂的可行性研究,以及钍、铀和其他放射性同位素电池的潜在应用。此外,双方还将在人力资源开发、数据和信息交流、科学会议的组织和设施利用等方面进行合作。[①]

印度尼西亚正在推动引进核电厂,以帮助满足本国电力需求:设想从2027年起在巴厘岛、爪哇岛、马都拉岛和苏门答腊岛等人口众多的岛屿建设常规大型轻水堆,并在加里曼丹岛、苏拉威西岛及其他岛屿部署小型高温气冷堆(最高装机容量100兆瓦),以提供电力和工艺热。[②]

3.3.4　印度尼西亚核能开发的前景展望

印度尼西亚核能开发的前景可从以下几个方面进行考量。

(1)核能开发是印度尼西亚解决未来能源安全和兑现国际承诺的不二选择

印度尼西亚是一个化石燃料储存丰裕的国家,石油和天然气为本国45%的电力生产提供了燃料。但是,伴随着人口剧增和经济发展,化石燃料提供的电力供应已无法满足日益增长的电力需求,核心经济区和人口聚居区长期遭受缺电之苦,全国大部分地区频频发生断电现象。在化石燃料快速耗尽的大背景下,印度尼西亚对核能的兴趣将大大提升。

2006年,在印度尼西亚发布的国家能源政策文件中,预计到2025年可再生能源、核能与液化炭合计在全部能源结构中的比重将超过17%。2015年3月,在印度尼西亚发布的国家能源发展政策白皮书中,预计到2025年核能将提供电力5吉瓦,其他可再生资源提供电力12吉瓦。

(2)印度尼西亚的核安全能力建设赢得IAEA的认可

反核运动一直是影响印度尼西亚核能发展的重要因素,其主要担忧的就是

①　李小军.印度尼西亚核能的发展现状及国际核合作[J].东南亚南亚研究,2017(3):38—45＋109.

②　赵宏,伍浩松.印度尼西亚将启动核电可行性研究[J].国外核新闻,2019(9):8.

印度尼西亚是否有足够的技术能力确保核能的开发及其运营。印度尼西亚政府深知核能安全是核能开发的关键,所以特别重视核能安全能力的建设。印度尼西亚奉行在所有核活动中"安全第一"的原则,通过核监管机构,确保政策和规划符合核安全标准。

为提升自身的核安全能力,印度尼西亚政府不断强化与先进核能国的合作。福岛核事故后,东盟和日本一致同意进一步提升在灾难管理方面的合作,并支持日本在改进核电站安全的国际努力中扮演一个领导角色。2017 年 3 月 31 日,俄罗斯技术和原子能监督局同印度尼西亚的 APE-TEN 签署一项关于在核能监管、放射性安全和核安保相关的一系列问题上进行合作的谅解备忘录,开展包括核能安全、放射性与核技术安全监管,许可计划的发展和执行,核及放射性设施的检查,开发放射性矿物开采和加工中监督与监管等方面的合作。

2015 年 8 月,国际原子能机构综合监管评估服务(IRRS)小组对印度尼西亚核与放射性安全的监管框架进行为期 12 天的调查任务,认为印度尼西亚在建设启动核电项目所需的监管框架方面有着不错的表现,是一个"具有良好习惯的成员"。印度尼西亚核能监督机构的成员展现了伟大的开放性与透明度,这种积极倾向和评估结果将有助于印度尼西亚政府优先安排那些有利于实现核与辐射安全相关目标的工作。

(3)总统的政治决策是印度尼西亚核电开发成功的根本保证

印度尼西亚的核能研究及其开发已持续 50 多年,一直坚持严格的核电站选址及核电站设计,强化核电监管机构建设,努力培养核技术人才。印度尼西亚拥有成为核能国家的经济与装备能力,然而,印度尼西亚核能开发面临的最大挑战是要获得总统宣布"拥核"的政治决策。只有当印度尼西亚总统作出开发核能的最高决策,才能使印度尼西亚拥有开发核能的坚强意志和顶层设计,才能确保相关投资者大胆进入,才会激励核工业、地方政府、国外投资者、核技术团队迅速投入到核电站开发当中。如此,印度尼西亚距离一个真正核能国家就不远了。

(4)印度尼西亚核能开发将取决于民众的接受度

印度尼西亚的核能开发,不但需要最高领导人的政治决策,核能主管部门的安全监管,更需要民众对核能的接受。要让民众接受核能,最重要的不是强调核能如何重要,而是要让民众对核能本身有一个正确的了解和认识。拥有众多核电站国家的多数民众支持核能,是因为他们更熟悉这种能源,对其利弊得失有更好的了解和把握。

民用核能产业不单单包括核电站,更是一系列高技术领域的汇聚,涉及采矿、精炼、运输、建筑、机械、废物处理等方面。核能的开发不但能提供电力,更能促进相关科学技术和产业的发展,是一项事关国家发展全局的系统工程。核能国家都拥有由政府及国际安全机构控制的行之有效的监管基础。印度尼西亚原子能委员会已进行了多次公众接受度测验,2014 年和 2015 年的测验表明有超过 70% 的民众支持核能利用。①

3.4 可再生能源

3.4.1 可再生能源资源

印度尼西亚能源资源丰富,有"热带宝岛"之称。石油、天然气、煤、水能、太阳能、地热能等储量非常丰富。印度尼西亚的地热资源约占全球总量的 40%;印度尼西亚的水能资源在东盟各国中最为丰富;此外印度尼西亚还拥有较为丰富的太阳能及生物质能资源。

印度尼西亚可再生能源储量非常丰富,可再生能源潜力及开发现状情况见表 3—12。

表 3—12　　　　　　　　印度尼西亚可再生能源潜力及开发情况

序号	可再生能源类别	资源(MW)	已开发装机(MW)	利用率(%)
1	地热	29 544	1 808	6.12
2	水能	75 000	5124	6.83
3	小水电	19 385	206	1.06
4	生物质能	32 654	1840	5.63

---

① 李小军. 印度尼西亚核能的发展现状及国际核合作[J]. 东南亚南亚研究,2017(3):38—45+109.

续表

序号	可再生能源类别	资源（MW）	已开发装机（MW）	利用率（%）
5	太阳能	207 898	90	0.04
6	风能	60 647	1.1	0.00
7	海洋能	17 989	/	/

表3-12中显示了印度尼西亚的水能、风能、太阳能、地热能、生物质能等清洁可再生能源的储量和开发比例等，可以看出印度尼西亚可再生能源一直未得到较好的开发利用。从整个国家的能源结构上看，目前新能源与可再生能源仅占10%左右[①]，且已开发的新能源及可再生能源占比很小，因此开发可再生能源尤为重要，是保障电力供应的重要手段。

(1)水能

印度尼西亚水资源丰富，潜在发电量高达7.5万兆瓦。然而，大部分水资源却分布在用电需求小、通电率低的地区，如苏门答腊、苏拉威西、巴布亚、东加里曼丹等地。近年来，印度尼西亚政府相继出台了一系列支持水电发展的举措，如放宽水电站开发的用地和环保审批、实行水电最高上网价格等，印度尼西亚水电特别是中小型水电获得快速发展。目前，印度尼西亚水电装机容量8 111.6兆瓦，开发率10.82%。在建的大型水电站包括Cisokan河上游的水电站(1 040兆瓦)和中爪哇的Maung水电站(360兆瓦)。

印度尼西亚水资源主要分布于几条大河上，如苏门答腊岛的阿沙汉河、爪哇岛的芝塔龙河以及苏拉威西、加里曼丹、巴厘与巴布亚等地区的河流，其中可开发潜力最大的地区是伊里安查亚，其可开发量占总量的三分之一(见表3-13)。

表3-13　　　　　　　印度尼西亚水电资源分布

序　号	地　区	水电可开发量/MW
1	苏门答腊岛亚齐特区	5 062
2	北苏门答腊省	3 808
3	西苏门答腊省及廖内省	3 607
4	南苏门答腊省、占碑省、明古鲁省、楠榜省	3 102

① 专访:中印尼可再生能源合作前景广阔——访印度尼西亚能源和矿产资源部部长阿里芬·塔斯里夫[EB/OL]. http://www.xinhuanet.com/2021-06/23/c_1127591885.htm.

续表

序　号	地　区	水电可开发量/MW
5	西加里曼丹省	4 737
6	南加里曼丹省、中加里曼丹省、东加里曼丹省	16 844
7	西爪哇省	2 861
8	中爪哇省	813
9	东爪哇省	525
10	巴厘省、努沙登加拉省	624
11	北苏拉威西省、中苏拉威西省	3 967
12	南苏拉威西省、东南苏拉威西省、西苏拉威西省	6 340
13	马鲁古	430
14	巴布亚省及西巴布亚省	22 371

资料来源:PLN-电力及可再生能源发展机遇线路图。[①]

目前,印度尼西亚水电装机容量 8 111.6 兆瓦,开发率 10.82%,开发潜力巨大。虽然水能资源丰富且政府出台的政策对水电开发支持也很大,但这并不意味着水电开发毫无难度。大水电开发往往面临移民与环评的问题,审批耗时严重;而小水电又因地方特权问题太复杂不能全面发展。主要困难在于如下几点:

①由于水利资源已被特许权所有者控制,印度尼西亚国家电力公司(PLN)和私人公司很难利用一些适合开发小水电的河流,而且上述的特许权是由河流所在地县市政府审批签发的,印度尼西亚中央政府没有权力审批,有时候甚至无法获取一些河流特许权持有者及特许权期限等详细信息。

②岛屿的生态环境通常比较脆弱,特别是一些小岛,往往只有少数河流,如果在这些河流上修建水电站,那么将极大影响岛内生态环境,会造成不可逆的环境破坏。

③印度尼西亚水电丰富的岛屿往往经济比较落后,用电需求不高,如巴布亚等地区,水电站建成后产生的电能无法消纳;且由于地形限制,很难输送到其他岛屿,这严重制约了区域水电的发展。

---

① PLN电力及可再生能源发展机遇线路图[R]. 雅加达:印度尼西亚国家电力公司 PT PLN,2018.

（2）风能

印度尼西亚风能的特点是西风和东风盛行，而在太阳处于热带地区上空的几个月内，风向不确定。另外，印度尼西亚风速不如北半球和南半球国家的风速那样大，风速大致为3～5米/秒，东部地区风速则超过6米/秒，总体而言，印度尼西亚的风能潜力较小，只适合于进行小规模发电。相对于风能潜力而言，印度尼西亚的风能发电机装机容量较小，大约为0.5兆瓦，主要用于农村用电、水泵和电池充电、机械用电、抽水和鱼塘通风等。但是，印度尼西亚的离岸风力发电的潜力是非常大的，然而适合风能发电的地点还在研究中。

印度尼西亚风电开发潜力达9 000兆瓦，主要分布在努沙登加拉、马鲁古群岛等人口稀少的地区。因此，印度尼西亚适宜发展中小型风电设施。印度尼西亚先后在巴厘省努沙帕达尼等地开发了一些风电站，目前总装机容量仅为3.07兆瓦。印度尼西亚政府计划到2025年，开发2 500兆瓦的风电设施。2016年9月，新加坡能源开发公司Equis与丹麦风电技术公司Vistas签署协议，共同在印度尼西亚南苏拉威西省建设65兆瓦的风电场，风电场于2018年初投入使用，运营30年后转让给印度尼西亚。

表3－14为印度尼西亚比较适合开发风电的区域（平均风速在7～8米/秒之间）。

表3－14　　　　　印度尼西亚比较适合开发风电的区域

序　号	适合开发风电的区域
1	苏门答腊岛亚齐特区北部
2	苏门答腊岛西南部海岸及恩加诺岛
3	纳吐纳群岛
4	邦加勿里洞岛
5	加里曼丹岛西部海岸
6	加里曼丹岛南部海岸
7	加里曼丹岛东部海岸
8	苏拉威西省北部
9	哥伦打洛省
10	苏拉威西省南部
11	苏拉威西省东南部

续表

序　号	适合开发风电的区域
12	巴布亚省南部
13	巴布亚省西部
14	极乐鸟半岛
15	马鲁古群岛东南部
16	马鲁古群岛西南部
17	罗地岛
18	松巴岛
19	古邦市
20	比马市
21	万丹省西南部
22	苏加武眉市南部
23	中爪哇及东爪哇南部海岸
24	马都拉岛

资料来源：USAID 东盟国家能源数据库。

根据能源和矿产资源部的数据，印度尼西亚超过 17 500 个岛屿的潜在陆上风能容量为 9 290 兆瓦，其中爪哇-巴厘岛、苏拉威西岛和努沙登加拉邦的资源最有发展前景。印度尼西亚政府对风电开发也制定了方案，计划到 2025 年建设开发 2 500 兆瓦的风电设施。在印度尼西亚境内的偏远海岛地区，适合开发中小型风电设施，但也遇到了与太阳能开发类似的问题，主要有偏远岛屿运输安装不便、成本过高以及 12 号规章限制问题。

（3）太阳能

印度尼西亚地处热带，非常靠近赤道，全年太阳辐射充分，平均辐射强度 4.8 千瓦时/平方米，太阳能发展潜力十分巨大。对于印度尼西亚尚未通电的偏远地区而言，发展太阳能是非常合适的选择。目前，印度尼西亚太阳能装机容量仅为 71.02 兆瓦，大多数为偏远地区的家用系统和小型市政示范工程。国际能源机构称，过去几年随着清洁能源技术的持续进步和工艺的不断改进，太阳能等可再生能源的发电成本已降至与化石燃料相近的水平，这无疑为印度尼西亚太阳能发展创造了条件。

印度尼西亚政府制定了太阳能长期发展规划，提出到 2025 年太阳能光伏装机容量达到 1 000 兆瓦,占能源结构比重为 0.3%。印度尼西亚能源和矿产资源部与印度尼西亚国家电力公司支持发展三类太阳能装置:一是低于 100 千瓦的,由能源和矿产资源部与印度尼西亚国家电力公司集中采购安装;二是介于 100 千瓦与 1 兆瓦之间的,由印度尼西亚国家电力公司组织安装,并与现有小功率柴油发电机组成混合系统;三是超过 1 兆瓦的,建立独立发电厂。为了吸引国内外资本在印度尼西亚投资建设光伏电厂,印度尼西亚政府推出了上限为 0.23 美元/度的优惠价格,鼓励独立光伏电厂产生的电能并入电网。2015 年 12 月,佐科总统亲自启动了东努沙登加拉 5 兆瓦的光伏发电项目。

印度尼西亚政府一直将太阳能作为解决偏远地区供电的有效途径。印度尼西亚国家电力公司专门启动了"千岛计划",提出到 2020 年将太阳能装机容量提高至 620 兆瓦。但由于资金和技术问题,"千岛计划"的推进并不顺利。不仅如此,印度尼西亚国家电力公司已安装的太阳能装置还由于缺乏先进的能源管理系统,经常出现各种故障。

(4)生物质能

印度尼西亚从 1998 年亚洲金融危机经济复苏后,能源消费在过去十年中迅速增长。印度尼西亚能源政策的首要任务是降低油耗,使用可再生能源。对于发电来说,为了满足国家的需求,利用生物质废弃物改变化石燃料的消费,提高电力发电量是十分重要的。加快可再生能源的发展是印度尼西亚首要目标之一。

据估计,印度尼西亚每年生产 1 亿 4 670 万吨生物质,相当于约 470 吉焦/年。印度尼西亚生物质能源分散在全国各地,但发展潜力最大的是加里曼丹岛、苏门答腊岛、伊里安查亚和苏拉威西。研究报告估计,每年 150Mt 生物质废弃物的发电潜力是 50 吉瓦,相当于 470 吉焦/年。这些研究认为印度尼西亚生物质能的主要来源是水稻废弃物,技术能源潜力为 150 吉焦/年。其他潜在的生物质能源是橡胶木材剩余物(120 吉焦/年),糖厂废弃物(78 吉焦/年),棕榈油残渣(67 吉焦/年),胶合板及单板残留、采伐剩余物、锯材残留、椰子废弃物和其他农业废弃物的总量不足 20 吉焦/年。

可持续和可再生自然资源,如生物质可以利用潜在的原料转进行能量转换。在印度尼西亚,可持续和可再生自然资源包括森林木材(即天然林、种植园和群落林)、伐木和木材行业木质废弃物、原油棕榈油工厂的油棕榈壳废弃物、椰子种植园的椰子壳废弃物以及脱脂椰子油和水稻秸秆。

在印度尼西亚主要被考虑用于发电的农作物废弃物是棕榈油糖加工和大米加工废弃物。目前,在印度尼西亚有 67 家糖厂在运作和 8 个正在建设或计划项目。不同工厂每天加工甘蔗 1 000～12 000 吨不等。印度尼西亚目前糖加工生产 800 万吨甘蔗渣和 1 150 万吨蔗根和蔗叶。印度尼西亚现有 39 个棕榈种植园和厂,至少有 8 个新的种植园正在建设中。大多数棕榈油厂利用纤维、油棕榈壳、椰子壳等废弃物进行热电联产发电,增加能量效率。然而,棕榈油废弃物的使用仍可以在更节能高效的系统中进行优化。

(5)地热能

印度尼西亚是全球地热资源最多的国家,从绝对储量来说,印度尼西亚的地热资源占全球的 40%,但地热资源利用率仅 4.9%,开发潜力依然巨大。已探明的印度尼西亚地热资源发电潜力约达 2 800 万千瓦,其中约 1 400 万千瓦处于苏门答腊岛,900 万千瓦在爪哇岛和巴厘岛,200 千瓦在苏拉威西岛,目前印度尼西亚属全世界蕴藏地热能源最丰富的国家,这有赖于它星罗棋布的众多群岛上,那些死火山或活火山或正在休眠的火山,以及三大板块交界处和环太平洋地热带的地理位置。目前印度尼西亚地热装机 1.3 吉瓦,排在美国、菲律宾之后,位于世界第三位。

2014 年 8 月底,《雅加达邮报》公布了印度尼西亚国会通过的地热资源新法案,这是一项酝酿多时的能源法案——《地热法》,此法案的目的是为了充分利用其庞大的地热能源储备,加大开发力度。在这项法案中,印度尼西亚政府旨在为地热资源开发铺平道路,不再将地热开发活动归于矿业开发范畴,并对地热电站电价机制做出详细规定,将地热开发项目招投标权限收归中央政府。

此外,印度尼西亚财政部已拨款两万亿印度尼西亚盾(约 2.1 亿美元),支持地热项目勘探以及研究论证。能源部门也为市场打开通行绿灯,提供了很多支持地热开发商和建设企业的鼓励扶植政策,在关税方面,减免地热项目所需的进口机械、工具和材料的进口税;在融资方面,银行为地热项目开发商提供便利,增加地热等再生能源项目的补贴,减免地热项目净利所得税的 30% 和外资支付红利所得税的 10%。

随着地热新法的颁布,政府对地热资源政策的落实,国内外投资商将再次投入印度尼西亚的地热开发市场。1990 年就开始规划的沙鲁拉地热电站已在 2014 年 6 月正式开工,该电站计划投资总额 16 亿美元,装机容量 330 兆瓦,建成后将成为全球最大地热电站。随着其他不可再生能源的逐渐减少甚至枯竭,以及减少碳排放保护环境的迫切性,印度尼西亚矿物和能源部制定的地热能源开发利用规划中明确规定:至 2020 年,地热发电的最终指标为 6 000 兆瓦,其中 2008 年须达到 2 000 兆瓦,2012 年 3 442 兆瓦,2016 年 4 600 兆瓦和 2020 年 6 000 兆瓦。印度尼西亚能源部长表示,到 2025 年,地热发电可达 9 500 兆瓦,将地热发电量在全国电力中的比例提高到 12%,成为全球最大的地热利用国。未来地热电站项目将成为印度尼西亚最具吸引力的能源项目,印度尼西亚将掀起投资开发地热资源的新高潮。

在 2019—2025 年规划中,提出到 2025 年,地热新增装机为 4.607 吉瓦,占比 8%。由于新增装机绝对量比较大,实现的可能性存疑。适宜跟踪了解地热电站的开发进度、开发程序,做一些技术储备。

(6)潮汐能

印度尼西亚的岛国属性使其拥有数量众多的狭长海峡,海洋能丰富,潮汐能开发潜能达 49 000 兆瓦。相对于其他清洁能源,潮汐能开发和维护成本均较低。2016 年 11 月,印度尼西亚海洋可再生能源公司 AIR 与法国海洋公司 DC-NS 的子公司 Open Hydro 联合宣布,将在印度尼西亚巴厘岛海峡建造 202 兆瓦的潮汐发电装置,并直接把电卖给印度尼西亚国家电力公司。印度尼西亚政府计划到 2023 年,将潮汐能装机容量提升至 300 兆瓦。

此外,印度尼西亚能源和矿产资源部海洋地质研发中心(PPPGL)发表的调研报告称,印度尼西亚海洋热能转换潜力位列世界第一,境内的海域温差能可开发潜力达到了约 240 吉瓦;而且热能转换过程中还通过蒸发海水产生纯净水。因此,热能转换的开发还能为岛屿沿海地区提供水源,可进一步促进当地的经济发展。

3.4.2 可再生能源规划及发展政策

(1)可再生能源发展规划

从电源端来看,印度尼西亚新能源与可再生能源的装机容量潜力可达 200 吉瓦,2020 年印度尼西亚可再生能源仅占全国能源结构总体 14.7%,仍与政府设定的 2025 年可再生能源占比 23% 的目标相差较远。尽管印度尼西亚水资源丰富,水电可开发装机容量为 75 吉瓦,但目前开发力度不高,利用率不足 10%。然而,订立电力购买协议(PPA)时间冗长且非标准化程序,以及缺乏技术支持,阻碍了小型水电项目与 PLN 电网的互连,常常导致项目失败;印度尼西亚地热储量非常丰富,该国约 17 000 个岛屿均被火山覆盖,使其拥有世界上最大的地热潜力,印度尼西亚的地热资源约占全球总量的 40%,拥有约 29.5 吉瓦的发电能力。过去,印度尼西亚由于石油天然气资源储量较为充沛,对利用地热资源的热情不高,且地热资源大多位于林区,开发成本高、对开采技术的要求也较高,由此地热资源长期以来开发进程缓慢,目前利用率仅为 6% 左右。

在可再生能源发展过程中,印度尼西亚将考虑供需平衡、融资成本、系统成熟度、经济可行性五方面的标准。

①可再生能源发电厂的建设应考虑供需平衡性、系统成熟度以及成本效率。

②印度尼西亚国家电力公司将利用水能、地热能、生物燃料、风能、太阳能、可再生能源资源、生物质和废弃物等可再生能源资源,尽全力支持以工业发展为基础的可再生能源开发。

③在光伏领域,印度尼西亚电力公司将开发集中式光伏为远离电网的偏远地区,即欠发达地区、边境地区和外缘岛屿供电。对于未能实现 12 小时供电的发达地区(大部分位于印度尼西亚东部),则通过混合电站(光伏、柴油、其他可再生能源)实现供电目标。

④印度尼西亚电力公司将建设智能电网系统,以此提高间歇性可再生能源的利用,加强电网系统的可靠性。印度尼西亚电力公司还将建造微电网,以此支持近 2~3 年无法搭建电网的地区。

⑤印度尼西亚电力公司将降低高级柴油和船用燃油的利用率,鼓励采用生物燃料。[1]

---

[1] 中国贸易投资网.印度尼西亚电力市场简介[EB/OL]. http://www.tradeinvest.cn/information/4951/detail.

根据印度尼西亚政府的国家能源政策,其未来的能源结构发展目标为:

①在 2019—2028 年规划中,提出到 2028 年,包括水电、地热、垃圾发电、太阳能等在内的新能源要站到印度尼西亚整个电力装机的 23%,水电新增装机为 9.543 吉瓦,占比 17%。

②到 2050 年,可再生能源占一次能源结构比例至少 31%、燃油装机降至 20%以下、煤电装机 25%、燃气装机 24%。同时,印度尼西亚政府也设定了 2019 年可再生能源占一次能源结构比例达到 19%的中期目标。为完成政府的上述目标,印度尼西亚国家电力公司(PLN)计划开发利用多种类型可再生能源,包括地热能、水力、风能、小型的分布式太阳能、生物质、生物燃料、沼气等新能源发电站。PLN 同时鼓励其他类型新能源的研究,如太阳热能、海洋能等。PLN 预测,2017—2026 年,印度尼西亚将新建地热发电 4.4 吉瓦、水电 4.6 吉瓦、小水电 1.65 吉瓦。同时,到 2020 年新建煤电项目控制在 9 吉瓦以内。

(2)可再生能源相关政策

一直以来,印度尼西亚的能源消费依赖于不可再生能源,如原油、煤炭和天然气等。虽然低廉的传统能源为印度尼西亚早期的经济发展提供了强大的动力,但在发展过程中不可避免地带来了诸多问题,环境问题尤其突出,并且越来越不适应经济社会的发展。因此,印度尼西亚政府越来越重视可再生能源的开发利用,并制定了一系列政策。

2003 年 12 月 22 日印度尼西亚政府出台了《可再生能源与能源保护政策》(简称《绿色能源开发政策》)。该项政策的理念是建立一种可持续能源的供应与利用体质,鼓励节约利用可再生能源、能效技术,营造节能型生活方式,最终实现国家可持续发展。

根据政府 2014 年关于国家能源政策第 79 号规定,对可再生能源规划目标为至 2025 年可再生能源占基础能源总量的 23%(约达 9.22 千万吨油当量),其中电量达 6.92 亿吨油当量(45.2 吉瓦)、非电量达 2 300 万吨油当量,2050 年可再生能源份额达 31%。

印度尼西亚能源和矿产资源部 2014 年第 17 号部长令规定 PLN 对地热电站的电力及其所需地热蒸汽的采购适用最高标准电价。

印度尼西亚能源和矿产资源部颁布的 2013 年第 17 号部长令对 PLN 采购

太阳能光伏电站的电价设置了优惠条件,将促进更多的私人开发商进入太阳能电站开发领域。

印度尼西亚能源和矿产资源部 2014 年第 27 号部长令对 PLN 向生物质能电站购电制定了优惠政策以推动生物质能和生物沼气电站的发展。在此项发展规划中,需要与地方政府合作制定有关生物质燃料价格的长期计划。能源和矿产资源部 2015 年第 44 号部长令,对 PLN 向以基于城市垃圾为原料的垃圾发电站购电制定了优惠政策以支持此类电站的发展。

据印度尼西亚政府于 2017 年颁布的第 47 号总统令为无电人口提供太阳能节能灯(LTSHE)计划,该计划适用于人口分散、地理位置偏远、无法使用 PLN 电网的农村住宅。该项目计划在两年内使 256 114 个无电家庭实现电气化。

2017 年 1 月印度尼西亚能源和矿产资源部颁布了《2017 可再生能源采购政策》。该文件规定了印度尼西亚国家电力公司购买太阳能、风能等可再生能源电力的具体条款,规定 PLN 须依据法令设置的招标原则和定价机制与可再生能源 IPP 项目签署购电协议 PPA。

在这部法令中,能源和矿产资源部将以下能源归类为"可再生能源":太阳能、风能、水力发电、生物质能、沼气、城市废物、地热、潮汐和海洋热能以及液体生物燃料,并规定了 PLN 从可再生能源项目采购电力和签署 PPA 的基本流程和原则。PPA 的关键条款由另一部能源和矿产资源部配套法令 MEMR10/2017 进行了单独规定。

2020 年 2 月底,印度尼西亚能源和矿产资源部颁布了年度第 4 号部门令 MEMR4/2020——对 MEMR50/2017 关于利用可再生能源发电项目相关规定进行了第二次修正(第一次修正法令为 MEMR53/2018)。相比 MEMR50/2017 原版,最新修订对国家电力公司 PLN 采购 IPP 可再生能源电力有四个主要变化:

一是变更项目招标方式:特定类型的可再生能源项目,赋权 PLN 直接和 IPP 开发商签署电力采购合同,不用实施招标;

二是变更项目商务模式:由 BOOT 转为 BOO,大大降低项目征地难度和成本;

三是电价水平:仅针对特定类型项目引入上网电价 FITs 机制;

四是取消可再生能源优先上网的容量上限,PLN 必须优先从可再生能源 IPP 全额购买电力。[①]

3.4.3 可再生能源投资分析

中国与印度尼西亚同为发展中大国,可再生能源发展潜力均十分巨大。中国在推动本国可再生能源发展方面经验丰富,实现了从无到有、从落后到赶超的跨越式发展。在可再生能源的多个领域,中国都做到了世界第一,例如,太阳能、风电可再生能源装机容量和风机、光伏设备产量方面。中国还是可再生能源投资大国。根据联合国的相关报告,在 2011—2021 年这 10 年里,中国都是世界上向可再生能源领域投资最多的国家。中国 2020 年上半年总投资额为 455 亿美元,蝉联全球首位。相对而言,中国具有技术基础,产业规模较大,资金实力雄厚;印度尼西亚清洁能源储量丰富,国内能源需求旺盛,急需技术和资金支持,双方利益高度契合。

(1)建立基于多能互补的岛屿独立微网系统

印度尼西亚岛屿众多,岛屿之间构成许多海峡和内海,同时印度尼西亚风能、太阳能等可再生能源资源极其丰富,基于多能互补的岛屿独立微网系统具有很大的市场空间。为了将多能互补开发与岛屿利用综合规划相结合,首先应结合岛屿面积、地理位置等天然条件进行功能定位并规划岛屿的主要功能,如旅游、教育、居住、综合等;其次根据岛屿的功能定位布局岛屿的基础设施系统,包括道路交通、住房、其他功能设施等;最后根据岛屿综合规划,因地制宜地配置能源系统,可根据自然条件合理配置传统能源与可再生能源(包括太阳能、风能、地热能、生物质能)、储能系统等多能互补微网系统。综上,通过岛屿综合开发带动多能互补产业发展。

(2)独立岛屿因地制宜开发分布式可再生能源

鉴于印度尼西亚特殊的岛屿地理和电网特点,其小水电、太阳能、风能以及地热能可作为在偏远地区和孤立岛屿能源开发的渠道,因地制宜地进行可再生

---

① 印度尼西亚光伏发展的讨论(1):能源和矿产资源部 2020 年 4 号文[EB/OL]. https://zhuan-lan.zhihu.com/p/382836988。

能源的开发利用,以促进解决印度尼西亚无电人口问题。中国和印度尼西亚可再生能源合作可在独立岛屿的分布式可再生电源方面展开合作。

(3)在大规模开发可再生能源的同时配套建设相应的抽水蓄能电站

太阳能和风能等可再生能源发电受自然气候影响较大,发电稳定性差。大规模的太阳能和风能等可再生能源接入电力系统后,会对电力系统的稳定、安全、经济运行产生较大的影响。因此,必须要采取相应的措施,合理消纳风电,使电力系统安全、稳定、经济运行。在大力开发可再生能源的同时应配套建设相应的抽水蓄能电站项目,中国和印度尼西亚可再生能源合作也应关注抽水蓄能领域。

(4)独立电网及微电网加大多能互补技术开发和利用

近年来,随着倡导低碳经济,以风电、水电、太阳能、生物质能为代表的新能源得到了快速的发展。但是由于可再生能源大多具有不连续性、不稳定性的特点,因此,通过各自不同可再生能源优点的最佳组合,建立多种可再生能源联合发电是一种有效的可再生能源利用方式。

3.5 电 力

3.5.1 电力资源

印度尼西亚是世界上最大的群岛国家,群岛的地理形态对印度尼西亚的电力电网覆盖工作构成严峻挑战,尤其外岛的经济发展和提升居民生活水平均依赖于可靠的电力供应。但作为典型的热带雨林气候,天然拥有丰富的地热、风能、太阳能及水力资源等,土地也相对宽裕,具备良好的建设电站的资源条件。印度尼西亚新能源与可再生能源的装机容量潜力可达200吉瓦。作为东南亚地区最大的能源生产及消费国,印度尼西亚的能源需求有望继续强劲增长。

截至2019年底,印度尼西亚总装机发电容量为66.7吉瓦,印度尼西亚用电普及率已从2012年的73.37%快速提升至2019年的95.35%,其中有20个省份电气化率在95%以上(主要集中在人口稠密、经济发展较好的爪哇岛和苏门答腊岛),但仍有 4 个省份低于 80％,4.65％的家庭没有通电。[①] 印度尼西亚的能源种类多,蕴藏量相当丰富。能源资源的人均占有量要高于中国,现代化国家对能源资源的使用一般是间接的,即通过现代化工业技术,将它们转化为电力后再进入能源消费市场——当然也有部分资源可直接使用,比如煤炭、太阳能、地热能、风能和潮汐能等,不需要转换成电能。在印度尼西亚偏远地区,直接使用能源资源是比较普遍的,但将不同种类的能源资源转换成便于远距离输送的电能,是近现代国家工业文明发展的一个标志。

由表 3－15 可以看出来,印度尼西亚各省的装机容量是极其不平衡的,万丹省的装机容量一直位居前列,接下来依次是东爪哇省、西爪哇省、中爪哇省,雅加达首都特区以及北苏门答腊省、南苏门答腊省的装机容量也比较高。

表 3－15　　　　　2014—2019 年印度尼西亚各省发电厂装机容量　　　　单位:MW

	省　份	2014	2015	2016	2017	2018	2019
1	亚齐省	201.3	232.1	201.27	224.27	221.13	239.55
2	北苏门答腊省	4 116	4 241.54	4 579.14	4 832.95	5 017.05	5 679.04
3	西苏门答腊省	72.67	305.15ʳ	81.27	283.03ʳ	336.34	821.68
4	廖内省	172.6	173.8	339.5	353.76	317.09	373.22
5	占碑省	51.54	60.37	68.57	69.07	43.13	52.77
6	南苏门答腊省	3 018	3 146.21	4 583.62	4 494.01	4 458.37	4 348.66
7	明古鲁省	43.54	25.89	55.47	47.2	51.06	66.61
8	楠榜省	121.2	121.12	121.12	124.38	237.38	237.38
9	邦加-勿里洞省	234.7	314.56	274.56	265.4	285.92	285.92
10	廖内群岛省	736.5	736.8	839.51	850.54	969.62	1 005.94
11	雅加达首都特区	1 348	1 359.54	4 536.77	5 027.82	4 183.74	3 504.3
12	西爪哇省	4 077	4 077.9	9 855.26	8 198.36	9 297.06	10 273.56
13	中爪哇省	5 155	5 155.26	7 224.78	7 231.91	7 150.68	7 162.82
14	日惹特区	0.32	—	—	—	—	—
15	东爪哇省	14 668	13 504.4	9 435.57	8 199.5	9 396.5	11 072.58
16	万丹省	12 873	12 873.34	9 739.15	7 874.9	8 052.3	7 653.14
17	巴厘省	441.9	1 017.19	729.69	961.39	786.84	1 041.52

① 印度尼西亚电力行业报告:处于高速发展阶段[EB/OL]. https://www.investgo.cn/article/gb/fxbg/202108/554457.html。

续表

	省　份	2014	2015	2016	2017	2018	2019
18	西努沙登加拉省	445.4	393.8	472.1	603.49	624.93	795.75
19	东努沙登加拉省	272.8	297.25	337.73	356.19	331.21	333.42
20	西加里曼丹省	508.1	653.49	683.4	617.49	778.82	804.92
21	中加里曼丹省	271.9	242.15	351.97	430.76	485.48	256.51
22	南加里曼丹省	645.4	1 671.13	1 675.52	1 831.94	2 790.84	3 050.81
23	东加里曼丹省	977.6	1 053.03	1 144.95	1 437.95	1 192.23	785.85
24	北加里曼丹省	84.82	99.82	103.31	73.6	238.2	238.2
25	北苏拉威西省	350.5	358.03	486.24	580.77	557.22	295.5
26	中苏拉威西省	422.4	421.12	496.46	520.62	1 718.47	1 746.21
27	南苏拉威西省	968.9	1 232.35	1 500.41	1 623.85	2 953.94	2 995.6
28	东南苏拉威西省	233.1	127.47	217.74	316.59	293.38	148.92
29	哥伦打洛省	64.73	31.49	73.3	56.83	57.91	57.41
30	西苏拉威西省	11.68	3.22	6.22	3.22	63.2	67.77
31	马鲁古省	211.8	236.76	290.75	263.37	297.2	363.43
32	北马鲁古省	65.7	73.81	70.85	124.38	88.36	120.27
33	西巴布亚省	102.8	112.76	135.38	379.59	121.09	147.92
34	巴布亚省	242.4	271.14	272.75	388.35ʳ	550.02	580.64
	合　计	53 212	54 624.17ʳ	60 984.33	58 567.49ʳ	63 946.6	66 607.83

资料来源：StatistikIndonesia. https：//www. bps. go. id/publication/download. html？ nr-bvfeve＝OTM4MzE2NTc0Yzc4NzcyZjI3ZTliNDc3&xzmn＝aHR0cHM6Ly93d3cuYnBzLmdvvLmlkL3BlYmxpY2F0aW9uLzIwMjEvMDIvMjYvOTM4MzE2NTc0Yzc4NzcyZjI3ZTliNDc3L3N0YXRpc3Rpay1pbmRvbmVzaWEtMjAyMS5odG1s&twoadfnoarfeauf＝MjAyMS0xMC0yNSAwOTo0NjozMQ％3D％3D,2021.

2019 年,印度尼西亚各省的装机容量如图 3—4 所示。

如图 3—5 和图 3—6 所示,2019 年印度尼西亚各省的发电量分布图和装机容量分布图大致一致。从表 3—16、表 3—17、图 3—5、图 3—6 可以直观地看出,印度尼西亚各类发电厂的发电量和电力分配量区间相对集中,尤其是北苏门答腊省、南苏门答腊省、雅加达首都特区、西爪哇省、中爪哇省、东爪哇省、万丹省和南苏拉威西省,它们既是电力生产大省,也是电力分配(消费)大省。好在印度尼西亚国内跨岛配送电力的需求不是很强烈,大部分生产电力都可以各

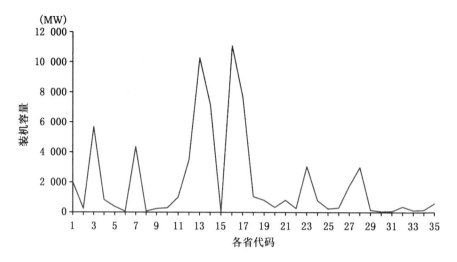

图 3—4　2019 年印度尼西亚各省装机容量

岛内进行配送,如北苏门答腊省、南苏门答腊省生产的电力要高于本省的需要,但是苏门答腊岛的其他省的电力消费量要远远高于发电量,这样就可以在岛内实现电力配送的基本平衡。

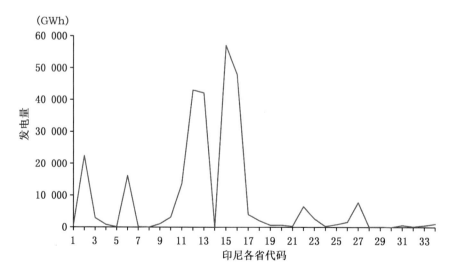

图 3—5　2019 年印度尼西亚各省发电量

表 3－16　　　　　　　2014—2019 年印度尼西亚各省发电量　　　　　　单位:GWh

	省　份	2014	2015	2016	2017	2018	2019x
1	亚齐省	582.06	618.26	568.23	568.2	517.15	542.64
2	北苏门答腊省	18 028.3	18 876.59	20 156.91	18 544.99	20 188.1	22 407.08
3	西苏门答腊省	179.47	182.69	115.08	89.28	68.06	2 946.3
4	廖内省	892.63	969.73	1 013.36	1 032.83	1 028.16	852.32
5	占碑省	127.89	134.31	147.87	124.19	122.38	122.81
6	南苏门答腊省	15 748.14	16 431.48	17 681.23	16 955.88	16 370	16 127.75
7	明古鲁省	81.04	82.87	79.68	80.73	146.49	152.12
8	楠榜省	40.59	40.55	40.55	40.6	40.6	40.91
9	邦加－勿里洞省	927.95	939.41	1 016.25	974.12	971.8	1 076.84
10	廖内群岛省	3 530.02	2 830.82	3 735.25	2 275.74	2 859.44	3 159.62
11	雅加达首都特区	4 115.58	3 408.6	26 755.46	16 070.82	17 975.7	13 665.8
12	西爪哇省	20 849.37	20 617.92	36 330.42	37 801.93	42 061.38	43 032.21
13	中爪哇省	27 133.45	25 690.27	33 210.88	39 579.73	40 798.65	42 131.6
14	日惹特区	0	0	0	0	0	0
15	东爪哇省	56 631.27	52 624.96	42 158.43	53 868.24	55 442.94	57 028.55
16	万丹省	63 695.13	70 279.07	40 436.17	46 111.5	48 389.44	47 925.99
17	巴厘省	2 374.48	1 919.8	2 654.42	3 564.45	3 058.25	4 066.01
18	西努沙登加拉省	1 476.01	1 558.03	1 818.11	1 563.41	1 579.43	2 116.28
19	东努沙登加拉省	730.93	820.2	908.97	600.32	634.53	685.71
20	西加里曼丹省	2 225.89	2 340.32	1 869.44	1 609.28	848.94	729.5
21	中加里曼丹省	602.42	556.67	809.19	369.11	355.86	349.29
22	南加里曼丹省	3 124.21	3 314.14	3 417.17	3 933.49	6 103.4	6 516.25
23	东加里曼丹省	3 063.27	2 450.57	3 517.37	3 769.59	2 951.67	2 735.56
24	北加里曼丹省	206.06	70.48	218.24	184.58	306.1	306.1
25	北苏拉威西省	1 916.15	1 959.76	1 376.42	1 937.36	1 135.4	918.89
26	中苏拉威西省	1 768.15	1 580.22	1 699.02	1 720.51	1 580.44	1 670.77
27	南苏拉威西省	5 254.27	5 978.87	6 111.08	5 878.51	6 562.54	7 828.13
28	东南苏拉威西省	273.37	846.29	895.82	873.8	309.42	94.27
29	哥伦打洛省	233.59	291.12	322.15	115.76	189.78	109.86
30	西苏拉威西省	18.01	18.9	22.18	44.25	44.25	2.7
31	马鲁古省	751.9	781.38	866.14	620.77	617.38	617.38

续表

	省 份	2014	2015	2016	2017	2018	2019x
32	北马鲁古省	138.5	170.35	177.28	238.21	177.4	177.4
33	西巴布亚省	324.34	447.95	463.1	713.88	321.37	537.47
34	巴布亚省	974.65	917.48	1014.12	805.28	1 139.7	1 083.85
	合 计	23 801 910	239 750.07	251 605.99	262 661.38	274 896.18	281 757.99

资料来源：StatistikIndonesia. https://www. bps. go. id/publication/download. html? nr-bvfeve=OTM4MzE2NTc0Yzc4NzcyZjI3ZTliNDc3&. xzmn=aHR0cHM6Ly93d3cuYnBzLmdvLmlkL3B1YmxpY2F0aW9uLzIwMjEvMDIvMjYvOTM4MzE2NTc0Yzc4NzcyZjI3ZTliNDc3L3N0YXRpc3Rpay1pbmRvbmVzaWEtMjAyMS5odG1s&. twoadfnoarfeauf=MjAyMS0xMC0yNSAxMTowMzo0NQ%3D%3D，2021：343.

表 3—17   2019 年印度尼西亚各省的装机容量、发电量和电力分配

	省 份	装机容量（MW）	发电量（GWh）	电力分配（GWh）
1	亚齐省	239.55	542.64	2 781.5
2	北苏门答腊省	5 679.04	22 407.08	8 324.86
3	西苏门答腊省	821.68	2 946.3	3 445.08
4	廖内省	373.22	852.32	4 646.79
5	占碑省	52.77	122.81	1 932
6	南苏门答腊省	4 348.66	16 127.75	5 258.23
7	明古鲁省	66.61	152.12	955.47
8	楠榜省	237.38	40.91	4 686.09
9	邦加-勿里洞省	285.92	1 076.84	1 166.93
10	廖内群岛省	1 005.94	3 159.62	3 346.31
11	雅加达首都特区	3 504.3	13 665.8	34 107.88
12	西爪哇省	10 273.56	43 032.21	54 480.28
13	中爪哇省	7162.82	42 131.6	24 750.62
14	日惹特区	—	0	2 856.95
15	东爪哇省	11 072.58	57 028.55	37 228.94
16	万丹省	7 653.14	47 925.99	24 646.11
17	巴厘省	1 041.52	4 066.01	5 706.73
18	西努沙登加拉省	795.75	2 116.28	1 950.25

	省　份	装机容量(MW)	发电量(GWh)	电力分配(GWh)
19	东努沙登加拉省	333.42	685.71	999.49
20	西加里曼丹省	804.92	729.5	2 572.69
21	中加里曼丹省	256.51	349.29	1 358.77
22	南加里曼丹省	3 050.81	6 516.25	2 819.16
23	东加里曼丹省	785.85	2 735.56	3 952.88
24	北加里曼丹省	238.2	306.1	264.55
25	北苏拉威西省	295.5	918.89	1 787.87
26	中苏拉威西省	1 746.21	1 670.77	1 146.23
27	南苏拉威西省	2 995.6	7 828.13	5 945.56
28	东南苏拉威西省	148.92	94.27	986.89
29	哥伦打洛省	57.41	109.86	543.84
30	西苏拉威西省	67.77	2.7	380.08
31	马鲁古省	363.43	617.38	519.13
32	北马鲁古省	120.27	177.4	537.52
33	西巴布亚省	147.92	537.47	510.01
34	巴布亚省	580.64	1 083.85	1 057.65

爪哇岛内的雅加达首都特区和西爪哇省的发电量远低于分配量,但是岛内中爪哇省、东爪哇省、万丹省的发电量要高于分配量,爪哇岛内可以基本实现发电量和消费量的平衡。

其他省所在的岛屿的发电量和消费量都不大,电力缺口小。总之印度尼西亚国内对全国性的电网设施和远距离电力配送设备的需求并不强烈。当然,人口集中的爪哇岛是个例外,它需要其他能源资源大岛的输入。好在苏门答腊岛、加里曼达岛分别在它的西边和北边,距离不是很远,而且不存在跨海输送能源资源或电力的技术难题。这一结论与前文所梳理的印度尼西亚全国能源资源分布情况是一致的。综合各种能源资源数据,印度尼西亚能源资源主要集中于加里曼丹岛和苏门答腊岛。按照目前的资源分布状况及装机容量,爪哇岛的能源资源储备并不能支撑本岛巨大的电力消耗,其他能源资源或电力生产丰富

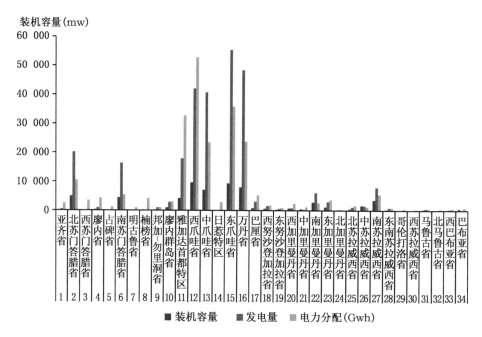

图3—6 2019年印度尼西亚各省装机容量、发电量和电力分配量

地区必须向爪哇岛主要城市输送电力，或者输送能源资源，但不管输送什么，或者通过什么方式，都需要公路、铁路、港口、管道、高架线路和海底电缆等技术设施——它们也是印度尼西亚能源行业中的重要组成部分。

3.5.2 电力规划及发展政策

(1)印度尼西亚电力发展规划

为了满足国内经济发展及生活用电的需要，印度尼西亚上调了其电力规划目标。2019年3月18日，印度尼西亚能源和矿产资源部批准了PTPLN(Persero)电力供应商业计划(RUPTL)(2019—2028)，作为未来10年PLN业务领域电力系统发展的指南。RUPTL不仅基于满足PLN未来10年的电力业务需求，还考虑了新能源、可再生能源、天然气、煤炭和石油等一次能源的使用类型。

如图3—7，印度尼西亚的发电能源结构以火力发电为主，主要为燃煤发电，另外还有一部分天然气和燃油发电。2019年印度尼西亚可再生能源仅占全国能源结构总体11.4%，与政府设定的2025年可再生能源占比23%的目标相差较远。根据规划,印度尼西亚将重点开发水能、地热能以及生物质能等其他可再生能源,以此提高可再生能源占比。此前,由于太阳能项目开发成本高,在2017年中国和印度尼西亚会议上,印度尼西亚方表示会暂缓发展。然而,随着全球能源格局和治理体系加快重塑,清洁低碳的发展蓝图越发清晰,本届会议上印度尼西亚表示2026—2028年期间,为维持可再生能源占比,将通过社区参与和政府支持结合的方式,重点发展屋顶光伏。

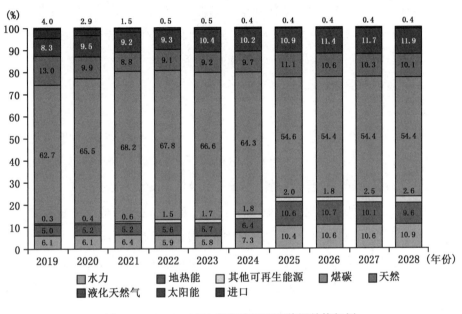

图 3-7　2019—2028 年印度尼西亚能源结构规划

印度尼西亚可再生能源资源禀赋良好,拥有丰富的地热、风能、太阳能及水力等资源。印度尼西亚目前已探明所有岛屿各省份的可再生能源开发潜力,东加里曼丹和北加里曼丹水电潜力最大,为 3.520 吉瓦;明古鲁地热潜力最大,为225 兆瓦;雅加达首都特区废弃物潜力最大,为 85 兆瓦;西爪哇风能潜力最大,为 522 兆瓦;廖内与廖内群岛生物质/生物天然气潜力最大,为 140.5 兆瓦;东努沙登加拉海浪潜力最大,为 30 兆瓦;东爪哇混合发电潜力最大,为 89.5 兆瓦;中加里曼丹太阳能潜力最大,为 925 兆瓦。未来十年印度尼西亚可再生能源装机增量为 16.7 吉瓦。整体上印度尼西亚可再生能源都将取得很大发展,地热将在 2022 年迅速发展,并在 2025 年取得最大增长;水电从 2020 年持续大力发展并在 2025 年达到增长最高峰;小水电装机从 2019 年一直保持增长,在 2021 年取得最大增长;太阳能在 2025 年实现最高增长;风能和生物质/废弃物发电将在 2022 年取得最大增长。

2019—2028 年,印度尼西亚电力新增装机为 56.4 吉瓦,可再生能源在电力新增装机总量的占比将达到 30%。在总新增装机中,地热新增装机为 4.607 吉瓦,占比 8%;水电新增装机为 9.543 吉瓦,占比 17%;煤电新增装机为 27.063 吉瓦,占比 48%;其他可再生能源新增装机为 2.564 吉瓦,占比 5%;此外,56.4 吉瓦的电力新增装机总量中,33.666 吉瓦将由独立发电商提供,印度尼西亚国家电力公司(PLN)将提供 16.243 吉瓦的装机容量。

(2)印度尼西亚电价政策

①电价构成

就印度尼西亚燃煤 BOT(建设-经营-转让)或 BOOT(建设-拥有-经营-转让)项目而言,上网电价通过长期购售电协议(PPA)约定。对投资者而言,有两个显著特点:煤电联动;电价与通货膨胀系数及汇率变动系数挂钩。

因此,印度尼西亚的电价机制相对成熟完备,无论对购电方还是售电方而言,均相对公平,尤其是对投资方而言,电价回收风险相对较低。

根据 PLN 提供的购售电协议模板,上网电价为两部制电价:一是容量电价;二是电量电价。容量电价主要反映固定投资及投资收益,电量电价主要反映度电可变成本。如果由投资方建设送出线路,则还有补充电价部分(见表 3—18)。

表 3—18　　　　　　　　印度尼西亚燃煤 BOT 项目电价构成

电价组成部分	电价组成部分细分	名　称	内　涵
容量电价	A 部分	(电站)单位资本成本回报(CCR)	在整个商业运营期间,对电站而言,平均到单位千瓦的年固定资本成本回报率,单位为"盾/(kW.a)"
	B 部分	单位固定运维成本(FOMR)	在整个商业运营期间,对电站而言,平均到单位千瓦的年固定运维成本回报率,单位为"盾/(kW.a)"
电量电价	C 部分	度电煤价(ECR)	计费期内的度电煤价,单位为"盾/(kW.a)"
	D 部分	度电变动运维成本(VOMR)	计费期内的度电变动运行维护成本回报率,单位为"盾/(kW.a)"

续表

电价组成部分	电价组成部分细分	名　称	内　涵
补充电价	E部分	(送出线路)单位资本成本回报(CCRT)	在整个商业运营期间,对送出线路而言,平均要到单位千瓦的年固定资本回报率,单位为"盾/(kW.a)"

②上网电价指导价

2015年1月,印度尼西亚能源和矿产资源部针对PLN购电价(简称上网电价)出台了新规,根据不同参数对坑口煤电厂、非坑口煤电厂、燃气电厂、微型燃气电厂以及水电厂等不同类型电厂的上网电价出台最高限价,见表3—19至表3—23。对于坑口煤电厂,如果一个地区的供电成本(BPP)高于全国平均水平,则其电价上限将限制在全国平均水平的75%;如果一个地区的BPP低于全国平均水平,那么电价上限应限制在该地区平均水平的75%。

表3—19　　　　　　　　　坑口煤电厂上网电价指导价

净装机容量/10^4kW		10	15	30	60
电价/[美分·(kW·h)$^{-1}$]		8.2089	7.652	7.1862	6.9012
假设参数	可用系数(AF),%	80			
	合同期限/a	30			
	热耗/[kcal·(kW·h)$^{-1}$]	3 200	3 000	2 900	2 700
	热值/(kcal·kg^{-1})	3 000			
	煤价(GIF)/(美元·t^{-1})	30			

表3—20　　　　　　　　　非坑口煤电厂上网电价指导价

净装机容量/10^4kW		4~6	10
电价/[美分·(kW·h)$^{-1}$]		8.64	7.31
假设参数	可用系数(AF),%	85	
	合同期限/a	20	
	热耗/[kcal·(kW·h)$^{-1}$]	9 083	8 000
	气价/(美元·Mbtu^{-1})	6.00	

表 3—21 燃气电厂—双燃料电厂上网电价指导价

净装机容量/10^4 kW		≤1	1.5	2.5	5	10	15	30	60	100
电价/[美分·(kW·h)$^{-1}$]		11.8	10.61	10.6	9.11	8.43	7.84	7.25	6.96	6.31
假设参数	可用系数(AF),%	80								
	合同期限/a	25								
	热耗/[keal·(kW·h)$^{-1}$]	4 160	3 500	3 450	3 200	3 000	2 800	2 600	2 450	2 290
	热值/(keal·kg^{-1})	5 000								
	煤价(GIF)/(美元·t^{-1})	60								

表 3—22 水电站上网电价指导价

净装机容量/10^4 kW		>1~<5	5~10	>10
电价/[美分·(kW·h)$^{-1}$]		9.00	8.50	8.00
假设参数	可用系数(AF),%	60		
	合同期限/a	30		

表 3—23 非水可再生能源上网电价

能源类型	上网电价(美元/千瓦时)	规定条款
小水电	1~8 年:0.12~0.144 9~20 年:0.075~0.09	MEMR19/2015
生物质发电	0.108~0.272	MEMR44/2015 和 21/2016
地热发电	0.122~0.296	MEMR17/2014
光伏	爪哇:0.144 5 巴布亚岛:0.25	MEMR19/2016

印度尼西亚政府虽然针对不同电源类型、不同装机规模出台了不同的最高限价令,但却并不存在与中国类似的"标杆电价"。IPP(独立发电商)电站项目的电价主要是由投资方根据建设运营成本并结合投资回报预测来报价,经过与不同的投标方竞争并最终中标后,与 PLN 签署购售电协议,确定经营期上网电价。因此,每个 IPP 项目的电价水平会因投资方的不同、造价水平的不同而有所差异,最终以双边购售电协议约定的为准。

目前,印度尼西亚上网电价政策由能源和矿产资源部于 2017 年发布的第 50 号可再生能源电力供应法规规定。该规定自 2017 年 8 月 7 日起生效,并替代了此前所有对可再生能源电力机制的规定,标志着对可再生能源电力机制的一项重大修订。该法规将可再生能源电力的激励措施从以配额和固定电价为基础转向以生产成本为基础。印度尼西亚能源和矿产资源部认为,2017 年第50 号的新激励法规不是纯粹的上网电价方案,而是为购买可再生能源电力提供不同的激励机制。

根据第 50 号法规规定,上网电价以电力生产成本而非技术成本为基础,须将当地电力生产成本(LPCE)与国家电力生产成本(NPCE)相比较。对于太阳能、风能、生物质能、沼气和潮汐能,如 LPCE 高于 NPCE,则上网电价最高为LPCE 的 85%;而对于水电、固废发电和地热能,如 LPCE 高于 NPCE,则上网电价与 LPCE 相等。

对于所有能源类型,如果 LPCE 小于等于 NPCE,则上网电价取决于各方协定(PLN 和 IPP)。表 3—24 和图 3—8 说明了针对不同的可再生能源发电品种建立的上网电价机制。

表 3—24　印度尼西亚根据 2017 年能源和矿产资源部第 50 项规定的上网电价

能　源	机　制	条　件	电　价
太阳能、风能	基于容量配额的直接选择	LPEC>NPCE	85%LPCE
	建立-拥有-运营-转让(BOOT)	LPEC≤NPCE	双方协定
水电	直接选择	LPEC>NPCE	LPCE
	BOOT	LPEC≤NPCE	双方协定
生物质、沼气、潮汐	直接选择	LPEC>NPCE	85%LPCE
	BOOT	LPEC≤NPCE	双方协定
废弃物、地热能	符合适用法规	LPEC>NPCE	LPCE
	BOOT(用于地热)	LPEC≤NPCE	双方协定

此前第 1404K/20/MEM/2017 号部级条例规定了各能源品种的国家电力生产成本和不同地区的当地电力生产成本。

2018 年 3 月,印度尼西亚政府颁布了第 1772K/20/MEM/2018 号部级条例。新政策的实施规定旨在推动能源技术的发展,降低电力生产成本,从而减轻印度尼西亚国家电力公司支付 PPA 的负担。

该规定着力鼓励印度尼西亚东部的可再生能源投资,因为东部地区的当地发电成本高于国家发电成本,对项目开发商而言更具吸引力。

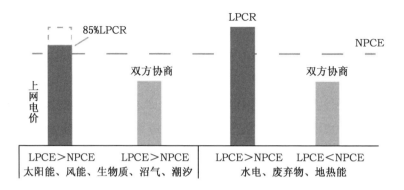

图 3－8　印度尼西亚根据 2017 年能源和矿产资源部第 50 号法规规定的上网电价

可再生能源发电规定由国有公共事业公司印度尼西亚国家电力公司购买。上网电价基金由政府从国家收入和支出预算中担保,其中 85％的资金来自纳税人。

3.5.3　印度尼西亚电力投资分析

总体而言,印度尼西亚经济在过去 5 年里维持了 5％以上的稳定增长,经济发展成就有目共睹。近年来,印度尼西亚吸引外资持续较快增长。在东盟国家,乃至整个"一带一路"沿线国家和地区中,印度尼西亚已成为最具吸引力的投资目的国之一。印度尼西亚的投资环境稳定,政府鼓励民营资本和外国企业对其电厂进行投资。世界经济论坛《2019 年度全球竞争力报告》显示,印度尼西亚在全球 140 个国家和地区中竞争力排名第 45 位。印度尼西亚发电市场逐渐市场化。随着发电端向民营资本开放,吸引了印度尼西亚本土及来自中国、日本、韩国、马来西亚、印度、欧洲的外国企业投资印度尼西亚电厂。

从电力投资角度看,印度尼西亚越来越成为中资企业"走出去"的热门国家,中资企业在印度尼西亚的电力投资呈现蓬勃向上的态势。

(1)中国企业印度尼西亚投资电力现状

中国电力企业已成为印度尼西亚电力发展的重要合作伙伴。中国企业对印度尼西亚直接投资快速增长,不断地寻求与印度尼西亚电力进行投资与合作,双方电力合作已建成或即将建成的项目清单如表 3－25 所示。

表 3-25 中国与印度尼西亚电力合作项目

项目名称	机组容量	投资总额/亿美元	开工(签订)/竣工年份	备 注
东加电厂 PLTUKaltimTe-lukBalikPapan	2×110MW(循环流化床)	2.5	2010/2015	—
北苏门答腊岛风港煤电项目	2×115MW(流化床锅炉)	1.95	2013/2010	政府协议
吉利普多电厂新建项目	2×125MW	2.5	2009/2012	—
班加萨里电厂工程	2×135MW	2.43	2012/2014	PTBA 公司的坑口电站
华电巴厘岛电厂一期工程	3×142MW	6.3	2012/2014	华电控股 51%,配套海洋输煤码头
萨姆塞尔-5坑口电站	2×150MW	2.98	2013/2015	国机集团总包
CILACAP芝拉扎煤电一期	2×300MW	5.1	2003/2006	EPC
拉布湾电站新建工程	2×300MW	5.43	2007/2010	四川成达 EPC
龙湾电厂	3×315MW	7.5	2009/2011	东方电气 EPC
英德拉玛尤电厂工程	3×330MW	8.6	2007/2011	中电工程 EPC
公主港电厂 PalabuhanRatu	3×350MW(超临界)	8.91	2008/2014	上海电气 EPC
印度尼西亚百通电厂九号机组	1×660MW(超临界)	3.3	2007/2012	哈电国际 EPC
CILACAP芝拉扎煤电二期	1×660MW(超临界)	7	2013/2015	四川成达 EPC
卡巴一期煤电	2×100MW	—	2017/2020	协鑫集团,有正式购电协议(PPA)、发电量 14 亿千瓦时
爪哇 7 号项目一期工程	2×1050MW(超临界)	18.83	2016/2020	年发电量 150 亿千瓦时
苏门答腊岛名古鲁燃煤电站	2×100MW	3.6	2017/2019	中国电建 BOT,持 70%股份
CILACAP芝拉扎煤电三期	1×1000MW	14	2016/2019	四川成达
超超临界清洁煤电站项目	2×660MW	—	—	哈电国际
安格连 1×150MW 燃煤电厂总承包项目	1×150MW	—	—	哈电国际
土耳其泽塔斯三期 2×600MW 燃煤电站总承包项目	2×600MW	—	—	哈电国际
2×300MW(净上网容量)坑口煤电的项目	2×300MW	7	—	神华

续表

项目名称	机组容量	投资总额/亿美元	开工(签订)/竣工年份	备注
萨姆塞尔1号项目(南苏2期)	2×350MW	6.95	—	神华
巴淡卡萨姆	2×650MW	1.96	—	华电工程
芝拉扎电站	2×300MW	5.1	—	S2P-中国成达
玻雅电站	2×660兆瓦 2×660MW	—	2018/	华电香港
青山四期燃煤电站项目	2×350MW	—	2018/	陕西西北火电

中国企业赴印度尼西亚以IPP(独立发电方)的方式投资煤电项目,会遇到很多前所未有的困难,解决问题的关键就是能够寻找一条物流保障渠道和员工的属地化管理模式。国家能源集团印度尼西亚爪哇7号2×1 050兆瓦燃煤发电站已于2019年12月13日投产,为"海上丝绸之路"首倡之地再添能源新地标,为中国企业在海外投资提供了借鉴经验。

(2)印度尼西亚电力投资吸引力分析

印度尼西亚之所以能成为热门的电力投资东道国,其吸引力可以从以下四个方面来分析。

①政局稳定,总体风险偏低

印度尼西亚作为新兴发展中国家,无论从政治、经济、金融还是市场、法律等各方面看,均相对完备且发展稳定,尤其是近几年印度尼西亚国内结构性改革进展较为顺利,发展前景较好,总体风险水平偏低。

②市场化程度较高,投资环境较优

印度尼西亚实行民主选举和市场经济,法制化和市场化程度较高,金融市场较为开放,汇兑自由便利。为了吸引外商投资,印度尼西亚政府还专门制定了更加优惠的税收政策,简化投资审批程序,实施"一站式"服务,同时完善了有关政策法规,比如制定并颁布PPP项目总统规定和未来五年经济发展规划等,进一步加大招商引资力度。

③经济增长前景看好,电力缺口较大

印度尼西亚是世界第四人口大国,东南亚第一大经济体,市场体量大,消费能力和消费需求不断增强,近年经济保持持续较快增长,各项宏观经济指标基本保持正面。但其人均电力装机偏低,电力缺口较大,经济快速增长与电力供应紧张的局面并存。随着佐科总统推出"3 500 万千瓦"的电力规划方案,电力市场开发前景空前广阔。

④IPP 项目国际招标成熟,电力开发机制完备

印度尼西亚放开发电领域并实行 IPP 项目国际招标已有近 20 年的历史,整套招投标体系以及 IPP 项目开发机制相对成熟完备,行业准入门槛比较透明、规范,尤其是对 BOT 或 BOOT 电源项目的开发专门制定了配套的政策法律,开发流程清晰,电价回收机制完备。而且随着 IPP 项目的陆续建成投产,PLN 也在实践中不断完善 IPP 项目招标体系及项目开发机制,整套体制机制日臻成熟,电力投资风险基本可控。

(3)印度尼西亚电力外资投资方式

面对国家严重缺电的局面,印度尼西亚鼓励外国企业投资,目前到印度尼西亚已经投资电力的中外企业已经有 20 多家签订了 PPA(购电协议),投资方式基本有以下两种。

①融资租赁方式。资产按照合同 30 年后移交给地方政府,但是印度尼西亚政府会考虑给予合适的补偿企业电价,这种投资方式下企业的投资回报率相对较高,但是合同期满资产需要移交给印度尼西亚政府。

②外国投资方式。资产由投资方全部承担从而自己受益,IPP(独立发电商)可以独立运作发电公司。

(4)印度尼西亚电力投资建议

基于环保考虑和适应全球清洁能源发展趋势,印度尼西亚最新电力规划中可再生能源地位进一步提高,发展前景十分广阔,中长期装机容量增长潜力大,建议中资可提前布局可再生能源投资机会;而在积极布局可再生能源的同时,建议投资者在短期内继续在苏门答腊岛和加里曼丹岛配套发展坑口煤电,建设高效清洁煤电机组。

随着印度尼西亚新冠肺炎疫情逐步得到控制和全球疫苗研发进度推进,2021 年印度尼西亚经济仍有望得到复苏,电力需求也有望恢复至增长区间。建议投资者在印度尼西亚部分电气化率有提升空间的地区和国家重点规划能源加工中心如苏门答腊和加里曼丹,开展符合其区位规划的经济活动,结合当地能源禀赋优势可发展坑口煤电。

(5)印度尼西亚电力投资避险措施

投资印度尼西亚有诸多吸引力,但从投资角度看,仍存在一些风险点须引起投资者重视,比如印度尼西亚基础设施相对落后,汇率波动明显,政府低效和腐败现象比较严重,政府政策带有较强的"民粹主义"色彩等。但从电力投资角度看,这些投资风险可以通过以下措施规避:

①关于基础设施相对滞后导致工程建设效率偏低、电站投资上浮的问题:一方面由于固定投资和变动运维成本与上网电价联动,高成本最终由印度尼西亚购电方买单;另一方面电力投资者可以通过 EPC 工程建设模式,将投资风险转嫁给 EPC 承包商。

②关于汇率波动频繁问题:一方面 PLN 的 IPP 国际招标项目电价计算公式中均设定了汇率调节机制,可以在较大程度上规避汇率变动风险;另一方面,在支付币种方面,电力投资方可以和 PLN 在 PPA 中约定电费支付币种为美元,或通过第三方银行签署"三方兑换协议"(Triparty Transferring Agreement),确保售电方收到的印度尼西亚盾通过实时汇率兑换成美元转入账户。

③关于当地政府腐败、效率低下以及一定程度的政策"民粹主义"问题:这基本是当前发展中国家或欠发达国家普遍存在的现象,通常情况下聘请当地顾问或中介有助于缓解这一问题,提高项目开发效率。

4

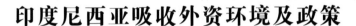

印度尼西亚吸收外资环境及政策

4.1 印度尼西亚营商环境

4.1.1 主流机构评价

2021年惠誉国际评级公司(FitchGroup)将印度尼西亚主权信用评级提升至"BBB",2020年2月10日穆迪对印度尼西亚的主权信用评级维持在Baa2级(见表4-1)。

在标准普尔(S&P)于2017年5月上调其对印度尼西亚债务评级至BBB-/Stable之后,印度尼西亚主权债券首次被三大信用评级机构评为投资级。在2018年之前,它一直保持Stable,2019年5月再次将其评级提升至BBB/Stable。然而,在COVID-19疫情期间,2020年4月17日,标准普尔将印度尼西亚长期债务前景下调为负面,将印度尼西亚的主权信用评级维持在"BBB"。

表4-1 主流评级机构对印度尼西亚评级

评级机构	评级时间	主权评级	展望
惠誉国际	2021.3	BBB	稳定
穆迪	2020.2	Baa2	稳定

续表

评级机构	评级时间	主权评级	展望
标准普尔	2020.4	BBB	负面
中国信保	2018.10	国家风险评级 5(5/9)	稳定
		主权信用评级 BBB(4/9)	稳定
清廉指数		89/180(2018 年)	
世界经济论坛竞争力排名		45/140(2018 年)	
世界银行营商环境排名		73/190(2020 年)	

印度尼西亚基础设施发展相对落后,是制约经济增长和投资环境改善的主要"瓶颈"。印度尼西亚正积极通过放宽投资准入、降低企业营商成本、大力发展基础设施建设等措施改善营商环境。世界银行发布的《2019 年营商环境报告》显示(见表 4—2),印度尼西亚营商环境在全球 190 个国家和地区中排名第 73 位;商业环境的前沿距离为 68%,同比上升 1.5 个百分点。各细项排名分别为:开办企业(134)、办理施工许可证(112)、获得电力(33)、登记财产(100)、获得信贷(44)、保护少数投资者(51)、纳税(112)、跨境贸易(17)、执行合同(146)、办理破产(36)。

表 4—2 印度尼西亚 2019 年营商环境

项 目	排名	2019 年(%)	2018 年(%)	变化(百分点)
总体	73	68.0	66.5	↑1.5
开办企业	134	81.2	77.9	↑3.3
办理施工许可证	112	66.6	66.1	↑0.5
获得电力	33	86.4	83.9	↑2.5
纳税	112	68.0	68	—
执行合同	146	47.2	47.2	—
办理破产	36	67.9	67.6	↑0.3

根据《2020 年营商环境报告》,印度尼西亚营商环境持续位列全球第 73 名。印度尼西亚在营商环境便利度、获得电力方便度、办理破产和获得信贷等方面

具备优势,排名靠前,但在办理施工许可证、纳税、跨境贸易、开办企业、执行合同等方面排名靠后。

在当前全球经济不确定性增加、地区经济发展前景不明朗的形势下,国际投资者对印度尼西亚经济表现评级的最新认可十分可贵,反映出印度尼西亚决策层保持宏观经济稳定的努力取得了成效。评级调高后,不仅有利于印度尼西亚实施大规模基建融资计划,还有助印度尼西亚经济抵御外部风险、保持复苏势头。

4.1.2 印度尼西亚优化营商环境相关措施

自 2015 年以来,印度尼西亚已陆续推出 16 套经济改革措施,包括增强分配公平性、推进基础设施建设、改善商业环境、促进投资和出口以及调整投资负面清单等,意在增强外国投资者信心。

(1)简化行政许可程序

2018 年 7 月 6 日,印度尼西亚投资协调委员会(BKPM)正式启动"全国单一网上提交系统"(OSS),除采矿、石油天然气以及金融、房地产外,其他所有业务领域均可通过 OSS 系统办理。个人经营者和非个人经营者可以通过 OSS 系统注册公司。经营者在 OSS 系统申请的主要准证包括:BKPM 投资许可证、土地位置许可证、建筑许可证、社保登记证及环境许可证。

(2)进一步放宽市场准入

2018 年底,印度尼西亚政府宣布将对 2016 年版外商投资负面清单进行修订,允许外国投资者在医疗卫生、艺术表演、电信服务、商业服务、能源工业五大领域的 54 个子领域拥有 100% 股权。目前新版投资负面清单仍在审议,外国投资者可就具体领域咨询印度尼西亚投资协调委员会。

(3)推进基础设施建设

在基础设施领域,印度尼西亚总统佐科一直计划并致力于改善群岛的连通性,以促进印度尼西亚东西部地区平衡发展。印度尼西亚政府引入"海运高速公路"概念,以海港为走廊连接印度尼西亚东西部群岛,以降低高昂的物流成本。此外,政府计划修建更多的道路、收费公路、机场和铁路,不仅着眼于爪哇岛,还包括苏门答腊、加里曼丹、苏拉威西和巴布亚等地区。[①]

4.1.3 印度尼西亚吸收外资情况

印度尼西亚投资协调委员会发布的 2019 年投资报告显示,2019 年,印度尼西亚落实投资 809.6 万亿盾(539.7 亿美元),同比增长 12.2%,完成当年投资目标的 102.2%。按投资类型分类,国内投资(DDI)386.5 万亿盾(257.7 亿美元),同比增长 17.6%;外国投资(FDI)423.1 万亿盾(282 亿美元),同比增长 7.7%。

从投资领域看,国内投资前五大行业依次为:交通仓储通信业(68.1 万亿盾)、建筑业(55.1 万亿盾)、种植业养殖业(43.6 万亿盾)、水电气供应(37.2 万亿盾)、食品工业(36.6 万亿盾)。

国外投资前五大行业依次为:水电气供应(59 亿美元)、交通仓储通信业(47 亿美元)、金属制品业(36 亿美元)、房屋园区建筑业(29.0 亿美元)和矿产业(23 亿美元)。

从投资来源地看,国外投资前五大来源地依次为:新加坡(65 亿美元,占比 23.1%)、中国(47 亿美元,占比 16.8%)、日本(43 亿美元,占比 15.3%)、中国香港(29 亿美元,占比 10.2%)和荷兰(26 亿美元,占比 9.2%)。

与 2018 年全年外资来源分布相比,新加坡外资份额占比下降 8.3 个百分点,中国内地外资份额占比上升 8.6 个百分点,日本外资份额占比下降 1.4 个百分点,中国香港外资份额占比上升 3.4 个百分点,荷兰代替马来西亚成为印度尼西亚外资来源国第五名。[②]

4.2　外资企业市场准入规定

根据印度尼西亚《2016 年关于投资领域禁止性行业和有条件开放行业清单

---

① 全球纺织网. 利好频频,投资印度尼西亚潜力有多大?[EB/OL]. https://www. tnc. com. cn/info/c-012004-d-3679555. html.

② 中国贸易投资网. 2019 年印度尼西亚外国投资前五大行业[EB/OL]. http://www. tradeinvest. cn/information/5334/detail.

的有关规定》(2016 年第 44 号总统令),在印度尼西亚的投资领域分为三类,即开放性行业、禁止性行业、有条件开放行业。国内外投资者可自由投资任何营业部门,除非已为法令所限制与禁止。

4.2.1　市场准入政策

(1)投资负面清单

在特定条件下对外国投资开放或完全不对外国投资开放的行业,被列入投资负面清单或限制投资清单(DNI)。未列入该清单的行业一般被视为不受限制地对外国投资开放,外国投资者持股比例可达 100%。对于有条件开放行业,DNI 允许外国投资者最高持股比例为 49%~95%。

(2)禁止行业

投资负面清单列明的禁止投资行业有 20 个(见表 4-3),仅由政府经营,主要为军事装备、毒品种植交易行业、有害于当地生态环境的行业及社会公共行业等。

表 4-3　　　　　　　　　　禁止投资行业清单

序　号	行　业	所属部门
1	大麻种植	农业
2	受保护鱼类捕捞业	林业
3	打捞沉船贵重物品	海洋和渔业
4	开采天然珊瑚	海洋和渔业
5	水银氯碱业	工业
6	杀虫剂	工业
7	化学材料及消耗臭氧层材料	工业
8	《化学武器公约》所列明"化学材料清单一"	工业
9	烈性饮料	工业
10	葡萄酒	工业
11	含麦芽饮料	工业
12	陆路客运站运营	交通
13	机动车运载测重站运营	交通

序　号	行　业	所属部门
14	海上导航辅助设施/电讯和船舶通航服务系统	交通
15	飞行导航服务	交通
16	机动车检测	交通
17	无线电波和轨道卫星监控站运营管理	通信与信息
18	公立博物馆	教育与文化
19	历史遗迹和考古	教育与文化
20	博彩业	旅游与创意经济

资料来源:印度尼西亚共和国 2016 年第 44 号总统令。

（3）有条件开放行业

有条件开放的行业分为两类:仅适用于中小微企业及合作社的行业与特定条件开放行业。前者涉及农林牧渔、工业、公共工程、旅游和创意经济、通信和信息行业等 145 个细分领域(见表 4—4)。

表 4—4 　　　　　　　　　　　　　**有条件开放行业清单**

条　件	部　门	行　业
仅适用于中小微型企业及合作社	农业	水稻、花生、黄豆等 54 个细分行业
	林业	其他林产品加工(棕榈糖、栗子、酸果、碳原料、肉桂)等 6 个细分行业
	工业	渔产酱拌加工、豆醇饼加工、豆腐加工等 26 个细分行业
	公共工程	使用简单技术、中低风险、工程造价不高于 500 亿印度尼西亚盾的建设工程服务等 2 个细分行业
	贸易	快递或网购零售贸易
	旅游与创意经济	旅行社、旅游民宿等 4 个细分行业
	通信和信息	广播和电视传媒等 3 个细分行业
与中小微型企业及合作社合作	林业	林业加工:藤条、松油等 7 个细分行业
	海洋和渔业	海鱼鱼苗等 11 个细分行业
	工业	椰干加工、咸化水果和蔬菜等 31 个细分行业

（4）特定条件开放行业

①外国资本限制：含面积为 25 公顷以上主要农作物育种/育苗和主要农作物种植，外商投资上限为 49%；

②特定地点：含 125 头以上种猪培育及养殖等，要求为农业部指定地点；

③特殊许可：含木皮加工等，要求具有环保及林业部签发关于可持续原料供应的推荐函；

④100%国内投资：森林木材加工等行业；

⑤东盟合作框架下的资本限制：林区温泉、探险和洞穴等自然生态旅游等，要求非东盟国家的外商投资上限为 49%，东盟国家的外商投资上限为 70%。

（5）电力行业负面清单

根据 2016 年 44 号总统令关于投资行业负面清单，电力行业可投资比例如下：

①发电厂容量＜1 兆瓦，印度尼西亚国内持股 100%；

②小规模发电厂容量 1 兆瓦—10 兆瓦，外资持股不超过 49%；

③地热发电厂容量≤10 兆瓦。外资持股不超过 67%；

④发电厂容量超过 10 兆瓦，外资持股比例不超过 95%（如政府和 IPP 合作在特殊期间内，外资持股比例可以 100%）；

⑤电力传输，外资持股比例不超过 95%（如政府和 IPP 合作在特殊期间内，外持股比例可以 100%）；

⑥配电，外资持股比例不超过 95%（如政府和 IPP 合作在特殊期间内，外持股比例可以 100%）；

⑦电力安装和咨询领域，外资持股比例不超过 95%；

⑧电厂建设和安装领域，外资持股比例不超过 95%；

⑨高压电厂建设和安装领域，外资持股比例不超过 49%；

⑩低压至中等电厂建设和安装领域，外资持股不超过 100%；

⑪电力装置的运行和维护领域，外资持股不超过 95%；

⑫高压/超高压电力检查和安装测试领域，外资持股不超过 49%；

⑬低压/中压电力检查和安装测试领域，印度尼西亚国内持股比例 100%。

4.2.2 投资方式的规定

(1)合资企业

根据 2007 年第 25 号《投资法》及相关规定,在规定范围内,外国投资者可与印度尼西亚的个人、公司成立合资企业。

(2)独资企业

依照印度尼西亚《投资法》的规定,外国直接投资可以设立独资企业,但须参照《非鼓励投资目录》规定,属于没有被该《目录》禁止或限制外资持股比例的行业。

(3)外资并购

外国投资者可以通过公开市场操作,购买上市公司的股票,但受到投资法律关于对外资开放行业相关规定的限制。印度尼西亚市场中多数律师事务所和咨询公司提供此项服务。

4.2.3 基础设施 PPP 模式

①印度尼西亚基础设施 PPP 模式是由印度尼西亚政府决定,通过相关政府承包代理以及企业实体(私营部门)之间的协议(合同)进行开发与融资的基础设施项目。在政府授予后,私营部门负责设计工作、施工、项目融资以及运营。

②印度尼西亚国家发展规划部、财政部、经济统筹部、基础设施建设加速政策委员会(KPPI)四个部门负责制定 PPP 政策。

国家发展规划部:主管总体的规划活动,其下属公私合作中心(P3CU),负责开展包括政策制定的 PPP 推动工作,如与政策委员会共同制定促进基础设施建设政策。该中心还负责向印度尼西亚政府提供有条件资助的评估工作,支持政府界定可能吸引民间投资的项目。

财政部:负责管理政府投资,包括规制、监督和运营。

经济统筹部:制定与 PPP 相关的一般性跨部门政策。

基础设施建设加速政策委员会(KPPI):是跨部门的部级委员会,由经济统筹部部长领导,并负责民间建设基础设施的政策协调。按照规定,KPPI 应对申请政府支持(担保)项目进行审核,然后交由财政部部长审议、批复。

投资协调委员会:负责外商投资项目公司的设立事宜。

③行业主管部门。

能源和矿产资源部:主管能源、矿业、地热和电力行业的项目;

SKKMigas:主管石油和天然气行业的上游产业;

BPHMigas:主管石油和天然气行业的下游产业;

电信与信息技术部:主管电信行业的项目;

公共工程与住房部:主管道路桥梁及房建等基础设施的项目;

交通部:主管铁路、港口等基础设施行业的项目;

环境与林业部:主管项目的环境许可。

④印度尼西亚基础设施 PPP 主要政策法规文件 2010 年 78 号总统令——通过基础设施担保实施的政府与企业实体合作项目的基础设施保障;

2015 年 38 号总统令——政府与企业实体在基础设施供给方面的合作;

2015 年国家发展规划 4 号令——基础设施供给项目政府与企业实体合作实施程序;

2015 年国家公共设施采购委员会 19 号令——政府与企业实体合作的基础设施供给项目采购程序;

2016 年财政部 8 号令——政府与企业实体合作基础设施项目实施保障指南;

2016 年财政部 260 号令——政府与企业实体合作基础设施项目可用性付费程序。

⑤印度尼西亚基础设施 PPP 主要领域、数量、投资额、产业和特许经营年限等。

自 1990 年至 2017 年,在机场、港口、公路、电力、天然气、电信和水处理等基础设施领域,印度尼西亚共有 123 个项目实现融资关闭,总投资额约 588.57 亿美元。其中,电力行业实现融资关闭的项目高达 63 个,占所有实现融资关闭项目的 51.2%;电力行业实现融资关闭的项目投资金额为 393.11 亿美元,占所有实现融资关闭项目投资金额的 66.79%。印度尼西亚 PPP 项目的特许经营年限在项目的特许经营协议中规定,通常一项目一议。就已发生项目来看,南苏望加锡铁路项目为 20 年,东爪哇三宝垄公路项目为 35 年,加里曼丹燃煤电厂项目为 30 年。值得注意的是,在上述项目的特许经营协议中均有调整(延长或减少)特许经营期的条款。

⑥印度尼西亚基础设施 PPP 外资企业主要来源国家为:日本、中国和韩国。

4.3 企业税收政策

4.3.1 税收体系和制度

印度尼西亚实行中央和地方两级课税制度,税收立法权和征收权主要集中在中央。现行的主要税种有:公司所得税、个人所得税、增值税、奢侈品销售税、土地和建筑物税、离境税、印花税、娱乐税、电台与电视税、道路税、机动车税、自行车税、广告税、外国人税和发展税等。印度尼西亚依照属人原则和属地原则行使其税收管辖权。

(1)税收系统机构

印度尼西亚税务总署是所属财政部负责税务征管的部门,其主要机构有:税务总署办公室、税务数据及文档处理中心、雅加达特殊税务区域办事处、税务总署区域办事处、大企业税务办公室、税务主管办公室、税务咨询办公室。

(2)税收法律体系

除 2008 年 7 月 17 日通过的《所得税法》之外,为吸引外国投资,印度尼西亚出台了一系列优惠政策。

公布于 1999 年的《第七号总统令》恢复了鼓励投资的免税期政策;2009 年印度尼西亚政府通过的经济特区新法律进一步规定了特别经济区税收优惠政策。

所得税优惠由《有关所规定的企业或所规定的地区之投资方面所得税优惠的第 1 号政府条例》规定。

(3)其他有关投资的特别规定

自 2011 年 12 月 1 日起,在印度尼西亚的投资者可以申请免税优惠,根据相关的执行准则规定,凡有意申请免税优惠的投资者,必须把总投资额 10%资金存放在印度尼西亚国民银行。投资者可以向印度尼西亚工业部或投资协调署提出免税申请。

4.3.2   主要税赋和税率

(1)所得税

2008 年 7 月 17 日印度尼西亚国会通过了新《所得税法》,个人所得税最高税率从 35% 降为 30%,分为四档:5 000 万印度尼西亚盾以下,税率 5%;5 000 万印度尼西亚盾至 2.5 亿印度尼西亚盾,15%;2.5 亿印度尼西亚盾至 5 亿印度尼西亚盾,税率 25%;5 亿印度尼西亚盾以上者,税率 30%。除上述规定以外,个人取得的股息分红的最终税率为 10%。如果个人纳税人的纳税义务期间并非包括全年,则其应纳税额应按照纳税义务天数除以 360 得到的比例占全年收入的金额进行计算。

企业所得税率,2009 年为过渡期税率 28%,2010 年后降为 25%。印度尼西亚对中小微企业还有鼓励措施,减免 50% 的所得税。为减轻中小企业税务负担,2013 年印度尼西亚税务总署向现有的大约 100 万家印度尼西亚中小企业推行 1% 税率,即按销售额的 1% 征税。2018 年 5 月,印度尼西亚政府已完成了 2013 年关于某些固定企业所得税第 46 号政府条例的修改,主要内容是把中小微企业最终所得税税负率从原先的 1% 降低为 0.5%。

另外,上市公司的居民纳税人如果有不少于 40% 的股权在印度尼西亚证券交易所交易流通,并符合其他特定条件,则可以取得所得税率降低 5 个百分点的优惠。

(2)增值税

印度尼西亚的增值税标准税率为 10%,根据不同货物可调整范围为 5%～15%。向进口商、生产商、批发商及零售商等提供服务,大部分按 10% 的一般税率征收增值税。同时,增值税法准许单项税率的调整,现有非 10% 税率包括香烟及二手车辆,诸如包裹快递及旅游中介这类服务按 1% 的税率征税,而代理经营则是按所收佣金的 5% 征税。

(3)奢侈品销售税

除增值税外,印度尼西亚对于属于应税分类的奢侈品销售或进口征收奢侈品销售税。对出口货物不征收收奢侈品销售税。奢侈品销售税的计税基础与增值税一致,为销售价格、进口价格、出口价格以及其他法规规定的价格。该税仅在生产环节及进口环节一次性征收。

(4)印花税

印花税是对一些合同及其他文件的签署征收 3 000 印尼盾或 6 000 印度尼西亚盾的象征性税收。

(5)新税法条例

2018 年 8 月 2 日,有关采矿企业的新税率生效,新税法明确要求矿业公司将目前的合同转换为特别采矿许可。新税法规定公司税率为 25%。矿业公司还需要向中央政府缴纳净利润的 4%,向地方政府缴纳净利润的 6%。

4.4 外汇管理政策

4.4.1 当地货币

印度尼西亚货币为印度尼西亚盾,印度尼西亚盾可自由兑换。在印度尼西亚的金融机构、兑换点,印度尼西亚盾可与美元、欧元等主要货币自由兑换。2015 年以来,受世界经济不景气的影响,印度尼西亚出口额不断下降,而印度尼西亚国内需求旺盛,进口大幅上升,导致经常项目逆差扩大。2018 年 10 月,印度尼西亚盾对美元汇率跌破 15 000∶1 的心理关口,创 1998 年亚洲金融危机以来最低水平,与 2018 年年初时相比下跌超过 10%。

4.4.2 外汇管理

印度尼西亚实行相对自由的外汇管理制度。印度尼西亚盾可自由兑换,资本可自由转移。印度尼西亚货币实行自由浮动汇率政策,印度尼西亚银行采取一篮子货币汇率定价法,根据印度尼西亚主要贸易伙伴的货币汇率的特别提款权的汇率变化来确定印度尼西亚盾的对外比价,每日公布其汇率。

2001 年第 7 号货币法(第 7/2011 号法律)规定,在印度尼西亚境内的每笔金融交易必须使用印度尼西亚盾,但以下交易不受使用印度尼西亚盾的义务约束:为国家预算执行目的进行的交易、接受来自或向海外提供的赠款、国际贸易交易、国际融资交易。

此外,以下活动也被豁免使用印度尼西亚盾:银行进行的外币业务活动;政府在初级市场和二级市场以外币发行的债券交易;符合印度尼西亚银行法律、资本投资法律和印度尼西亚出口融资机构法律的其他外币交易。

印度尼西亚银行禁止与外国当事人进行以下交易:以印度尼西亚盾和/或外币提供信贷或融资、购买外国当事人发行的印度尼西亚盾债券等。不遵守此规定者将面临制裁,包括最高一年监禁和最高 2 亿印度尼西亚盾的行政制裁。

4.4.3　银行和保险公司

(1)中央银行

印度尼西亚中央银行是印度尼西亚银行(Bank Indonesia),是与内阁各部门平级的独立机构,具有不受其他部门干预,独立行使职能的权力;强调维护金融稳定、加强监督;制定并履行货币政策,维护印度尼西亚盾币稳定;管理货币流通和利率,调节和保证支付系统工作顺利进行;通过监管手段健全银行和贷款体系。

(2)商业银行

印度尼西亚当地的主要商业银行有:Bank Mandiri、Bank Central Asia、Bank Nasional Indonesia、Bank Rakyat Indonesia、Bank Internasional Indonesia、Bank Danamon。

(3)外资银行

印度尼西亚当地外资银行有:汇丰银行、花旗银行、美国运通银行、JP 摩根大通银行、荷兰银行、东京三菱银行、德意志银行、渣打银行、盘谷银行以及中国银行、中国工商银行和中国建设银行。与中国银行合作较多的当地代理行有汇丰银行、Bank Central Asia。

4.4.4　信用卡使用

印度尼西亚信用卡的使用较普遍,中国发行的 VISA 卡和万事达卡在当地可用,中国银联卡也可以方便使用。中国工商银行印度尼西亚分行已经在当地发行 VISA 卡和万事达卡,中国银行雅加达办事处也已发行借记卡。

4.5　土地获取政策

在印度尼西亚购地或租地可直接向 BKPM 申请批准,印度尼西亚规定外国人对土地的所有权为 30 年,但可以申请延长。在取得目标土地之前,公司需要调查目标土地的所有权,与土地所有者谈判,并获得与目标土地相关的土地许可证。

4.5.1　位置许可

为了获得目标土地,外国投资公司(PMA)需在"全国单一网上提交系统"上提交相关材料,并获得选址许可证(Izin Lokasi)。

4.5.2　注册土地产权评估

国家土地局(BPN)是负责在印度尼西亚保存土地登记记录的机构,由中央土地机构和区域土地机构组成。为了检查目标土地的所有权,申请人必须到当地 BPN 办公室查询,并携带原产权证。每个区域的土地机构都有档案中所列所有已登记土地的记录。BPN 办事处根据档案信息验证原始所有权证书,提供目标土地详情,包括面积、是否存在抵押和争议、地区测量情况等。

4.5.3　放弃所有权

如果外国投资公司不具备拥有目标土地的资质,则通过放弃所有权的方式将土地间接转给拟建的买方。业主以换取已结算价格的方式放弃土地所有权。买方需申请在土地上签发新的、适当的所有权。

4.5.4　强制放弃公共基础设施的所有权

根据 2012 年《公共利益开发土地采购法》以及法院关于发展公共基础设施

的命令,土地权利人可能被要求放弃其土地权利以换取补偿。《公共利益开发土地采购法》规定,政府机构可以获取土地用于开发基础设施项目,方式是先编制征地规划文件,并提交至相关机构,省长需考虑并评估来自受影响方的任何异议。此后,印度尼西亚发布总统条例,通过缩短征地的时间和阶段,加快土地购置进程。例如,组建准备小组的准备阶段从 10 天缩短至 2 天;反对释放土地所有权的人可以提出反对意见的期限从 14 天缩短到 3 天。

4.6 人力资源政策

印度尼西亚政府规定,企业对工人的需求取决于所涉工作的类型。外国人允许在印度尼西亚工作,但雇用外国人的目的是向当地工人或实体传授知识或转让技术。

外资企业需按比例招聘本地员工。外企雇主(包括代表处等)须为每个外籍员工至少搭档一名同级别的本地员工(不包括司机、清洁工等)。在许多行业,外资企业须保证外籍员工与本地员工的比例达到 1∶9。

2012 年发布的《劳工和移民法规关于禁止外籍人员占据某些职位的决定书》明确规定,19 个职位禁止外籍员工担任,包括人事总监、行业关系经理、人力资源经理和职业顾问等。

印度尼西亚公司聘用外籍员工时需向印度尼西亚政府主管技术部门提出申请,取得劳工部批准,在移民厅申请签证。

每名外籍员工还需获得有限居留许可(有限居留许可卡或 KITAS)。该许可证最初签发的期限为 2 年,可根据相关法律延长。

此外,外国员工必须接受印度尼西亚语培训,雇主必须在社会保险管理组织(BPJS)为工作 6 个月以上的外国员工进行登记。

雇用合同可以是口头或书面协议的形式。如果合同以书面协议的形式提供,必须使用印度尼西亚语、英语双语(印度尼西亚语优先)。

4.7 外资优惠政策

外商投资时可申请进口优惠和税收优惠。

4.7.1 进口优惠

进口优惠政策可免除资本货物和原材料的关税和进口税,该政策也被称为免税清单优惠。该优惠须在进口前获取批准,进口货物须符合以下特定要求:印度尼西亚无生产;印度尼西亚生产,但不符合规格要求;印度尼西亚生产且符合上述规格,但不能满足需求(上述优惠仅适用于提供或生产应税商品或服务的公司)。与进口免关税优惠一样,投资者也可申请免除进口增值税和预提税。

4.7.2 税收优惠

企业所得税减免可适用于商业运营开始之后的 5 年—10 年。免税期结束后,纳税企业可接续两年按 50% 的比例缴纳企业所得税。该优惠面向从事具有广泛产业关联、额外价值和外部效应、引进新技术且对国民经济具有战略意义的先锋行业的公司。如果投资特定领域或特定区域,那么还可以享受税收津贴优惠。

此外,印度尼西亚政府还将出台地区鼓励政策,为投资爪哇岛、巴布亚、马鲁古、苏拉威西、加里曼丹、努沙登加拉等地的企业提供税务补贴等优惠,以发展各岛的比较优势产业。

5

能源投资管理

5.1 国家能源管理机构

印度尼西亚主管投资的政府部门分别是:印度尼西亚国家能源委员会、投资协调委员会、财政部、能源和矿产资源部。投资协调委员会负责促进外商投资,管理工业及服务部门的投资活动,但不包括金融服务部门;财政部负责管理包括银行和保险部门在内的金融服务投资活动;能源和矿产资源部负责批准能源项目,而与矿业有关的项目则由能源和矿产资源部的下属机构负责。

5.1.1 印度尼西亚国家能源委员会

印度尼西亚国家能源委员会于 2008 年成立,是国家能源政策的制定和发布机构。国家能源委员会由 15 名成员构成,主席由能源和矿产资源部部长担任。能源委员会发布的国家能源政策需要经国会批准。

印度尼西亚能源委员会是印度尼西亚政府设立受印度尼西亚总统直接管理的能源管理机构,主要负责能源供应、运输和使用等方面的政策制定,并负责制定国家能源规划。

5.1.2 能源和矿产资源部(MEMR)

印度尼西亚能源和矿产资源部是印度尼西亚矿业政府主管部门,主要职能是代表国家制定、颁布、执行矿产资源和地矿产业政策,并全面负责政策实施。其下辖石油天然气总局,监督和促进印度尼西亚石油天然气资源的开发利用,直接负责勘探区块竞标、发布和清退区块。

上游油气监管机构(SKK Migas):负责监管石油和天然气行业的上游产业;代表政府与企业签署《产量分成合同》,其他职能包括向能源和矿产资源部推荐准备授标的合同区块和合作合同、评估指定区块内的油气田开发计划、监督已签署的《产量分成合同》执行情况。SKK MIGAS 的负责人由总统任命,并直接向总统负责。

下游油气监管机构(BPH Migas):主管石油和天然气行业的下游产业,主要职能是控制天然气的输送和分配,分配石油天然气输送和储存设施的使用,设定天然气管线输送费用和民用、小用户天然气价格等。其决策机制相对独立,9 位理事会成员均由印度尼西亚国会任命。

石油天然气总局(MIGAS):负责监督和管理石油和天然气的业务工作,还负责签发各石油公司的营业执照,执行安全及环境管理细则,编辑统计资料。此外还参与讨论有关石油的决策,包括油价、人力资源和产量等。石油天然气总局还附设印度尼西亚石油协会,并承担审核石油和石油产品的详细计划任务。

5.1.3 海洋统筹部(Maritim)

海洋统筹部的任务是在海事和投资领域管理中,进行协调、同步和控制该部门的事务。71 号第 3 条 d 总统条例还授权海事与投资统筹部,监督内阁会议规定的国家优先计划和其他政策。具体职责是与海洋和投资问题有关的部门/机构协调与同步制定、确定和实施政策,也有权解决各部委/机构之间无法解决的问题,并确保执行最终决定。此外,海事与投资统筹部被授权负责管理国家财产/资产,并监督海事与投资统筹部内部职责的执行。

5.1.4　国有企业国务部(BUMN)

国有企业国务部的任务是在国有企业领域(以下简称国有企业)举行政府事务,以协助总统组织州政府。国有企业的发展包括按照规定直接或间接由国有企业控制的实体的发展。

国有企业国务部在执行任务时,应履行以下职能:在制定战略业务计划,增强竞争力和协同作用,增强绩效,创造可持续增长,从重组业务发展以及增强国有企业业务基础架构能力方面制定和规定政策;在国有企业部内部协调任务的执行,指导和提供行政支持;BUMN 部负责国有财产的管理;监督国有企业部内的任务执行情况。

5.1.5　国家电力公司(PLN)

印度尼西亚国家电力公司(PLN)是印度尼西亚政府国有的电网公司,由中央政府下属的国有企业国务部(BUMN)具体管理,公司业务范围覆盖发电、输配电以及相关基础设施。同时由能源和矿产资源部来规范指导电力行业政策与发展规划,并由财政部负责分配政府电力补贴、安排贷款资金及监管融资等。

5.1.6　国家石油公司(Pertamina)

印度尼西亚国家石油公司成立于 1968 年,自 1971 年起成为一个在国家监督委员会直接管理下的国家企业。委员会成员由总统任命,能源和矿产资源部部长、财政部部长、国家开发计划总署主任、国务部长、国家调查和技术部长等人员组成印度尼西亚国家石油公司政府专门委员会,监督国家石油公司的经营,下设董事会,并设有勘探与生产、加工、国内供应、总务、财政、运输和电讯 6 个总监,以及咨询、监察、海外代表、外国缔约者协调、规划及附属机构。

国家石油公司的总任务是勘探、开发石油和天然气,加工原油,为国内消费者提供充足的石油产品,通过销售为国民经济发展提供外汇资金。

5.1.7　工业部(Kemenperin)

工业部的任务是在政府内部组织工业事务,以协助总统维持国家政府。

工业部职责:工业领域政策的制定、规定和执行;在工业领域执行技术指导和对政策执行的监督;在工业领域中进行研发;对工业环境部组织的所有组成部分提供实质性支持;在工业环境部中培养和提供行政支持;管理国有财产/资产是工业部的责任。

5.1.8 交通部(Kemenhub)

在全国交通系统的规划、经营和管理中,建立高效的道路运输系统和运输工具。

5.1.9 印度尼西亚投资协调委员会(BKPM)

印度尼西亚投资协调委员会(Badan Koordinasi Penanaman Modal Republik Indonesia,简称BKPM)作为印度尼西亚政府与外商投资者之间沟通的重要桥梁,有着举足轻重的地位。想到印度尼西亚投资的外商必须先通过这个桥梁才能开始落实投资计划。

5.2 项目投资管理

5.2.1 印度尼西亚 IPP/PPP 项目竞标

国际市场上 PPP 和 IPP 电力开发模式的应用越来越广,招投标方式确定开发商的国家也日趋增多。做好前期工作是投资项目成功的关键,不能为了拿工程,只看到 EPC 环节,放弃股权投资的长期利益,造成投入和产出的风险不匹配。[①]

(1)项目竞标开发程序

电力 IPP 和 PPP 项目通常以招投标的方式授予开发权,开发模式多为 BOOT(Build-Own-Operate-Transfer,建设—拥有—运营—移交),整个招标过

---

① 石雪杰."一带一路"倡议下海外竞标类 IPP/PPP 电力项目前期工作探讨[J]. 中国经贸导刊,2016(3Z):13—15.

程分为如下几个阶段(见图5—1),招标主要考量投标人的技术和电价水平,以及融资能力,如印度尼西亚火电IPP项目。

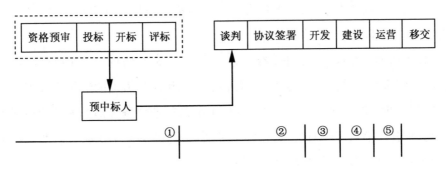

图5—1 竞标类投资项目开发流程

阶段1:为投标阶段,投标人需提交投标保函,出具银行尽量选择中资银行或其在当地的分行。

阶段2:合同谈判,双方博弈,将技术参数和关键商务条款落实到合同中。

阶段3:项目前期,需提交融资保函,期限末需融资闭合(Financial Close)。

阶段4:项目建设期,需提交履约保函,期限末完成建设/调试,进入商业运行日。

阶段5:商业运营期,需按合同规定,运营电厂,期限末做好电厂移交或处置的准备。

(2)风险分析与第三方机构

在"一带一路"倡议的催化下,中国企业对外投资的步伐在加大加快,覆盖的区域也越来越多,但多数仍在新兴市场,其中许多国家仍存在如武装冲突、社会治安差、恐怖袭击等不稳定因素。一个电力IPP投资项目的周期多则40年,少则20年,在投资决策前需要考量的因素除技术和经济的可行性、投资回报、资金的解决等,还有项目全周期内的风险因素及应对措施,到海外投资还要考虑东道国的政治经济法律环境、宗教文化、金融政策等。"一带一路"倡议给各国带来了发展的机遇,但同时问题项目也不断出现,如墨西哥取消高铁合同、斯里兰卡暂停科伦坡港口城项目等。

风险无处不在,最大的风险莫过于在东道国政府资金短缺、换届、经济危机时,项目被新政府以环保、违法等借口终止或暂停。企业进行海外投资需正确识别各阶段的风险,通过评估并针对性制定有效的应对措施,在风险管理中不断成长和成熟。投资行为应按东道国的法律进行,杜绝行贿等违法违规行为,尽量与当地公司联合投资,大型投资项目尽量通过特别法律立法确认,针对东道国的国别风险应投保海外投资险。

投资活动一般具有周期长、参与方多、风险复杂性的特点。在投资的各个阶段,了解所在国对投资、工程建设、环保、劳工、税法等方面的法律法规都是必要的,甚至所在国签署的国际公约、承认的国际、行业惯例等都对项目的顺利履约至关重要。第三方咨询机构、律师事务所、会计师事务所在项目前期工作中的及早介入将对项目开发起到事半功倍的作用。

(3)合作伙伴选择/投资架构设计

有的竞标类 IPP 项目在招标时就要求投标人需与当地公司组成联营体共同参与项目的投标。合作伙伴的选择根据经验、资金实力、影响力等可考虑设备供应商、运营商、财务投资人等。一般来说,联营体的成员在投标阶段会就费用分担、各成员在项目中应起的作用及项目结构达成初步协定。

为提高税收效率及投资收益率,减少投资项目需缴纳需考虑与前述两国(地区)之间的税收协定、资本利得税和股息税、外汇管理等规章制度,针对投资各阶段进行合理有效的税务安排,达到税务递延及降低整体税负的目标。如印度尼西亚有资本弱化的规定,但中国香港和新加坡就没有。

印度尼西亚目前要求境外公司为享受其所在国(地区)与印度尼西亚税收协定中的优惠待遇,需要满足"受益所有人"的规定和条件。在中国香港和新加坡注册控股公司目前较为普遍,但在股息汇出和投资退出时,新加坡比香港多缴纳 5% 的预提税。当然设立地的选择还要考虑公司战略(再投资、海外并购等)、运营成本等其他因素。

(4)项目公司注册

竞标类 IPP 项目一般针对每个关键时间节点均设置了保函等保证措施以确保项目按期进行。联营集团的成员在中标后需要提供实现项目所必要的股本缴款,若股本金比例不足,可考虑追加担保等方式解决。项目公司治理结构须按当地法律规定,设立股东会、董事会、监事会。

许多发展中国家政府办事效率低下,项目公司注册耗时长,为节省时间就须提前咨询并做好准备。比如在印度尼西亚申请外商投资许可证、公司名称审核、公司注册等至少需要 3 个月，公司设立后，还须按照法律召开股东会、董事会通过任命董事会和监事会的决议以及在设立前的行动决议。因此，在操作 IPP 竞标类项目时，一定要注意把控关键时间节点，做好细节。

（5）项目选址

竞标类 IPP 项目给出的开发时间紧凑且关键时间节点均设置保函等罚款机制，而且越来越多的电力项目在招标中要求投标人投资一些配套公用设施，如近年来印度尼西亚火电招标项目多要求投资方配套输煤码头和输电线路，印度尼西亚地处地震海啸多发地带，且征地移民在该国较为复杂，这样选址征地因素显得尤为重要。

在可行性论证中，最好推荐两个以上的厂址进行可行性研究，初步落实建厂外部条件并取得必要的意向性文件作为支持，否则，有可能会因移民、征地、地质条件差、远离燃料供应区等发生重大甚至颠覆性变化，造成重新选址，延误工期且增大成本。厂址的选择要多方面综合考虑各种因素，如运输、地形地质、环境影响、水源、征地移民等。厂址进行比选时，事前应开展一些必要的专题研究，如接入系统、地震安全、环境评价、燃料供应方案等，以免返工或投入过大。总之，项目前期应充分论证和落实建厂条件和厂址，落实有关条件和价格，尽快完成征地移民工作。

（6）融资

融资是项目成败的关键，也是 IPP 项目购电协议（Power Purchase Agreement）生效的前提条件。融资架构的设计与资本金投入、担保结构、保险安排、税收考虑、项目的合同安排紧密相扣。如印度尼西亚针对利息税，明确规定中资全资银行提供的贷款将免收利息税。随着"一带一路"倡议的推进，我国发起并设立了亚洲基础设施投资银行和丝路基金，"一带一路"建设的资金正在实现互联互通。多方面争取资金，除常规银行商业贷款外，可考虑政策性贷款、发行债券、民间资本、项目融资，并可加强与亚投行和各种基金（丝路基金、私募基金等）的合作。

PPP/IPP 项目开发中贷款人的作用是举足轻重的，与政府签署的协议内容要重视贷款人的权利。虽然特许权协议双方当事人是政府和投标人，但在谈判过程中投标人应尽量多争取些东道国政府对保证完成项目贷款所需的有利支持性条款。

(7)关键协议的关键要素

一般来讲,文本由谁起草,谁就掌握主动权。但竞标类 PPP/IPP 项目(常见 BOT、BOOT、BOO 等开发模式)在招标时,往往是由招标方提出一份完整的合同文本,只给投标方在规定时间内澄清和提合同偏差的机会。这种做法会极大地限制谈判策略和技巧的发挥,并且很难对合同进行大的修改或补充。如此一来,澄清和提偏差的机会就须分外重视。在电力 IPP 项目中,尤其是政府不提供担保和优惠政策的项目,购电协议作为项目实施的唯一保证就显得特别重要,协议中以下关键要素须尽力争取:

①征地

在某些国家,政府可强制征用土地,但一些国家的土地私有化,政府不承担土地征用的义务。投资人须注意审查项目选址是否已经履行了规划等部门的审批程序。征地拆迁的延误会耽误项目进度并增加投资人的成本,为保证项目顺利实施,应在合同中对征地拆迁的进度、所需的支持及延误的违约责任进行明确约定。

②担保

针对竞标类 IPP 项目政府通常会要求投资人提供融资和履约的担保,从资金和进度方面保证项目得以顺利实施,有的还要求提交移交时的维护担保,在合同的谈判中应尽量说服政府免除投资人提供的担保或降低担保条件。

从公平对等的原则出发,政府也应提供支付担保,或者对违约解决方案中的回购资金的来源提供担保,但实际情况是有些国家政府处于强势,不愿为投资人提供支付担保,这时可采取变通的方法,如可要求财政部门对协议中的电价、基本电量、调价公式以及回购计算公式等予以认可。

③税收与优惠

BOOT 模式涉及税收主要是流转环节的营业税、增值税及企业所得税。期满后的移交涉及的税收问题如何处理,既涉及动产也有不动产,就形式上而言,有可能是无偿"移交",也可能是有偿"移交",又或者两者都有。这在合同中也要考虑。

在项目建设期和运营期间，不同国家的优惠程度不同，多数国家对建设期间和运营期间进口的设备和备品备件，豁免关税，但有些国家由于当地行业保护的需求，一定程度限制了进口物资的比例。具体情况视所在国税收规定。

④技术参数

竞标类投资项目在招标时候会设定技术和环境保护要求，为保证中标及合同谈判的灵活度，在投标文件中，应响应性地、尽量少提出具体参数，并且避免为中标提交高标准技术参数及承诺承建非生产性设施和公共设施。在合同谈判前，将影响产品价格的技术参数详细整理下，尽量通过合同谈判争取将有利的技术参数落实到合同中。如供电点的确定、可用系数等指标、涉及并网安全运行的技术指标等。尤其注意某些国家煤的热值习惯用的是高位发热量，须换算成低位发热量后再计算，如印度尼西亚、日本、德国等。

BOOT模式下与政府关于建设的协议主要规定了项目公司需要遵守的进度、质量标准、环境标准等，政府一般不承担过多的其他义务，但拥有监督检查的权利。如印度尼西亚国家电力公司下设两个工作机构，即PLN－ENGI-NEERING（PLNE）和JMK，PLNE分别负责质量、技术管理与进度管理，还聘请了一家德国顾问公司协助其管理。为保证项目的顺利实施，投资人对EPC承包商的选择一定要考量当地同类工程的施工经验，EPC合同的工作范围须是一个完整的EPC交钥匙工程。EPC合同项下的分包须考虑当地施工队伍的实际能力，可配备机动施工力量作为技术指导和监督队伍，以便随时提供可靠的支持。如印度尼西亚法律明确规定工程建设中须保持一定比例的当地劳工成分，但当地劳工劳动技能不高，虽然可以做些小工程，但效率低，节假日又多（宗教的和国家的），工期紧时须考虑备用力量来加强。

IPP项目实施中各方的合同是环环相扣的，工程建设监理合同也不容忽视。在签订和履约时要注意几个关键合同的一致性，进度、质量标准、索赔期限及违约责任的约定应一致，否则会使项目公司处于不利的履约境地。

在"一带一路"政策的引领下，中资公司境外投资电厂如能从项目前期工作开始，做到合理规划、科学设计、精细管理、有效控制，一定能减少浪费打造一个可持续发展的精品项目。

5.2.2 印度尼西亚 PPP 项目采购流程

(1)印度尼西亚 PPP 模式概述

对于印度尼西亚的基础设施开发,公私合作模式(PPP)方案通过政府与私营部门合作/合伙的方式共同开展基础设施项目建设。2015 年关于基础设施采购中政府与企业实体之间的合作的第 38 号总统条例(PR 38/2015)阐述了政府与私营部门之间就特定基础设施的开发而建立合作模式的机制。

根据 PR 38/2015,可以 PPP 模式进行开发的基础设施类型包括 19 个部门。PR 38/2015 规定中提到需要起草并颁布实施条例。

PPP 项目是由政府决定的,通过相关政府承包代理(GCA)以及企业实体(私营部门)之间的协议(合同)进行开发与融资的基础设施项目。在政府授权后,私营部门负责设计工作、施工、项目融资以及运营。PPP 合同通常采用相对长期的合同期限,以使私营合作伙伴能够收回投资。

PPP 合同的基础是政府(通过 GCA)和私营公司之间共同分担/分配风险,将各类风险分配给相对更具控制、管理、预防或处理能力的一方。PPP 项目的形式可以是基础设施的运营、维护或基础设施融资、供应和运营方面的协议。

PR 38/2015 规定中的 PPP 项目的政府承包代理("GCA")可能是相关部长、机构负责人或地方政府负责人(根据基础设施项目的性质而定),其可能在基础设施项目建设中与私营实体合作。

多年来,"国家发展规划机构"(BAPPENAS)定期发布《公私合伙模式手册》(Public Private Partnership Handbook,可在其网站上获得该手册)。其包含了以 PPP 模式建设的项目的可靠信息。手册可供拟在印度尼西亚寻找 PPP 建设项目投资机会的投资者参考。[①]

(2)印度尼西亚的 PPP 采购流程

①PPP/招标过程的启动

一般而言,所有以 PPP 模式开的项目都必须进行招标。只有以下情况可直接授标:

---

① 东盟 PPP 模式及采购流程:以印度尼西亚为例[EB/OL]. 搜狐网,https://www.sohu.com/a/230972009_610982.

先前已建成和/或由相同开发商运营的基础设施；

需采用新技术且只有一个开发商可提供此技术的项目；

开发商拥有或控制实施 PPP 所需的大部分或全部土地的项目。

PR38/2015 规定以下各方可发起 PPP 项目：

政府（通过部长或政府机构负责人，或者地区政府负责人）；

国有企业或地区所有企业；

有限责任公司、外国法人实体和合作企业；

如果项目的发起者是一家有限责任公司，其在招标过程中可享有以下福利：

固定的 10% 的额外分数；

与最具希望的投标人配对权利；

购买项目的权利。

②土地征收

PPP 模式的主要特点是私营实体和政府在项目实施过程中分担风险。基础设施建设的主要风险通常发生在土地征收过程中。然而，可通过政府开展土地征收应对这种风险。

在此方面，PR38/2015 规定，PPP 项目的土地采购将由政府依照公共基础设施项目土地采购的法律法规执行，而 2015 年第 30 号《关于推动公共项目用途的土地征收的总统条例》对此举措做了进一步规定。

③合伙协议

为落实 PPP 方案，法规规定 GCA 和企业实体之间需要签署合伙协议（per-janjiankerjasama）。法规规定合伙协议必须至少包括以下事项的规定：

工作范围；

时期/期限；

履约担保；

关税以及关税调整的机制；

订约方的权利和义务，包括各方之间的风险分配；

服务绩效标准；

商业化运营开始前的股份转让；

如果任一方不履行协议规定将会受到的制裁；

协议的取消或终止；

资产的所有权状况；

争端解决阶段的机制，通过商议、调解和仲裁/法院诉讼等方式解决争议；

在采购过程中，企业实体绩效的监管机制；

工程和/或服务的变化机制；

政府和贷款人的收购权机制；

基础设施资产的使用权与所有权和/或相关方对此的管理；

基础设施资产的返还和/或相关方对此的管理；

不可抗力；

按照现行法律法规，协议各方的声明和保证是有效的，并对各方都具有约束力；

该协议以印度尼西亚语书就，或如有需要，协议可同时以印度尼西亚语和英语（作为官方翻译）编制，并且未来在印度尼西亚管辖区域解决纠纷时须使用印度尼西亚语；

适用法律，即印度尼西亚法律。

④基础设施项目的类型

根据 PR38/2015，能够使用 PPP 模式开发的项目包括：

交通基础设施；

公路基础设施；

水资源和灌溉基础设施；

供水基础设施；

集中式污水管理基础设施系统；

当地污水管理基础设施系统；

废弃物管理基础设施系统；

电信和信息基础设施；

电力基础设施；

石油、天然气和可再生能源的基础设施；

能源节约基础设施；

城市基础设施；

教育基础设施；

体育和艺术基础设施；

区域基础设施；

旅游基础设施；

卫生基础设施；

监狱基础设施；

公共住房的基础设施。

根据 PR38/2015，在单个 PPP 项目中有可能包含两种或多种类型的基础设施。在这种情况下，有权监管各个基础设施部门的相关部长、机构负责人或地区政府负责人将共同作为 PPP 项目的政府承包代理（GCA）。他们将与私营部门合作伙伴签署一份谅解备忘录（MoU），该备忘录一般至少包含以下条款：

作为 GCA 协调人的政府方；

PPP 项目的准备、交易以及管理过程中的任务分配及预算分配；

PPP 项目的实施期限。

⑤政府支持

采用 PPP 模式的一个好处是政府会为 PPP 项目提供不同形式的支持：

· PR38/2015 规定"政府支持"（Government Support）是由相关部长或机构负责人或地区政府负责人依据其职权，并根据适用的法律法规，给予的财政或非财政帮助，以提升 PPP 方案的财务可行性与效率。

· PR38/2015 进一步规定"可行性支持"（Viability Support），指财政部部长以财政资助的方式为 PPP 项目提供的政府支持。

· 相关部长、机构负责人或地区政府负责人可根据 PPP 活动的范围给予政府支持，该等支持需要在任命企业实体作为合作伙伴的招标文件中进行明确说明；

· 财政部部长有权根据相关 GCA 的建议提供以下几种形式的支持：可行性支持和/或税收优惠。可行性支持受到财政部（MOF）颁布的有关可行性临时通融基金（Viability Gap Fund）的 223/PMK.011/2012 号财政部法规（MoF 法规 223/2012）的特别规制。该 VGF 是项目开发商的融资来源。

⑥政府担保

PPP 项目享有的另一个关键好处是项目可通过印度尼西亚基础设施保证基金(IIGF)或 PT Penjaminan Infrastruktur Indonesia(PII)来获得政府担保。该担保是由政府(由财政部代表)针对 GCA 的相关付款义务为保障私营部门合作伙伴的利益而提供的。该政府担保是在考虑国家预算中融资风险的管理和监管原则的前提下提供的。应注意的是,政府担保仅针对明确载于相关担保协议中的合伙协议项下的 GCA 义务提供。

PR38/2015 声明:政府担保的所有形式、类型和方法都将受到财政部即将颁布的法规的进一步约束。目前所适用的法律规定要求必须有担保协议到位,并须由政府签署以涵盖 GCA 的付款义务,从而保障私营部门合作伙伴的利益。政府担保涵盖了可能产生的有关 GCA 付款义务的风险。

法规要求在以下条件下提供担保:

a. 相关合伙协议至少包含以下条款:

·按照风险分配原则进行订约各方的风险分配;

·订约各方作出的相关缓解风险的努力以防止出现风险,并在风险发生后努力减少其影响;

·GCA 的支付义务金额,或如在签署合伙协议时这一金额还未能予以确定,则规定 GCA 的支付义务金额的计算方法;

·为 GCA 提供足够长的时间以履行其支付义务,包括宽限期;

·采取公平的程序以便确定 GCA 无法履行其支付义务的情况;

·纠纷解决程序——替代性争议解决和/或仲裁方式为解决争议的优先选择;

·管辖法律应为印度尼西亚法律。

b. GCA 已经:

·发布了有关合伙协议有效性的声明函;

·给予保证人书面形式的承诺,表示其将尽其最大努力来控制、管理、防止和减少风险的发生(保证人与 GCA 须另行签署这种书面承诺)。

c. 根据印度尼西亚基础设施保证基金(IIGF)(即担保人)的资本充足情况提供担保。

授予基础设施担保的程序:在启动选择私营合作伙伴的采购流程之前,

GCA 将向作为担保人的 IIGF 提供有关担保的建议书,担保人将根据此建议书做出担保决定。在接受或拒绝该建议书之前,IIGF 必须对此建议书进行评估并且在评估期间,IIGF 可要求 GCA 提供更多的文件,修改建议书和/或合伙协议中的规定以符合 GCA 提议的担保范围,或修改合作项目的技术和财务可行性。根据评估结果,IIGF 可以接受或拒绝该建议书。在担保值超过 IIGF 资本充足性的情况下,财政部可能基于风险分配参与担保。

在评估建议书后,IIGF 可发布"接受声明",其中包括担保范围,但是在签署担保协议前此类接受声明对 IIGF 不具有法律上的约束力。担保协议应由 IIGF 和企业实体合作伙伴在合伙协议签署的同时签署,或在签署合伙协议后签署。

为使财政部参与共同担保,IIGF 必须(a)将建议书提交至财政部;(b)向财政部提供建议书评估结果及;(c)提供有关风险划分的建议。

索赔的提交和处理:在 IIGF 已告知私营部门合作伙伴 GCA 已经承认未能履行付款义务,或 GCA 未能在预先确定的时间段支付私营部门合作伙伴所提供发票金额的情况下,私营部门合作伙伴可根据担保协议向 IIGF 提出索赔。IIGF 将审查索赔,以确保该索赔在担保范围之内,并确保 GCA 及私营部门合作伙伴之间不存在有关发票的争议。

如各方之间存在争议,争议将通过双方在合伙协议下商定的争议解决方法予以解决,并依据解决结果,IIGF 履行其担保义务。

基础设施担保服务的费用:IIGF 将向 GCA 收取担保费用,收费金额一般通过考虑其作为担保人所支付的基础设施风险的补偿金额、为提供担保而产生的费用和获取合理的利润率等因素综合确定。

关于印度尼西亚基础设施保证基金(IIGF):IIGF 是由政府设立的公司。IIGF 必须具有充分的资本、独立性、偿付能力和可靠的管理,以获得更高的主权评级或与投资等级同等的级别。为增加其可信度,IIGF 可与跨国金融机构或其他任何具有相同目标的第三方合作。为此,财政部可能会为跨国金融机构或其他任何第三方提供反担保,而此种或有负债必须在国家收支预算(APBN)中报告。

用于 IIGF 担保的资金来自 IIGF 的资产基金,而这些资产来自政府的资金投入。财政部必须通过 APBN 机制向 IIGF 的资产注资。

(3)案例分析:中爪哇燃煤电厂项目

中爪哇项目是首个以 PPP 模式实施的基础设施项目。PLN(一家国有企业)和作为 IPP 公司的 PT Bhimasena Power Indonesia(BPI)签署的电力购买协议(PPA),即为旧有 PPP 法规项下定义的合伙协议。

中爪哇电力购置协议于 2011 年 10 月 6 日签署。其条款包括在中爪哇省建设一个总产能 2 000 兆瓦的燃煤电厂以及为 PLN 提供 25 年的电力。项目总成本大约为 40 亿美元。中爪哇项目是采取 BOOT(建设—拥有—运营—移交)模式的 PPP 电力项目。

2011 年 10 月 6 日,印度尼西亚共和国(由财政部代表)、IIGF 和 PTBPI 共同签署了担保协议。

通过颁布 PR38/2015,印度尼西亚政府将继续评估和加强 PPP 制度。印度尼西亚有望通过 PPP 项目来提高其经济发展水平。作为制定各项政策的当局,以及在基础设施开发中与私营部门合作伙伴结成伙伴关系的 GCA 所负有的义务的担保人,印度尼西亚政府在印度尼西亚 PPP 框架上起到重要作用。

5.2.3　印度尼西亚 IPP 项目运作流程

(1)印度尼西亚 IPP 项目运作模式

对于一个 IPP 项目,其典型运作模式为:项目出资人成立特殊目的公司(SPC)作为项目公司,并投入资金形成公司的股权。项目公司成立后再分别与 PLN 签订购电协议 PPA,与贷款出借人签订融资协议。项目公司获得资金后,与燃料供应商签订燃料供应协议,并将项目发包给 EPC 承包商建设,项目建成后再由 EPC 承包商移交给运营维护(O&M)承包商进行运营。项目运作期间将所发电能根据购电协议出售给 PLN,所收款项分别用于支付开支,派发红利和偿还贷款等。具体如图 5—2 所示:

在印度尼西亚开发一个 IPP 项目主要包括以下阶段:资格预审、招标邀请、签订意向书、签订购电协议、融资、开始商业运营、合同终止,具体如图 5—3 所示。[①]

---

① 全面解读印度尼西亚独立发电商(IPP)项目[EB/OL]. 厦门华气信息咨询有限公司. http://www. hqhunt. com/energydetail? article_id=1179.

项目出资人
(股权)
股东贷款
协议
印度尼西亚
国家电力
公司PLN
投资出借人
融资协议
特殊目的公司
(SPC)
购电协议(PPA)
优先债务
燃料供应协议
运行维
护合同
EPC协议
燃料供应商
运行维护
(Q&M)承包商
EPC总包商

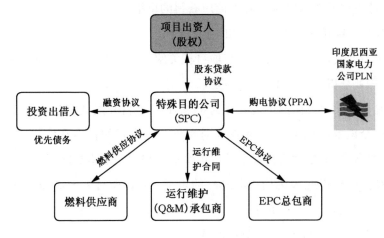

图 5—2　IPP 项目运作模式

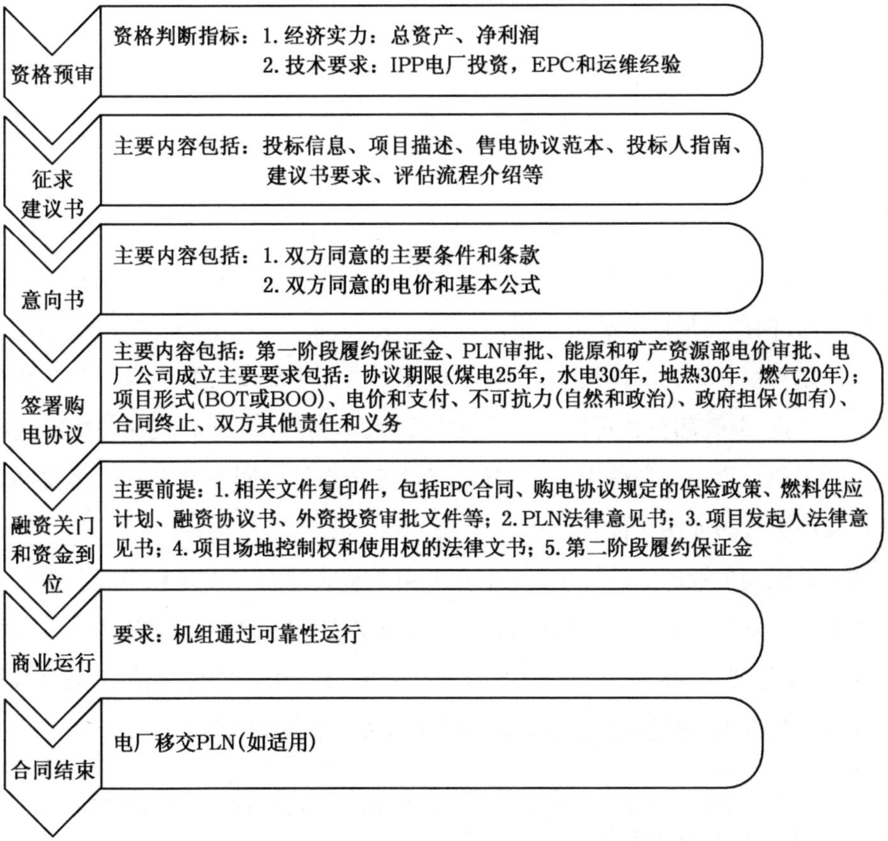

资格预审
资格判断指标：1. 经济实力：总资产、净利润
2. 技术要求：IPP电厂投资，EPC和运维经验
征求
建议书
主要内容包括：投标信息、项目描述、售电协议范本、投标人指南、
建议书要求、评估流程介绍等
意向书
主要内容包括：1. 双方同意的主要条件和条款
2. 双方同意的电价和基本公式
签署购
电协议
主要内容包括：第一阶段履约保证金、PLN审批、能原和矿产资源部电价审批、电
厂公司成立主要要求包括：协议期限(煤电25年，水电30年，地热30年，燃气20年)；
项目形式(BOT或BOO)、电价和支付、不可抗力(自然和政治)、政府担保(如有)、
合同终止、双方其他责任和义务
融资关门
和资金到
位
主要前提：1. 相关文件复印件，包括EPC合同、购电协议规定的保险政策、燃料供应
计划、融资协议书、外资投资审批文件等；2. PLN法律意见书；3. 项目发起人法律意
见书；4. 项目场地控制权和使用权的法律文书；5. 第二阶段履约保证金
商业运行
要求：机组通过可靠性运行
合同结束
电厂移交PLN(如适用)

图 5—3　印度尼西亚 IPP 投资商务流程

（2）印度尼西亚 IPP 项目开发商应获得的审批①

①IPP 项目开发商作为卖方和承包商

在项目开发过程中需要获得与项目相关的一系列审批。IPP 项目开发商作为卖方，需要获得以下六个方面的审批。

一是公司设立方面的审批。作为卖方，IPP 项目开发商在公司设立方面需要获得两个审批：一是法律与人权部对卖方公司章程的批准文件；二是公司在贸易部的公司登记处对公司设立的公证书进行登记的证明文件。

二是国家投资统筹机构（BKPM）的审批。IPP 项目开发商需要获得四个 BKPM 的审批：BKPM 授予的外国投资许可证并且/或者"原则性许可证"；BKPM 主席或者人力与移民部出具的雇佣外国个人工作许可；BKPM 主席出具的针对进口资本产品的总清单的"原则性许可证"和对资本产品减税的决定；BKPM 主席出具的进口生产商识别号。

三是与离岸贷款相关的申报义务。如果 IPP 项目涉及离岸贷款，那么 IPP 项目开发商需要履行以下申报义务：根据印度尼西亚央行第 12 号（2010 年）和第 13 号（2011 年）命令，向印度尼西亚中央银行申报；根据财政部第 59 号和 261 号命令，向财政主管部门申报；根据第 39 号总统令（1991 年），向 PKLN 团队申报并获得其同意；根据印度尼西亚央行第 13 号命令（2011 年），当要提取离案贷款时，向印度尼西亚央行申报。

四是与税务相关的审批。作为卖方，IPP 项目开发商需要获得三个与税务相关的审批：财政部税务司出具的卖方纳税人识别号；财政部关税与货物税司出具的关税与货物税身份识别号；财政部税务司出具的同意卖方将所得税和增值税集中申报的证明文件。②

五是相关主管部门的许可。IPP 项目开发商在项目开发过程中应获得以下三个相关主管部门的许可：试运行测试后，由电力与能源利用司出具运行可行性证书；运行某些特定设备和工具时，需获得能源与矿产能源部或者人力与移民部颁发的许可；电站试运行后，需获得电力供应业务许可证。

① 全面解读印度尼西亚独立发电商（IPP）项目［EB/OL］. 厦门华气信息咨询有限公司 . http://www. hqhunt. com/energydetail? article_id=1179.

② 全面解读印度尼西亚独立发电商（IPP）项目［EB/OL］. 厦门华气信息咨询有限公司 . http://www. hqhunt. com/energydetail? article_id=1179.

六是地方政府机构的批准。IPP 项目开发商作为卖方,在项目开发过程应获得以下地方政府机构的批准:地方政府推荐的环境影响评估报告(AMDAL/UKL/UPL);地方政府机构出具的建造批准;如果项目建设过程中可能存在妨害行为,则需获得相应的批准;如果项目涉及对河流或水域的利用以及污水排放,则需获得市政府出具的批准;如果项目涉及持有、转移、存储和利用危险废物,则需获得地方环评局出具的批准。

②IPP 项目开发商作为承包商

IPP 项目开发商作为承包商,需要获得以下审批:市政工程部授予给外国承包商通过联合运营的方式来开展项目建设的许可证;财政部税务司出具的所得税纳税人登记号;财政部税务司处出具的承包商确认号;印度尼西亚西爪哇省的主管机关和地方政府机关出具给承包商的从事工程建造的建设许可证;运行某些特定设备和工具时,能源和矿产资源部或者人力与移民部颁发的许可;作为国家级承包商承包工程建设时,获得国家建造服务许可证——IUJKN;在项目建造和试运行期间,由人力与移民部出具给承包商的雇佣外国个人工作许可;财政部关税与货物税司颁发的临时性进口与工程建造有关的设备或者材料的许可。

5.2.4　印度尼西亚 PLN 对 IPP 电力采购流程

根据 MEMR 第 1 号(2006 年)和第 4 号部委规章(2007 年),PLN 向 IPP 购电有三种采购方式,分别为直接委托、直接筛选和公开招标。①

(1)直接委托

PLN 通过直接委托的方式向 IPP 购电需要满足下列条件之一:可再生能源、矿口煤电、地方能源、电力过剩、扩建项目或能源危机条件(经电力许可证持有者申请,由电力总局代表 MEMR 来决定)。直接委托方式一般适用于煤电可再生能源项目(小微水电)、地热项目、生物发电项目、风电项目和太阳能发电项目。直接委托方式购电的电价根据谈判结果或者 MEMR 颁布的可适用法律确

---

① 全面解读印度尼西亚独立发电商(IPP)项目[EB/OL]. 厦门华气信息咨询有限公司 . http://www.hqhunt.com/energydetail? article_id=1179.

定。直接委托方式的采购流程如图 5－4。①

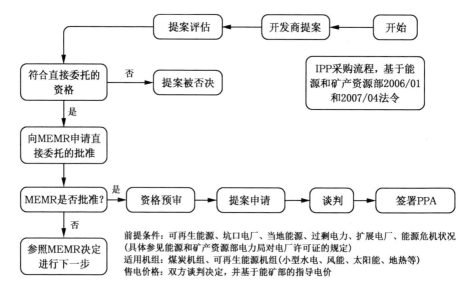

图5－4 PLN 直接委托方式向 IPP 购电流程

（2）直接筛选

PLN 通过直接筛选的方式向 IPP 购电需要满足下列条件之一：属于非燃料性石油的各种能源；当系统中有超过一个直接委托的提案时，提案中的装机容量超过所需的额外装机容量。直接筛选方式一般适用于非燃料性石油生产商，购电的电价为投标人中提交的最低价。直接筛选方式的采购流程如图 5－5。

（3）公开招标

当 IPP 项目不符合直接委托、直接筛选或者 PLN 要求进行公开招标时，PLN 通过公开招标的方式向 IPP 购电。公开招标的方式适用于所有类型的电站，购电电价为投标人中提交的最低价。② 直接筛选方式的采购程序如图 5－6所示。

根据 MEMR 的规章，通过公开招标的方式进行装机容量在 15 兆瓦以上的

① 全面解读印度尼西亚独立发电商（IPP）项目［EB/OL］. 厦门华气信息咨询有限公司. http://www. hqhunt. com/energydetail? article_id＝1179.

② 全面解读印度尼西亚独立发电商（IPP）项目［EB/OL］. 厦门华气信息咨询有限公司. http://www. hqhunt. com/energydetail? article_id＝1179.

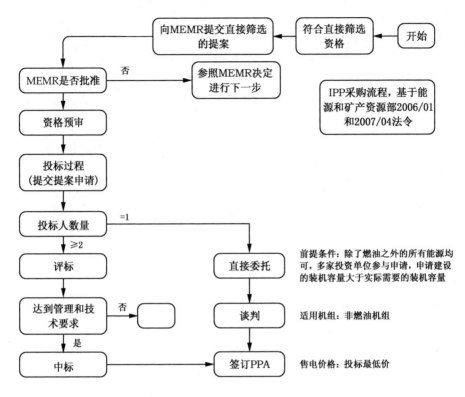

图 5—5　PLN 直接筛选方式向 IPP 购电流程

IPP 采购自采购公告起至 PPA 签订整个过程需要 321 天,且在资格预审和投标过程中没有反复。①

5.2.5　印度尼西亚工程总承包方式(EPC)项目流程

　　EPC(Engineering-Procurement-Construction,设计-采购-施工),是指根据业主委托和合同规定工程总承包企业对工程项目的勘察、设计、采购、施工等实行部分或全部的承包,并且全面负责承包工程的质量、造价、工期等。一般通过招标、投标方式获得,也有一少部分工程是通过谈判协商的方式委托给在当地市场拥有良好信誉的企业。标准化的过程控制与程序及称职专业的分包商是关键。

　　① 全面解读印度尼西亚独立发电商(IPP)项目[EB/OL].厦门华气信息咨询有限公司.http://www.hqhunt.com/energydetail? article_id=1179.

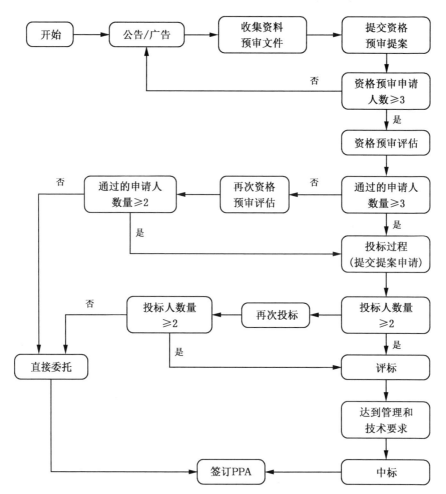

前提条件：除了燃油之外的所有能源均可，多家投资单位参与申请，
申请建设的装机容量大于实际需要的装机容量
适用机组：非燃油机组
售电价格：投标最低价

图 5—6 PLN 公开招标方式向 IPP 购电流程

EPC 项目投标,外国公司必须在印度尼西亚成立有限责任公司或代表处并取得印度尼西亚公共工程部颁发的承包工程准字,方可与项目业主签约。外国承包商在印度尼西亚执行承包工程需获得许可,其印度尼西亚合作伙伴必须是具有 A 级资格的印度尼西亚承包商协会或印度尼西亚承包商联合会成员。

（1）EPC方式的特点

①业主、建筑师、承包商都将工程视为一种投资，充分发挥市场机制的作用。为获得参与竞争的经济效益，通常将项目分成相对独立的几个工作包。

②主要依靠运用广泛的成熟技术，保证项目的系统性和有效性，以使设计和施工中减少重复劳动率。

③项目管理的组织模式和对成员素质的要求也是保障项目成功的重要因素。工程项目的公司通常采用矩阵式结构，以工作组的形式运作，并由项目经理全面负责。虽然项目经理不需要很高的专业技术，但要求其具有综合协调管理能力，而这些综合知识的要求比普通的项目管理要高得多。

（2）EPC运作过程

EPC的主要方式，如图5－7所示。

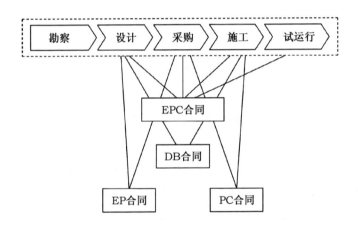

图5－7　工程总承包方式（EPC方式）

从图5－7中可以看出，EPC方式主要包括设计、采购、施工、试运行等工程项目，工程总承包企业全面负责承包工程的质量、造价、安全和工期。交钥匙总承包是EPC的外延，目的是向业主提交一个满足和具备使用条件及功能的工程项目。

（3）EPC项目注意事项

国际EPC总承包以合同签订为界，分为开发阶段和执行阶段。开发阶段最重要的成果是EPC总承包合同，为执行阶段的设计、采购及施工管理提供依据。因此，相比项目执行阶段方式和方法的研究，研究项目开发阶段的关键问题及应对策略更为必要。国际 EPC 总承包开发阶段包括标前、投标及合同谈判 3 个阶段。根据项目开发的进展情况,总承包商在不同阶段要关注的焦点各有侧重。

①EPC 项目开发阶段

标前沟通。有效的标前沟通是国际 EPC 项目开发的基石。标前沟通是国际 EPC 项目开发阶段的基础性工作,在此阶段了解业主是否具备招标条件极其重要。项目招标前,总承包商应与业主有效的标前沟通,确认业主是否已获得各项批准。如果业主未能及时提供证明,总承包商则应在投标阶段对该部分风险进行合理评估,在工期和报价中留有裕度。此外,考虑到项目融资晚于合同签订的情况较普遍,总承包商应请业主提供融资进度计划,在项目正式启动前避免大量垫资的发生。

项目标前沟通时,总承包商需了解项目背景和进展情况,重点关注业主是否具备总承包招标的必要条件,包括购电合同(Power Procurement Agreement,PPA)的签订、政府批文及环评报告的批准、项目土地所有权的获取、项目融资的完成等。上述信息需业主的书面证明,以确保其真实性和可靠性。[①]

投标方案。有竞争力的投标方案是国际 EPC 项目开发成功的前提。总承包商开发人员在投标阶段应仔细阅读并掌握招标文件要求,汇总核心问题,结合公司内部机构和职能分工,分解工作,通过团队合作,最终完成综合投标方案。此阶段的核心问题,包括质量要求中的设计标准和性能考核,工期的开、完工条件,以及投标报价部分的资金需求计划。

工程建设标准对工程总体的造价影响巨大,在业主进行购售电协议(Power Purchase Agreement,PPA)谈判时就预判到标准的风险,积极协助业主把相应标准写入 PPA 中。质量方案招标文件要求设计标准采用美标或英标。总承包商基于自身国内电厂设计经验丰富的优势,建议业主接受等同或高于国际标准的我国国标。投标方案最终获得业主认可,为执行过程中使用国标进行设计提供了便利条件。

工期条件。总承包商在编制投标方案时,须仔细研究开工和完工条件。如

---

① 郭维平,严雨思,高平. 基于马来西亚 IPP 电站项目 EPC 总承包开发阶段的实践与探索[J]. 顶级项目管理技术,2012(6):113-115.

果业主融资未确定,场地没按要求移交、相关施工许可不具备时,总承包商则应拒绝接受或默认"项目开工",同时还须注意招标文件对商业运行和项目完工的界定,应尽量将商业运行时间作为完工日来编制投标方案,以避免其他外围工作压缩实际施工和调试时间。

报价策略。总承包商在投标报价时,可通过优化付款里程碑及其比例,在投标固定总价不变的情况下,基于资金时间价值理论增加实际收款额。

合同谈判。合同谈判既是项目开发阶段的成果,也是闭合开发过程、降低风险的重要环节。它作为标前沟通和投标方案的总结和完善,须特别注意前两个阶段遗漏风险的识别和控制。近年来,国内总承包商因忽视汇率变动及恶性通货膨胀问题,造成巨额亏损的案例不在少数。因此在该阶段,EPC 总承包商应就恶性通货膨胀及汇率变动问题与业主进行重点磋商,补充和完善合同条款。

结合国内总承包商近年在国际项目 EPC 总承包的谈判实践,恶性通货膨胀与汇率波动已成为需要特别关注的重大商务问题,应引起足够重视。总承包商可通过合同谈判,增加相应的调价条款,将风险控制在可接受的范围内。①

②EPC 项目设计阶段

EPC 承包商要想在履约过程中具备更高的项目管理水平,首先需要了解国际 EPC 项目设计管理工作中各个阶段的工作重点,把握好每个阶段的设计管理工作重点才能进一步控制风险,降低风险的发生。EPC 项目设计管理工作主要有四个阶段:发起阶段、准备阶段、实施阶段、结束阶段。各个阶段的项目设计管理工作重点各有不同,每个阶段的重点都不可忽视,要了解各个阶段的工作重点,从而尽可能减少风险。

发起阶段。国际 EPC 项目承包商大多会给业主提供前期可行性分析、方案设计等服务,在这个阶段 EPC 项目设计管理工作要重点了解业主需求,然后合理运用自身资源,为业主提供个性化的方案设计服务,满足业主要求。在 EPC 项目设计发起阶段就尽可能满足业主需求,与业主达成一致的协议,从而可以更好开展后续工作。初步方案设计过程中也要注意经济与技术的有效结

---

① 郭维平,严雨思,高平. 基于马来西亚 IPP 电站项目 EPC 总承包开发阶段的实践与探索[J]. 顶级项目管理技术,2012(6):113—115.

合,在满足业主需求的前提下,使方案设计发挥最大的效益。在 EPC 项目初始阶段就做足工作,才能保证项目后期阶段的顺利进行,从而尽可能避免项目履约过程中的风险。

准备阶段。EPC 项目准备阶段也是 EPC 项目设计管理工作中的一个重要环节,本阶段设计管理工作重点在于在满足业主要求的前提下,根据项目的要求和实际情况,确定合适的设计牵头单位,制定出初步的设计方案,编制清单和提交项目概算,根据实际状况对方案不断进行调整和完善,制定出最经济可行的设计方案,增强项目的投标竞争力。业主除对项目的安全性有基本要求外,还注重项目的效益。因此,项目准备阶段必须注意将经济与技术合理的结合,同时要在满足业主基本要求的情况下,追求最佳的投资效益,在符合市场水平的要求下进行最合理的报价。在该阶段一定要把握住以上重点,增强投标竞争力,合理报价。

实施阶段。EPC 项目设计管理的实施阶段中,管理的重点是在满足进度要求、设计质量、投资控制的前提下,进行详细的 EPC 项目设计。在项目设计前期阶段,完成初步方案设计;在项目实施阶段,将方案交给业主工程师进行审查,如果满意方案并审查通过,那么就可以进行详细的方案设计,否则,就将方案进行修改,直到通过审查之后才可进行详细的方案设计。项目设计过程和审查过程中,EPC 项目设计承包商应准备相应的数据文件,例如设备的应用范围和主要的技术参数等,以便进行数据的分析整合和项目的审查。对于实施过程中可能出现的技术变更要提前进行方案评估,如果因为技术条件发生变化,就要根据可行性和实际经济性进行调整,在进行变更后对设计文件进行修改完善,最后提交最终的完整版文件。

针对本阶段的一个重点管理因素是限额设计。EPC 项目的限额设计就是在满足要求的前提下,尽可能地按照预算进行分配控制资源的使用。在初步方案设计过程中,严格按照总承包商制定的投资预算进行设计;在项目的施工图的设计过程中,严格按照提交的总概算进行设计,从而能够合理地控制整个项目的预算。严格控制各个环节的设计预算,保证预算的合理使用,减少不必要的浪费,从而保证不超过预算总限额,达到 EPC 项目设计管理过程中的预算使用控制。

结束阶段。EPC 项目设计管理的结束阶段的管理重点在于项目完工的审核和准备相关竣工文件、进行项目预试验和项目预试验的准备工作并同时编写操作手册等。对相关的管理人员进行培训，保证技术人员的专业技术水平，对预试验工作进行合理的安排和管理，保证预试验工作的顺利进行，同时记录好预试验的试验数据，根据试验结果，对项目进行严格的审查。审查通过后，跟EPC项目总承包商有序地进行项目的验收及结算，保证整个项目顺利的完工。在EPC的项目结束阶段中项目预试验工作必不可少，预试验工作的开展可以有效地发现项目实际操作过程中可能出现的技术问题，对预试验工作进行数据记录，并且对试验数据进行详细的分析，保证项目的可靠性和可行性，同时对数据进行保存，一旦后续出现状况，以便于更好地处理解决。[①]

③EPC项目采购阶段[②]

据统计，近些年中国企业所承揽的海外项目85%以上为EPC项目。而对施工企业海外项目而言，材料成本一般占到工程成本的60%～70%，物资采购与供应管理的好坏直接关系到项目和企业的成败。结合近年来在海外物资采购与供应管理方面的实践，建议EPC采购阶段做好如下工作：

完善管理制度，提高项目运作效率。项目开展可遵循如下原则：

权责一致原则。一支项目团队高效的执行力，往往来自集权与分权合理。只有当组织内成员拥有相应的权力来处理项目中日常事务，才能更多地激发一线管理人员的工作激情和主观能动性，锻炼项目管理人员解决问题的能力。

建立高效团队和有效的沟通机制。海外EPC项目是一个庞大的复杂系统工程，在项目执行中往往容易出现矛盾和争议，当遇到冲突争议的时候，通过沟通机制可将矛盾控制在可接受的范围内并得到妥善的处置。同时，完善合理和科学的争端解决机制也是整个项目执行力的重要保障。

建设学习型组织。面对各种复杂的项目管理问题，只有团队树立"终身学习和持续改进"的理念，才能不断增加新的知识和技能储备。要坚持以公司培训为主，鼓励个人学习发展为辅，同时兼顾不同人群的学习需求，制定出个性化的培训方式和内容。从当前先进企业的成功经验来看，只有长期不懈地将培训工作坚持下去，才能不断提高整个项目团队的战斗力。要科学地进行对标管

① 郭维平,严雨思,高平. 基于马来西亚 IPP 电站项目 EPC 总承包开发阶段的实践与探索[J]. 顶级项目管理技术,2012(6):113—115.
② 钱卓,余文成. 海外 EPC 项目物资采供问题与建议[J]. 施工企业管理,2020(2):70—73.

理,同国内外同行业的先进企业进行交流学习,积极吸收各种先进的管理理念,找出自身的差距。要鼓励和提倡各项目团队以各种形式(专题研讨会或内部交流会等)进行工作和管理经验的交流与分享,将实践中的成果提炼并转化为全公司的共识,从而提高整体的海外工程项目管理水平。

优化组织结构,降低项目整体沟通成本。根据 EPC 海外工程项目现行采购组织的不足以及项目对采购组织从供应链整体角度的需求,可以在项目原有组织架构上衍生建立一个动态的采购中心(突出采购与物流协同),吸收及合并"原有科室"的部分交叉职能,以提高整个供应链的运作效率,特别是作为项目部的采购中心转变为集成化功能的对外沟通和管理的窗口,可提高与各节点企业开展业务协同工作的反应速度。

采购小组:主要负责设计与厂家的技术沟通与协调,参与供货厂家的合同签订,参与厂家的见证点及重要节点试验,参与驻厂监造及进度控制。

运输小组:主要负责货物的物流方案的策划和执行,整体物资进度计划的控制;参与货物的催交与发运监装,物资的仓储管理和移交工作(业主、总包方、施工方)。

合同控制小组:主要负责合同控制和成本控制,供应链合作伙伴的合同支付,协调与其他部门的合同接口关系,供应链成员的绩效评价。

挖掘物资管理成本潜力。具体可采取以下措施:

降低采购成本。细化项目前期物资策划,及早制定采购总计划。鉴于物资采购队伍年轻、经验欠缺,必须对新开工项目加大前期引导管理力度。特别是在项目筹建初期选派有经验的物资人员协助项目物资部,从制度、计划、采购、配送、清关、验收再到核算等管理流程搭起一套规范的框架。项目进场初期,物资主管根据物资、设备总计划,结合项目现场具体要求,初定大宗物资、设备等的总数量、到货时间、到货批次等等。

做好物资分类。根据物资的 ABC 分类法,将占总价值70%~80%的材料划分为 A 类,再将仅占10%~20%价值的材料划分为 C 类,其余材料为 B 类。可以得到施工企业物资需求的 ABC 分类。

加强大宗物资全球采购。对于在采购总成本中占比最大,但品种最少的 A 类材料,要加强采购的管控力度。全球采购专员的设置为施工企业海外项目大宗物资全球采购提供了可能,也是国际化公司降低原材料成本必须要迈出的一步,但是仅仅设置采购专员是不够的,还要运用一定的采购策略。

与供应商建立战略合作伙伴关系。通过不断筛选及评价,逐步与体系评价优、合作良好的供应厂商建立共担风险、共享利益的长期战略合作伙伴关系。确保与供方之间的相互信任和信息透明,并与供方在观念上达成一致,明确各自的权利和义务。

集中采购。在不影响项目使用的情况下,物流公司整合多个海外项目需求交由同一家跨国公司供应,利用其在不同国家、地区强大的资源整合能力降低采购价格,保障物资供应。同时,在某些设计施工总承包项目中减少大宗物资规格型号,可以大大减少供货厂商数量,体现规模优势,降低全球采购成本。

"价格低谷"采购。"价格低谷"采购是指通过价格走势和国际经济形势的综合判断分析选取价格的低位期采购。"价格低谷"采购同样能够有效地降低采购成本,但需要物流公司对市场供应信息的收集和敏锐分析判断,对资金也提出了更高的要求。

降低国内物资出口成本。在现有的国际贸易政策下,国内物资出口成本涉及陆运费、仓储费、关税、出口退税、海运费多个成本因素,有很大费用节约潜力可挖。

降低陆运费。从工厂到项目部现场,物资设备等基本要经过出口国陆运、海运(空运)、进口国陆运三个阶段。一般而言,海运和进口国陆运阶段是难免的。对钢材等大宗物资而言,同一国家或地区的出厂价格相差不大,降低国内陆运费用便成为整个价值链中最易操作的一环。因此,在组织材料采购时要尽量将国内陆运转化为海运(如选择生产厂家附近的港口交货),可以在一定程度上降低材料的国内陆运成本,从而达到降低总成本的目的。

降低国内仓储费。物流公司单证员实际操作中大多将零星物资集港至上海港,集港期间会产生理货、仓储等费用,如果货物未及时到港,就会产生滞箱等其他费用。如果能够利用施工企业现有仓库集货,那么仅需支付少量的装卸成本,而且施工企业仓库集货的同时也可以更方便地初步验收货物和点验数量。同时,在施工企业仓库还能够对繁杂的零星材料进行标准化二次包装,降低了项目现场物资清点的难度,节约了清点时间和清点成本。

降低关税。根据中国海关规定,每一种商品都有一个特定的、世界通用的十位数编码。该编码约定了商品的出口退税率、进口税率、增殖税率、监管条件等基本海关税则。在出口操作过程中,不同海关工作人员的知识面与工作习惯存在很大差异,进出口双方可以通过比对出口退税率与清关税率之和,在双方海关允许的情况下确定一个综合税率最低的海关税则号,以尽可能地降低进口方的综合成本。同时,出于政治、经济、文化等因素考虑,世界各国或多或少地有诸如最惠国待遇、鼓励进出口贸易等政策性措施。物资在进口国清关时,如果能够按政府部门要求提供符合减税、免税要求的相应单据或证明文件等,则可以降低一定比例的清关税率。

降低海运费。合理选择第三方物流分包商也是降低海运费的一种方式。散货船运输时,物流公司单证员通过招标或询价方式选择运输大件的合适船运公司或物流公司。由于集装箱运价的调整频次很高,不适宜用招标方式选择,集装箱运输应选择固定的两三家信誉好、价格实惠、合作愉快的国际物流公司,通过优势互补共同完成海外项目海运任务。同时,集装箱对载货体积和重量都有限制,这就对单证员的理货与配载提出了很高要求。单证员要有极强的配货意识和洞察力,做到合理集货、理货、配货和发货,使每次发货所用的运输工具都物尽其用,在保证进项目部物资供应的前提下尽量降低运输成本。

做好出口退税。出口材料的退税申报工作,同样关系到施工企业的直接经济利益。如果因为单证不全或不一致影响到正常出口退税,就会给企业带来很大的直接和间接损失。单证员在实际的操作过程中要注意以下几个方面。出口退税早申报,增值税发票早开、早认证。注意报关单电子数据的提交。深入、透彻、及时了解和掌握出口退税政策。对主要退税单据特别是即将到达清算期限单证的退税额、发票号逐笔追单。理顺与海关、银行、外汇局和税务等有关部门的关系,加强沟通,使遇到的问题能够得到政策上的指导和具体操作上的帮助。委托报关的,不拖欠船代运保费,以免报关单被压单,影响核销和退税。认真细致、逐一审核检查取得的退税原始单证。

降低库存成本。分类管理物资,降低库存持有成本对物资库存种类的确定。同样可以采用 ABC 分类法,按照库存物资对资金的占用情况和对现场生产的重要性程度大小进行分类。在前文的介绍中,我们知道 ABC 分类法的核心思想就是要抓住重点,从项目现场生产所需的种类繁多的材料中挑出重要的、关键性的物资,区分不重要的、辅助性的物资,从而有针对性地进行区别管理。

加强现场管理,降低材料消耗成本。加强现场管理,控制材料消耗也是降低库存成本的一个有效举措。强化过程监督,降低材料消耗。材料验收时,要实事求是、不弄虚作假、不谎报虚报。库存监控动态化。根据现场材料库存实际情况,判断是否要进货、是否做到防潮防盗、是否消耗合理等;现场消耗过程管控必须监督到位。加强过程监督,降低废旧材料管控风险。实施核算核销管理动态监控。充分调动各部门、责任人的主观能动性,发挥集约管理的效用。

④建立物资管理信息系统。具体可从以下三方面开展工作:

建立基于 IE 的采购供应信息系统。依托目前高速发展的 internet 技术和网络硬件水平,建立融合企业内部信息和供应商、制造商、物流承包商等内容统一的网上信息系统。通过系统的运行,将施工企业各海外项目的需求信息整合到信息系统中,使供应链各相关方的信息实时、高效地无障碍流动。

建立采购信息数据库。数据库包含供应商信息和公司需求信息两部分。供应商将产品型号、技术参数、产能、供货条件等录入到采购信息数据库。项目开工之初,各海外项目将施工进度、需求型号、需求时间、需求数量等信息同步上传至数据库。通过数据库的中介和整合作用,实现采购和销售人员的信息互通,从而有利于采购工作的顺利进行。

利用数据库。通过采购信息数据库中供应商信息的录入和维护工作,能够实现施工企业所有采购人员之间的信息互通。供应商的录入工作能够为采购人员设置供应商准入门槛,不合格供应商不许进入数据库,也能为供应商的评价工作提供参考依据。通过采购信息数据库中项目需求的录入工作,可以使项目进场初期即将需求与供应产生紧密联系。遇到技术标准不统一、生产周期长等物资时,采购人员与供应厂商可以尽早地提出解决方案,从而不致影响项目的正常施工。

④EPC 项目施工阶段[①]

施工是把设计文件转化成为项目产品的过程,包括建筑、安装、竣工试验等作业内容。工程总承包企业将施工工作分包,项目施工管理包括下列主要工作

---

① 李森. EPC 工程总承包模式下的施工全过程管理[J]. 中国勘察设计,2020(8):66—69.

内容和要求；选择施工分包商，对施工分包商的施工方案进行审核，施工过程的质量、安全、费用、进度、风险、职业健康和环境保护以及绿色建造等控制，协调施工与设计、采购、试运行之间的接口关系。当有多个施工分包商时，对施工分包商间的工作界面进行协调和控制。

施工分包方入场条件审。应根据分包合同，对施工分包方项目管理机构、人员的数量和资格、入场前培训、施工机械、机具器、设备、设施、监视和测量资源配置、主要工程设备及材料等进行审查和确认；应对施工分包方入场人员的三级教育进行检查和确认。

交底和培训。项目部应组织设计交底，交底提出的问题应得到澄清或处理并保留记录；施工单位应对施工作业人员进行作业前技术质量、安全交底或培训，交底内容应有针对性，内容明确。

对施工分包单位文件审查。应对施工分包方的施工组织设计、施工进度计划，专项施工方案，质量计划，职业健康、安全、环境管理计划和试运行的管理计划等进行审查；施工分包方编制的文件内容应符合项目施工管理要求。

施工分包目标责任书及协议签订。应与施工分包单位签订质量、职业健康、安全、环境保护、文明施工、进度等目标责任书；应对目标责任书完成情况进行定期检查；应与施工分包单位签订安全生产协议或安全生产合同。在协议或合同中应明确规定安全生产管理、文明施工、绿色施工、劳动防护，以及列支安全文明施工费、危大项目措施费等方面的职责和应采取的措施，并指定专职安全生产管理人员进行管理与协调。

施工过程控制。应对施工过程质量进行监督，按规定和计划的安排对检验批、分项、分部（子分部）的报验和检验情况进行跟踪检查，记录完整；应正确识别特殊过程或关键工序，对其质量控制情况进行控制并保存质量记录；应对施工分包方采购的主要工程材料、构配件、设备进行验证和确认，必要时进行试验；应对施工机械、装备、设施、工具和监视测量设备的配置以及使用状态进行有效性检查，必要时进行试验，塔吊、脚手架、施工升降机等质量证明文件应符合要求；应监督施工质量不合格品的处置，并验证整改结果；施工单位应配置专职的安全生产管理等人员；应监督施工分包方内部按规定开展质量检查和验收工作，并按规定组织分包方参加工程质量验收，同时按分包合同约定，要求分包方提交质量记录和竣工文件,并进行确认、审查或审批。

施工分包方履约能力评价。应对分包商的履约情况进行评价并保留记录;应对分包商企业安全事故情况进行评估,并保留记录,作为再次合作依据。

施工与设计接口控制要点。应对设计的可施工性进行分析;应进行图纸会审和设计交底;评估设计变更对施工进度的影响。

施工与采购接口控制要点。施工和采购共同进行现场开箱检验;施工接收所有设备、材料;评估采购物资质量问题或采购变更对施工进度的影响。

施工与试运行接口控制要点。施工执行计划与试运行执行计划的协调;试运行发现的施工问题对进度的影响。

5.3　油气区块开发流程

一个油田或气田从勘探、发现,到全方位地进行油气田的开发与开采,常常要经历3年、5年或者10年,甚至更长时期。而一个油气田正式外输油气的准备时间越长,前期工作越细致,正式生产后的油气田开采效率越高,整体运行质量越好,油气田的开采周期越长。[①]

如下将介绍开发一个新的油气田,需要经历哪些准备阶段,并在其中完成哪些技术与生产程序。

5.3.1　油气勘探评价

石油工作者要将一个经过初步勘探、已经证实为一个新的油气田的区域,建设成为可以正常与连续对外输出原油或天然气的标准油气田,所做的第一件事,就是对这块区域进行"油气勘探评价",即为编制油气田勘探计划与开展相关作业。在建设新油气田的"油气勘探评价"阶段,石油工作者主要进行三个步骤:

(1)油气田勘探

在石油工作者的油气田勘探决策阶段,有两个重要概念,即"勘探"与"评

---

① 郭永峰. 一文了解油气勘探开发生产全流程[EB/OL]. 石油圈 . http://www.oilsns.com/article/431273.

价"。所谓油气"勘探",类似于通过钻一口井,以证实地层是否存在油气资源;而油气"评价",则是通过钻井,证实这一新发现的油气田,其边缘位置在何处,这一新发现的油气田的确实面积为多少。石油工作者进行油气田勘探决策,主要是通过履行油气田的"探矿权"管理程序,以及油气田的"储量"管理程序,落实油气田的油气资源"战略选区"目标,从而制定年度或者中长期的油气"勘探"计划,以及油气"评价"计划。

(2)油气田勘探的相关科学与工艺研究

石油工作者要建设一个新的油气田,需要进行一系列与"勘探"相关的科学研究,以及作业工艺研究。首先,进行石油地质研究,包括地质学的"盆地"油气评价,地质学的"区带(playassessment)"油气评价,开展地质学的"圈闭"油气评价,开展地质学的"油藏"评价。

(3)油气田勘探作业

石油工作者要建设一个新的油气田,需要在现场进行一系列实地施工与作业。这些作业包括进行野外地质勘察、开展物探作业。在地质研究与物探结果分析的基础上,确定勘探井与评价井的井位。石油工作者在确定勘探井与评价井的井位之后,进行作业现场的钻井作业。在钻井作业期间,开展录井作业、测井作业。钻井作业结束之后,开始试油作业。除此之外,还要进行实验室内各种地质样品测试与试验。[①]

5.3.2 油田开发建设

石油工作者要将一个经过初步勘探,已经证实为一个新的油气田的区域,建设成为可以正常与连续对外输出原油或天然气的标准油气田,所做的第二件事,就是对这块区域进行"油田开发建设",详细说来即为编制油气田开发计划与开展相关作业。在建设新油气田的"油气开发建设"阶段,石油工作者主要进行三个步骤:

(1)油气田开发决策

石油工作者在建设一个新的油气田过程中,需要进行采矿权的管理,以及

---

① 郭永峰. 一文了解油气勘探开发生产全流程[EB/OL]. 石油圈. http://www.oilsns.com/article/431273.

油气层储量复核。除此之外,还要进行"中长期"油气田开发规划制定、年度产能建设计划制定,以及进行油气田开发方案论证。

(2)油气田开发的相关科学与工艺

研究石油工作者在筹备一个新油气田的过程中,还要开展一系列与油气田开发相关科学与工艺研究。例如,首先,开展油气田的油藏地质研究、油气田的油藏工程研究、油气田的采油工程研究、油气田地面工程研究。在此基础上,石油工作者还要开展油气田的地质情况解释、油气藏的评价、精细油气藏的描述工作。最后,启动重要的油气田开发方案编制工作。通常在必要时候,根据油气田开发的进展情况,还要对已经编制的油气田开发方案进行微调。

(3)油气田开发生产

石油工作者在开创一个新油气田的工作中,还要开展油气田开发生产活动,即有关油气田开发的具体施工部署。在油气田开发生产活动中,还包括油气田开发方面的物探作业。技术人员在地质研究与物探结果分析的基础上,确定油气田新增加的钻井井位。确定油气田开发井的井位之后,进行作业现场的钻井作业。此外还要开发录井作业、测井作业。在钻井作业结束之后,开始试油作业。此外,还需要开展系列油气田开发的地面工程建设。[①]

5.3.3　油气生产作业

石油工作者要将一个经过初步勘探,已经证实为一个新的油气田的区域,建设成为可以正常与连续对外输出原油或天然气的标准油气田,所做的第三件事,就是对这块区域进行"油气生产作业",详细说来即为编制油气生产作业计划与开展相关作业。在建设新油气田的油气生产作业阶段,石油工作者主要进行三个步骤:

(1)油气田生产决策

石油工作者在建设一个新油气田的工作中,还要开展油气田生产活动,即提出有关油气田生产的具体作业措施决策。在油气田制定生产方式与生产措施活动中,石油工作者要制定油气田生产生命周期战略,做出油气田阶段性运

---

① 郭永峰. 一文了解油气勘探开发生产全流程[EB/OL]. 石油圈 . http://www.oilsns.com/article/431273.

营计划,提出油气田年度生产计划,其中包括配产、配注等具体指标与作业工艺。此外,石油工作者还要开展油气田开发调整论证、油气田油藏地质研究、油气田油藏工程研究、油气田采油工艺研究,以及油气田的增产措施研究等。

(2)油气田生产的相关科学与工艺

研究石油工作者在创建一个新油气田的过程中,还要开展一系列与油气田生产相关科学与工艺研究。例如,油气田生产中的动态分析、油气田生产中的精细油藏描述、油气田开发效果评价、油气田增产措施,以及油气田调整方案。

(3)油气田生产运营

石油工作者在建设一个新的油气田时,还要从事系列油气田的生产运营工作。具体来说,包括各种与油气田生产相关的管理,作业与油气采收措施。例如,油气田生产运行与调度指挥、油气田的产量管理、油气田的采油工艺管理、油气田作业措施管理、油气田的"三次采油"管理、油气田的生产测试,以及油气田的实验室化验。[①]

5.3.4 总结

①勘探与开发一个完整成熟的油气田,是一项长期、艰苦与细致的工作。开发一个油气田,需要成千上万名与油气勘探开发有关的专业人士默默付出与耐心工作,才可能完成。

②勘探与开发一个完整成熟的油气田,必须遵守其独特运营规律。一个完整成熟的油气田,具有类似于自然界个体生命周期那样的演变历程,而与多数工业界的制造工厂与车间进化历程不相同。即世界上各处的油气田具有单独特殊的"生产生命周期"。

③勘探与开发一个完整成熟的油气田,要有专业齐全、分工精细、服务到位的油田服务队伍。开发一个大中型陆地或海上油田,需要近 100 个专业的油田服务队伍协同合作,共同努力,才能最终达到经济与技术工艺目标,为人类社会获得利益。所以,开发一个大中型油气田,实际上是动员全社会力量,运用全人类的智慧,来向大自然索要财富。团结与协作,奋斗与奉献,则是建设与开发一

---

① 郭永峰. 一文了解油气勘探开发生产全流程[EB/OL]. 石油圈 . http://www.oilsns.com/article/431273.

个完整成熟的油气田的主要途径之一。

5.4 印度尼西亚投资手续流程

5.4.1 注册企业

（1）设立企业的形式

在印度尼西亚，投资设立企业的形式包括有限责任公司和代表处两种。

（2）企业注册的受理机构

设立有限责任公司和代表处均需得到印度尼西亚投资协调委员会（BK-PM）批准。外国投资可以在印度尼西亚雅加达由投资协调委员会（BKPM）批准，也可以由其在印度尼西亚各地和驻国外的代表机构批准。但是，外资欲在保税区内投资项目，必须经过各保税区管理机构向投资协调委员会（BKPM）递交投资申请，进而获得投资协调委员会的批准。

（3）企业注册的主要程序

①查阅投资目录。投资者在印度尼西亚投资前，首先应查阅《非鼓励投资目录》（DNI），该目录包含了对国外投资者禁止和限制经营的业务范围。

②资金投资规程。如在印度尼西亚进行资金投资，投资者必须专门查阅《资金投资技术指南》（简称《指南》，PTPPM），该《指南》中的一些章节列明了允许投资的具体经营范围，资金投资的申请和运作行为，必须按有关规定操作。

③批准机构和证书。若投资申请得到批准，投资协调委员会（BKPM）主席、印度尼西亚政府海外代表机构首席代表或地区投资协调委员会（BKPMD）主席颁布投资批准证书。

④批准时间。从收到申请到颁布投资批准证书全过程，最多只需 10 个工作日。

⑤登记注册。在颁布投资批准证书后，外国投资公司即可按照有限责任公司的有关条款，以章程公证的形式，到税务等政府部门依法登记注册成立。①

———————

① 中国国际贸易促进委员会：企业对外投资国别（地区）营商环境指南——印度尼西亚（2019）。

在印度尼西亚投资注册主要程序如图5-8所示。

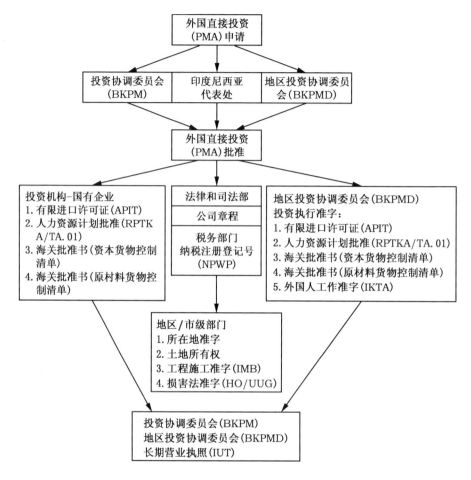

图5-8　外国直接投资(PMA)申请程序及其执行准则

5.4.2　承揽工程

(1)获取信息

印度尼西亚的承包工程项目主要分为四类,即国际金融机构援助项目,如世界银行、亚洲开发银行、亚洲基础设施投资银行(AIIB)、欧洲复兴开发银行等提供资金的项目;外国资金援助的印度尼西亚政府项目;外国和本国资金投资的政府项目;私人资金项目。前3类项目由印度尼西亚国家计委或公共工程部、能源和矿产资源部、交通部和国家电力公司等具体实施项目部门对外发布项目招标信息。私人项目则多通过商业关系寻求合作伙伴。以上信息,大多可通过印度尼西亚当地报纸、电视、网络等途径获得。

(2)招标投标

根据印度尼西亚国家法律和国际金融组织项目要求规定,由国际金融组织贷款或援助项目,一律采用招标方式;而使用某一特定国家政府贷款项目,一般采用在援助国国籍公司中公开招标形式,但也可通过两国政府协商确定项目实施公司;印度尼西亚政府自筹资金项目的招标形式比较灵活,视情况可进行国际招标或只在印度尼西亚公司中招标;私人项目则由项目业主自行决定议标或招标。

(3)政府采购

印度尼西亚政府采购规定购买国货。为更好地扶植国内工业发展,印度尼西亚政府颁布有关条例规定,今后凡政府单位采购价值超过 50 亿印度尼西亚盾(约合 56 万美元),必须使用本国的产品与服务。

(4)许可手续

在印度尼西亚承包工程的主管部门是公共工程部。中标的外国公司必须在印度尼西亚成立有限责任公司或代表处并取得印度尼西亚公共工程部颁发的承包工程准字,方可与项目业主签约。从事承包工程业务的外国公司,其印度尼西亚合作伙伴必须是具有"A"级资格的印度尼西亚承包商协会或印度尼西亚承包商联合会成员。进行工程咨询业务的公司,印度尼西亚合作伙伴必须是具有"A"级资格的印度尼西亚咨询协会成员。"A"级资格的承包商是指有价值 1 亿印度尼西亚盾的设备,至少有 3 名工程师,一年至少有 10 亿印度尼西亚盾营业额的工程承包商。[①]

5.4.3　申请专利和注册商标

(1)申请专利

按照印度尼西亚《专利法》规定,专利申请要由发明人或者申请人提出,申请专利需以印度尼西亚文书面向印度尼西亚知识产权理事会提出。专利代理

---

① 中国国际贸易促进委员会:企业对外投资国别(地区)营商环境指南——印度尼西亚(2019)。

人必须是知识产权理事会注册的知识产权法律顾问。专利申请文件包括：申请日期、申请人地址、发明人姓名及国籍、专利代理人姓名及地址（通过专利代理人提出申请时）、特别授权专利代理人、专利请求书、申请发明专利名称、权利要求书、专利说明书、专利照片、专利摘要。专利申请相关的费用包括申请费、专利公告费、专利转让记录和公告费、专利许可登记和公告费、强制许可申请费及专利年费。

（2）注册商标

按印度尼西亚《商标法》规定，商标注册申请应以印度尼西亚文书面向知识产权理事会提出。申请书应当包括以下内容：申请日期、申请人的姓名、国籍和住所、代理人的姓名和住所、商标的颜色、国家名称和首次提出商标注册申请的日期。商标注册可以个人提出，也可集体提出，还可由单位提出。相关费用包括：提出商标注册申请及续展申请、提出商标目录复印件申请、商标权转让登记、改变注册商标持有人姓名及地址、商标许可协议登记、提出商标注册申请异议、提出商标注册申请及复审等。

5.4.4 报税

（1）报税时间

除根据印度尼西亚政府从 1 月 1 日到 12 月 31 日财政年度报税外，企业也可使用会计年度报税，企业纳税通过月度分期付款的方式来进行。

（2）报税渠道

企业自行到税务部门报税。

（3）报税手续

纳税年度期间应当由纳税人本人每月缴纳分期支付税款的数额，应当等于根据前一纳税年度的《年度所税申报表》到期应付的税款，并且扣除下列所得税：已按规定扣缴的所得税和已征收的所得税；在境外已付或到期应付，并且属于规定的可抵免的所得税。在到期日前提交前一年纳税年度《年度所得税申报表》时，纳税人本人应立即缴纳的分期支付税款的数额，就应当等于年度最后月份的分期支付税款的数额。如果在当前纳税年度期间签发了前一纳税年度的税收查定，就应当以有关的税收查定为基础重新计算分期支付税款的数额，并且应当自前一纳税年度的最后月份起生效。

5.4.5　赴印度尼西亚工作准证

（1）主管部门

印度尼西亚负责外国人工作许可管理的是移民局。

（2）工作许可制度

外国人在印度尼西亚工作，必须向印度尼西亚大使馆申请工作签证，以及通过雇主办妥印度尼西亚劳工部工作准证，并在抵达印度尼西亚后按规定时间办理临时居留等相关手续。

（3）申请程序

印度尼西亚雇主向投资协调委员会（BKPM）申请人力资源计划（RPT-KA），并向印度尼西亚劳工部申请 TA.01 推荐表，以 TA.01 表格推荐为基础，移民局局长将向印度尼西亚驻外代表机构发出指示，允许为有关外国人签发限期居留签证（VITAS）。有关外国人在得到限期居留签证（VITAS）后，便到印度尼西亚相关移民局办理临时居留证（KITAS）和工作准字。

（4）提供资料

护照或旅行证件的有效期必须在 18 个月以上；一封海外或印度尼西亚担保人的推荐信；由外国投资公司（PMA）或国内投资公司（PMDN）雇用的申请人，作为海外技术援助专家的外国申请人必须附上行业主管部门、人力资源部、投资协调委员会（BKPM）的推荐信和使用外国人的人力资源计划（RPTKA）批准书；入境费（签证费）：限期居留签证每人 40 美元，限期居留准字每人 125 000 印度尼西亚盾。①

---

① 中国国际贸易促进委员会：企业对外投资国别（地区）营商环境指南——印度尼西亚（2019）。

6

印度尼西亚能源合作法律法规

印度尼西亚涉及能源资源的法律很多,主要包括《国家能源法》(2007 年)、《矿产和煤炭矿业法》(2009 年)、《矿产和煤炭矿业法修正案》(2020 年)、《石油与天然气法》(2001 年)、《环保法》(2009 年)、《投资法》(2007 年)、《电力法》(2009 年)、《创造就业法》(2020 年)等。它们规定了国家对能源资源(主要是煤炭、石油和天然气)的管理、开发和利用。

6.1 印度尼西亚的国家能源法及条例

2007 年,印度尼西亚国会(全称为人民代表会议)通过了第 30 号法律《国家能源法》,作为发展能源的基本法律。2014 年,印度尼西亚国会(DPR)根据《国家能源法》规定批准了《关于国家能源政策的政府 GR79 号条例》(简称《政府条例》)。下面主要解读这两部法律法规。《国家能源法》除了总则、原则和目标两部分之外,分别对国家能源委员会、中央政府、地方政府、能源企业和社会公众等参与能源管理的各个环节作了一般性的规定,是一部能源基本法。

6.1.1　印度尼西亚《国家能源法》(2007 年)①

(1)《国家能源法》前言强调了"能源资源国家所有"的基本原则

具体内容包括:根据 1945 年《印度尼西亚共和国宪法》第 33 条规定,能源资源是战略性的自然资源,归国家所有,必须由国家控制,并为人民的最大福祉而使用。能源对改善经济水平和提高国防能力非常重要,因此,对能源的管理都必须以公平、可持续性、最适宜和综合的途径进行,包括开采、利用和开发。由于不可再生能源的储备是有限的,因此需要多样化的能源资源,以保证能源可持续利用。

(2)《国家能源法》明确了能源管理应该遵循的原则和目标

能源管理的原则:在优先考虑国家能力的前提下,坚持有利使用原则、合理性原则、公平效率原则、可持续性原则、人民利益原则、保护环境原则、提升附加值原则、国家能源弹性原则以及整合性原则。

为了支持国家的可持续发展,提高国家能源安全,能源管理的目标是:①实现能源管理独立。②保证国内能源的供应,包括来自国内和进口的能源。对国内和进口能源的要求:一是满足国内能源需求;二是满足国内工业原料需求;三是增加外汇。③保证以最适宜、综合和可持续的方式管理能源资源。④所有部门有效利用能源。⑤为生活在偏远地区的人们实现更多的能源供应,以公正和公平的方式实现人民的最大福祉,方式为:第一,提供援助以增加贫困地区的能源供应;第二,为不发达地区建设能源基础设施,以减少地区之间的差距。⑥提高国内能源和能源服务业独立发展的能力,提高人力资源的专业水平。⑦创造就业机会。⑧保护环境。

(3)《国家能源法》明确了能源监管的具体操作要求

能源资源管理方面:①化石能源、地热、大型水电和核能资源由国家控制,并为人民的最大福祉而利用。②新能源资源和可再生能源资源由国家监管,并为人民的最大福祉而利用。具体操作由政府根据法律和法规的规定组织实施。

能源缓冲储备方面:为确保国家能源安全,政府有义务提供能源缓冲储备。

---

① INDONESIA:Law No.30/2007 of 2007 on Energy,https://policy.asiapacificenergy.org/node/3027.

关于能源缓冲储备的类型、数量、时间和地点,具体由国家能源委员会进一步规定。

能源危机和紧急状态方面:①能源危机是一种能源短缺的状况。②能源紧急情况是指由于能源设施和基础设施的断开而导致的能源供应中断的情况。③在能源危机和能源紧急导致政府职能、社区社会生活和/或经济活动中断的情况下,政府有义务采取必要的应对措施。

能源价格方面:①能源价格是根据经济效率确定的。②政府和地方政府为穷人提供补贴资金。③关于能源价格和补贴资金的进一步规定,应由法律和条例的规定来管理。

环境与安全方面:①每项能源管理活动都应优先使用环保技术,并履行环境领域的法律法规的规定。②每项能源管理活动都必须遵守安全领域的法律和法规的规定,包括标准化、安装安全、职业安全和人身安全。

国内内容层面:在能源业务中,必须最大限度地提高国内能源及其服务的使用。政府应鼓励提供国内商品和服务的能力,以支持独立、高效和有竞争力的能源产业。

国际合作方面:在能源领域开展国际合作,是为了保证国家能源安全,确保国内能源的供应,改善国民经济。国际合作应根据法律和条例的规定进行。如果政府在能源领域达成的国际合作对人民的生活有广泛性或者根本性的影响,涉及国家财政的负担或者需要修改或形成法律,则必须获得众议院的批准。

(4)《国家能源法》明确了国家能源委员会(National Energy Council)的职能和组成

根据印度尼西亚《国家能源法》总则,国家能源委员会是负责实施国家能源政策的全国性、独立的常设机构。国家能源委员会的职责包括:①设计和制定经由印度尼西亚人民代表会议(DPR)批准,且由政府颁布的国家能源政策。②确定国家能源总体规划。③确定克服能源危机和紧急状况的步骤。④监督跨部门能源政策的实施。

国家能源委员会的组成如图6-1所示。

如图6-1所示,国家能源委员会的地位非常重要,是国家能源政策的制定和发布机构,由领导层和成员层两部分组成。国家能源委员会的领导层包括:

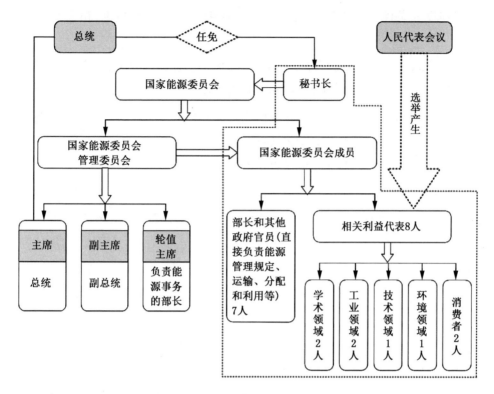

资料来源:宋秀琚.21世纪海上丝绸之路与中国-印度尼西亚能源合作[M].武汉:华中科技大学出版社,2019:63.

图6-1　印度尼西亚国家能源委员会构成

①主席:总统。②副主席:副总统。③轮值主席:负责能源事务的部长。国家能源委员会的成员包括:①部长和政府官员7人,直接负责能源供应、运输、分配和利用等。②相关利益代表8人,其中:学术领域2人、工业领域2人、技术领域1人、环境领域1人和消费者2人。

国家能源委员会成员由人民代表会议选举产生,任期为5年。总统作为国家能源委员会管理委员会主席,主导国家能源委员会的工作。国家能源委员会成员由总统任命和罢免。在履行其职责时,国家能源委员会由秘书长领导的总秘书处协助。秘书长由总统任命和罢免。国家能源委员会总秘书处的组织结构和工作程序由国家能源委员会主席的法令进一步规定。政府在国家能源政策的基础上编制国家能源总体规划草案,政府包括区域政府,并考虑到社区的意见和投入条件。关于国家能源总体规划编制的进一步规定,由总统条例规定。

虽然总统主导国家能源委员会的工作,但是总统颁布的法令作用有限。由人民协商会议制定、修订和颁布的宪法和由人民代表会议通过的宪法外的法律法规,均处于优先地位。无论是作为国家最高领导人还是作为国家能源委员会管理委员会的主席,总统都必须依法行政。

(5)《国家能源法》阐述了能源管理的要求

能源供应要求:①能源供应通过以下方式进行:能源资源清单;增加能源储备;编制能源平衡表;能源和能源来源多样化、节约化和集约化;确保能源的顺利分配、传输和储存。②中央政府与地方政府优先为不发达地区、偏远地区和农村地区提供能源,可使用当地能源,特别是可再生能源。③生产能源的地区,拥有从当地获取能源的优先权。④政府和地方政府必须根据其权限增加新能源和可再生能源的供应。⑤任何商业实体①、常设机构②和个人开发、供应和使用新能源及可再生能源,可以在一定时期内获得中央政府和/或地方政府提供的设施支持或政策激励,直到实现该能源的经济价值。

能源利用要求:①能源的利用根据能源管理原则进行:优化所有潜在的能源资源;考虑到技术、社会、经济、保护和环境方面;优先满足社会需求,改善能源生产地区的经济活动。②政府和地方政府必须增加对新能源和可再生能源的利用。③商业实体、常设机构和个人进行的新能源和可再生能源的能源利用,可以在一定时期内获得中央政府和/或地方政府提供的设施支持或政策激励,直到实现该能源的经济价值。

能源开发要求:①能源开发包括对能源资源开发和能源服务开发。②能源资源开发可以由商业实体、常设机构和个人进行。③能源服务开发只能由商业实体和个人进行。④能源服务开发应遵循能源服务分类的规定,保护和优先使用国内的能源服务。⑤开展能源业务活动的商业实体有义务遵循如下规定:赋予当地社区权力;保障和维护环境可持续性的功能;促进能源研究和开发活动;

---

① 商业实体是指以法律实体的形式开展某种业务的公司,这种业务是永久性的、持续的、按照法定条例建立的,并在印度尼西亚共和国统一国家境内工作和居住。

② 常设机构是指在印度尼西亚共和国统一国家领土之外建立和注册的商业实体,它在印度尼西亚共和国统一国家的领土上开展活动并有住所,必须遵守印度尼西亚共和国的法律和规章。

促进能源部门的教育和培训等。具体操作由政府条例规定。

节约能源要求:①国家能源保护是中央政府、地方政府、企业家和公众的责任。②国家能源节约,涵盖能源管理的所有阶段。③实施节能的能源用户和节能设备制造商由中央政府和/或地方政府给予设施和/或奖励。④中央政府和/或地方政府对不实施节能的能源来源用户和能源使用者给予惩治。⑤关于实施节能以及提供设施、奖励和抑制措施的进一步规定,应由政府条例和/或地方条例来规范。

(6)《国家能源法》规定了各级政府在能源领域的权力

各级政府在能源领域的权力:①中央政府在能源领域的权力:制定法律和条例;制定国家政策;制定和执行标准;建立程序。②省政府在能源领域的权力:制定省级法规;对各地区/城市的业务进行指导和监督;规定各县/市的管理政策。③县/市政府在能源领域的权力:制定各县/市条例;对各县/市的业务进行指导和监督;规定行政区/城市的管理政策。④省级和县/市级政府的权力应根据法律和法规的规定来行使。

指导和监督:①中央政府和地方政府对能源资源管理活动、能源来源和能源进行指导。②对能源资源和能源管理活动的监督由中央政府、地方政府和社会公众共同执行。

研究和发展:①中央政府和地方政府应根据其权限为针对新能源和可再生能源的科技研究和开发提供便利,以支持独立的国家能源工业的发展,资金由政府和地方政府根据其权限提供便利。②资金来自国家预算、地区预算和私营部门。③新能源和可再生能源研究成果的开发和利用所使用的资金,由不可再生能源的国家收入提供。

(7)《国家能源法》中关于能源企业活动的规定

①能源企业优先使用环保型技术,能源企业的活动应符合法律法规的安全规定及对职业安全健康的规定。②能源企业应尽量优先使用国内资源和服务。③在能源领域开展国际合作,只能是为了保证国家能源安全、确保国内能源的供应以及改善国民经济。国际合作应根据法律和条例的规定进行。如果政府在能源领域达成的国际协议对人民的生活有广泛和根本的影响,涉及国家财政的负担和/或需要修改或形成法律,则必须获得众议院的批准。④能源企业可

以由商业实体、常设机构或个人设立;能源服务企业只能由商业实体和个人设立;国内能源服务应确保被优先使用。⑤从事能源业务活动的商业实体有义务帮助当地社会公众,保障和维护环境的可持续性,促进能源的研究和开发,促进能源部门的教育和培训。⑥商业实体与中央政府、地方政府及全社会一起,承担国家的节能减排的责任。

(8)《国家能源法》中社会公众对能源管理的参与

除了进入国家能源委员会参与国家能源管理之外,社会公众还具有以下权利:①每个人都有获取能源的权利。②社会公众,包括个人和集体,均可以在编制国家能源总体规划、区域能源总体规划以及在国家能源开发方面发挥作用。③个人可以设立能源企业和能源服务企业。④私人可以赞助新能源和可再生能源的研究开发,可以在一定时期内获得中央政府和/或地方政府根据其授权提供的便利和/或奖励,直到实现其经济价值。

综上可知,《国家能源法》对在印度尼西亚境内从事国际能源合作的外国企业的规定主要涵盖:①对参与主体的规定,即常设机构和个人可以在印度尼西亚境内设立能源企业,但外资公司不能全资设立能源企业,只能与印度尼西亚国内企业合作或以印度尼西亚本国人为法人代表。②对能源合作内容的限制,如外国企业一般不能从事能源服务业务,政府优先使用印度尼西亚国内能源服务。③对义务的明确,如外国企业有促进社会经济发展、保护环境、帮助当地社会公众(教育和培训)等责任。这也暗示着参与印度尼西亚国内能源活动的外国企业享受印度尼西亚国民待遇。

6.1.2 印度尼西亚《关于国家能源政策的 GR79 号政府条例》(2014 年)[①]

《国家能源法》只是对印度尼西亚国内的能源管理作了最基本的原则性规定,为了贯彻能源法,落实相关规定,2014 年,根据《国家能源法》第 11 条第 2 款的规定,印度尼西亚人民代表会议批准了《关于国家能源政策的政府 GR79 号条例》(简称《政府条例》)。《政府条例》规定国家能源政策在 2014—2050 年期间执行,条例共 6 章 33 条,主要规定了以下内容:

---

① Peraturan Pemerintah No. 79 Tahun 2014 tentang Kebijakan Energi Nasional,https://jdih. es-dm. go. id/index. php /web / result/186/detail.

(1)能源政策的目的

国家能源政策是基于公平、可持续性和环保原则的能源管理政策,目的是实现国家能源独立和国家能源安全。国家能源政策由主要政策和辅助政策组成。①主要政策包括:为国家需求提供能源;能源发展的优先事项;国家能源资源的利用;国家能源储备。②辅助政策包括:节约能源,保护能源资源,以及能源多样化;环境和安全;能源价格、补贴和奖励;基础设施和社区对能源和能源工业的使用;能源技术的研究、开发和应用;制度化和资金。

(2)能源政策的目标和任务

国家能源政策的制定是为国家能源管理提供指导,以实现能源独立和能源安全,维护国家可持续发展。能源独立和能源安全通过以下几点来实现:①能源资源不是仅仅作为出口商品,而是作为国家发展资本。②能源管理独立。③能源供应满足国内能源需求。④对能源资源进行优化,进行综合和可持续性管理。⑤所有部门有效利用能源。⑥社区以公平和公正的方式获得能源。⑦发展科学技术,提高人力资源管理能力,提高能源服务水平。⑧创造就业机会。⑨保护环境。管理能源和/或能源资源的目的是为人民的最大福祉提供发展资本,通过优化其利用,促进国民经济发展,为国家创造附加值,并增进就业。

印度尼西亚的能源供应和能源使用中长期目标:①主要能源供应量指标:在 2025 年实现约 4 亿吨油当量的初级能源供应,在 2050 年实现约 10 亿吨油当量。②人均能源消耗指标:2025 年达到 1.4 吨油当量,2050 年达到 3.2 吨油当量。③电站总装机容量:在 2025 年实现约 115 吉瓦,在 2050 年实现约 430 吉瓦。④人均用电量:到 2025 年将人均用电量增加到 2 500 千瓦时,到 2050 年增加到 7 000 千瓦时。

为了实现前面提到的能源供应和能源使用中长期目标,有必要实现以下先行目标:①实现将能源作为国家建设资本的范例。②在 2025 年实现能源对经济增长指标的弹性系数小于 1。③在 2025 年前实现能源强度每年下降 1%。④到 2015 年实现用电普及率 85%,到 2020 年接近 100%。⑤到 2015 年实现家庭天然气使用比例达到 85%。⑥优化主要能源的多样性结构:一是在经济允许的条件下,2025 年实现新能源和可再生能源占印度尼西亚总能源消耗的 23%,2050 年达到 31;二是在 2025 年实现石油占印度尼西亚总能源消耗的比重少于 25%，到 2050 年少于 20%；三是在 2025 年实现煤炭占印度尼西亚总能源消耗少于 30%，2050 年少于 25%；四是在 2025 年实现天然气占印度尼西亚总能源消耗达到 22%，2050 年达到 24%。由此可以看出，印度尼西亚鼓励使用新能源和可再生能源、煤炭和天然气，力图减少对石油能源的依赖。

（3）能源政策的内容

一是能源供应的实现途径。满足国家需求的能源供应是通过以下方式实现的：①加强对能源资源的勘探，包括化石燃料和新能源以及可再生能源，提高探明储量和潜在储量。②提高能源供应的生产、运输和分配系统的可靠性。③逐步减少化石能源出口，特别是天然气和煤炭，设定停止出口的时限。④在化石能源储量增长与最大产能之间实现平衡。⑤确保环境的承载能力，保证水和地热能源的供应。

二是能源发展的优先性。能源发展的优先性通过以下方式实现：①能源发展需要综合考虑能源的经济性、能源供应的安全、环保等因素的平衡。②能源供应需优先向尚未获得电力、尚未使用天然气的家庭，以及交通运输业、工业和农业提供。③能源发展应优先考虑当地的能源资源。④能源发展应优先满足国内能源需求。⑤在能源资源丰富的地区，优先发展能源需求高的产业。

为了实现能源经济平衡，国家能源发展的优先性基于以下原则：①在适当考虑经济水平的情况下，最大限度地利用可再生资源。②尽量减少石油的使用。③优化使用天然气和新能源。④将煤炭作为国家能源供应的主要支柱。前面提到的规定对核能是豁免的，因为核能的利用需要考虑到国家大规模的能源供应安全，需在严格遵守安全因素的情况下将其作为最后手段。④减少碳排放，优先考虑新能源和可再生能源的潜力。

（4）能源资源的利用规划

国家能源资源的利用由中央政府和/或地区政府参照以下规划进行：①将水能、地热能、潮汐能、风能等可再生能源转化为电能。②将太阳能等可再生能源转换成电能，应用于工业、家庭和交通。③开发生物燃料取代石油燃料，用于运输和工业。④在保证粮食生产安全的同时，利用生物燃料等可再生能源。⑤从生物质和废物中获取可再生能源，应用于电力和运输。⑥在没有其他能源的情况下，才考虑石油的开发和利用，主要应用于交通和商业。⑦天然气在工业、电力、家庭和交通等领域的应用，以提供最高附加值者优先。⑧煤炭能源主要应用于电力和工业。⑨液态能源，即煤炭的液化和氢化，主要用于交通。⑩固态和气态能源主要用于发电。⑪液化石油气以外的液态能源主要应用于交通。⑫建立利用潮汐能的示范电站，并接入电网。⑬在交通、工业、商业建筑和家庭等领域推广使用太阳能，提高太阳能的利用率。⑭太阳能发电从上游到下游的全部电站组件和系统应最大程度国产化，实现太阳能资源的最大化利用。国家能源资源管理在综合考虑可持续性、经济性以及环境影响的基础上，优先使用国内能源和原材料。

（5）能源资源储备政策

国家能源储备包括：①战略储备。由政府监管和分配，以确保长期的能源安全，按照预先确定的时间或在国家利益需要的任何时候使用，具体由总统条例规定。②能源缓冲储备。前提是为了确保国家能源安全，应符合国家能源效率政策或者由政府提供的有针对性的燃油和电力补贴政策，规定如下：能源缓冲储备是商业实体和能源行业提供的业务储备之外的储备；能源缓冲储备用来克服能源危机和紧急情况；能源缓冲储备根据经济条件和国家的财政能力分阶段进行。国家能源委员会对能源缓冲储备的类型、数量、时间和地点进行监管。③业务储备。商业实体和能源供应行业被要求提供业务储备，以确保能源供应的连续性。

（6）能源保护、能源资源保护和能源多样化

能源及能源资源保护：①能源保护从上游到下游，涵盖能源资源的管理、勘探、生产、运输、分配和利用的所有阶段。②能源资源的管理是为了确保能源资源的质量，保持能源资源的价值，维护能源的多样性。③保护能源资源是以跨部门的方式实施的，根据国家发展规划和环境保护而调整。④在能源供应中优先考虑更可持续的能源资源，以节约能源。⑤能源生产者和消费者都需要节约能源和有效管理能源资源，以确保能源的长期供应。⑥节能环保是工业部门的考核指标之一。⑦在节能领域，中央政府和/或地方政府规定节能政策的指导方针和实施方案包括：强制所有能源设备的标准化和标签化；具有对能源用户进行能源管理的义务；具有推广使用高效发电技术和能源转换设备的义务；普及节能政策；为能源服务企业的发展创造商业环境，使其成为有效的能源投资

者和提供者;将节能应用于交通运输业,包括城市交通和城际交通;加快实施道路电子收费,减少私人车辆造成的拥堵;为运输部门循序渐进地设定燃料消耗节能目标,分阶段提高效能。

能源的多样化:①中央政府和/或地方政府应不断促进能源多样化,以加强能源资源的保护和国家和/或地区的能源安全。②能源多样化至少通过以下方式实施:加快提供和利用各种类型的新能源和可再生能源;在家庭和运输部门加快实施天然气替代燃油的做法;加速使用电力驱动机动车;加大低品质煤的开采利用,包括坑口电站、煤炭汽化和液化等;增加对中、高品质煤炭的利用,主要用于国内电站。

(7)环境和职业安全

①国家能源管理与国家可持续发展、保护自然资源和控制环境污染是一致的。②国家能源管理必须关注人身安全、职业安全和社会影响,同时坚持环境保护功能。③每项能源供应和能源利用活动都应做到如下几点:提早做好预防,对受影响方进行公平补偿;尽量减少废物的产生,在生产过程中注意废物再利用,同时考虑社会影响、环境和经济等因素;优先使用环保型技术。④每个核设施运营商都有义务关注安全和事故风险,并承担对因核事故而遭受损失的第三方的所有赔偿。

(8)能源价格、可再生能源补贴和激励措施

能源价格:①能源价格是根据经济价值来确定的。②可再生能源的价格根据以下因素确定:在一定时期内,若与石油能源价格竞争,则计算可再生能源的价格时,不包括燃油补贴;某些偏远地区、设施和基础设施尚未开发、易受天气因素干扰,要合理计算可再生能源的价格。③在建立有效市场之前,政府对国内煤炭价格进行监管。④政府建设电力市场至少要做到如下几点:确定基础能源的价格,如用于发电的煤、天然气、水和地热;逐步制定电价;在确定可再生能源的销售价格时,采用上网电价机制;通过供电营业执照持有人和开发商之间的风险分担,完善地热能源管理。⑤政府对可再生能源市场进行监管,包括来自新能源和可再生能源的电力、液体燃料和天然气的最低配额。

可再生能源补贴:①补贴是由政府和地区政府提供的。②补贴在有以下情形之一时提供:无法实施经济公平;可再生能源的价格比来自无补贴燃油的能

源价格更贵。③对偏远地区提供针对性补贴。④逐步减少燃油和电力补贴,直到其达到社会购买力。

激励措施:①为实现能源来源多样化,政府和地区政府提供财政和非财政激励措施,鼓励可再生能源的发展。②政府和地方政府为可再生能源的发展、开发和利用提供激励措施,特别是为位于偏远地区的小规模可再生能源提供激励措施,直到其经济价值能够与传统能源竞争。③政府对履行节能义务的能源生产者和消费者提供奖励,对不履行节能义务者实行惩罚。④政府为在新能源和可再生能源领域开发核心技术的私人机构或个人提供奖励。⑤政府和地方政府提供的激励措施是根据法律和法规进行的。

(9)基础设施、社区准入和能源产业

基础设施与社区准入:①中央政府和/或地方政府负责发展和加强能源基础设施,使社区获得能源。②通过以下方式发展和加强能源基础设施以及社区获得能源的机会:第一,提高国内工业在提供能源基础设施方面的能力;第二,发展煤炭工业的配套基础设施,包括运输、储存和管理,以创造一个有效的能够持续供应国内需求的市场;第三,为石油和天然气生产、燃料提炼、能源运输和分配领域,加快提供配套基础设施;第四,为新能源和可再生能源领域,加快提供配套基础设施;第五,为社会提供获取能源信息的公开透明的途径;第六,增加公众获得能源基础设施的信息渠道。③能源基础设施的发展考虑印度尼西亚主要由海洋组成的地理条件,加强群岛内勘探、生产、运输、分配和传输的基础设施。

能源产业:①为了加快实现能源供应和能源利用的目标,政府鼓励能源工业的发展,加强国民经济和就业。②第①款中提到的加强能源工业的发展包括:第一,提高国内能源工业和能源服务业的能力;第二,加强国内机械设备生产工业和可再生能源工业的发展;第三,提高国内地热勘探的能力,推动电力辅助工业的发展;第四,鼓励安装太阳能发电站和潮汐发电站的安全设备组件,推动系统工业的发展;第五,提高国家能源工业中的自主发展能力;第六,鼓励和支持中小型企业和/或民族工业,发展风力发电站安装设备组件工业;第七,在石油、天然气和煤炭的管理领域为民族企业提供更多机会;第八,通过购买生产许可的方式发展国内能源工业。

（10）能源技术的研究、开发和应用

①支持国家能源工业，加强能源技术的研究、开发和应用。②通过以下方式促进能源技术的发展：中央政府和/或地区政府授权；商业实体。③中央政府和/或地方政府通过激励措施，营造重视国家能源技术研究、开发和应用的氛围。④中央政府和/或地方政府通过如下方式加强能源的研究、开发和应用：加强和提高在能源领域掌握和应用安全技术的能力；通过研究、开发和应用高效能源技术，提高对国家能源技术的掌握。

（11）制度化和筹资

制度化方面：①为确保实现能源供应和能源利用的目标，中央政府和/或地方政府加强机构管理。②主要通过以下方式进行：第一，改善政府和地方政府的机构职能，加强能源机构间协调，提高能源基础设施的审批效率；第二，加强研究机构、大学、工业、政策制定者和社会之间的合作，提高能源利用效率；第三，通过调整中央和地区层面的机构职能和权限，改善机构问责制；第四，提高地区能源领域管理人员在能源管理方面的能力；第五，加强地区/城市能源领域管理人员规划、开发和管理农村地区能源的能力；第六，电能供应的区域化，以尽量减少爪哇岛以外的电能供应差异。③中央政府和/或地方政府根据其授权，负责处理和解决能源问题。

筹资方面：①中央政府和/或地区政府在制定能源供应增长目标时，注意经济增长目标。②中央政府和/或地区政府为发展和加强能源基础设施提供足够的资金分配。③中央政府和/或地方政府鼓励加强资金支持，以确保供应能源、公平分配能源基础设施、社会公平获得能源、发展国家能源工业，以及实现能源供应和能源利用的目标。④政府鼓励商业实体和银行参与资助能源领域基础设施建设。⑤加强资助，通过以下方式进行：提高国家银行在资助国家石油和天然气开发、可再生能源开发和节能计划方面的作用；开发适用化石能源的耗损保险；由中央政府和/或地区政府提供特别预算拨款，提高电力能源普及率。⑥支持基础设施建设，将耗损保险费用于石油和天然气勘探活动以及新能源和可再生能源的开发领域。

与《国家能源法》比较，《政府条例》的规定更为详尽，便于量化操作。这是印度尼西亚能源立法方面的重大进步。在同印度尼西亚开展能源合作之前，中国企业应该熟悉印度尼西亚关于能源的基本法律法规。

6.2 印度尼西亚的矿产与煤炭矿业法

印度尼西亚现行涉及矿业权证的有关法律法规有:《矿产和煤炭矿业法》(2009 年)、《矿产和煤炭矿业法修正案》(2020 年)、《印度尼西亚政府关于矿区的条例 PP22/2010》(2010 年)、《印度尼西亚政府关于矿产和煤炭开采业务管理实施和指导监督的条例 PP55/2010》(2010 年)、《印度尼西亚政府关于矿区复垦和闭坑的条例 PP78/2010》(2010 年)、《印度尼西亚政府关于能源和矿产资源领域实施的条例 PP25/2021》(2021 年)、《印度尼西亚政府关于矿产和煤炭开采业务活动实施的条例 PP96/2021》(2021 年)、《能矿部关于矿区技术标准的规章 PM37/2013》、《能矿部关于授权投资协调委员会颁发矿业权证一站式服务的规章 PM25/2015》、《能矿部关于能源矿产企业监管的规章 PM48/2017》、《能矿部关于矿产和煤炭开采业务的规章 PM25/2018》(经 PM50/2018、PM11/2019、PM17/2020 修订)、《能矿部关于规范矿产和煤炭开采活动监督的规章 PM26/2018》、《能矿部关于矿产和煤炭开采业务活动区域授予、许可和报告程序的规章 PM7/2020》(经 PM16/2021 修订)、《能矿部关于对延迟建设冶炼设施企业实施行政罚款的决定 KM154/2019》、《能矿部关于满足国内煤炭市场需求的决定 KM139/2021》等。[①]

6.2.1 印度尼西亚《矿产和煤炭矿业法》(2009 年)[②]

2008 年 12 月 16 日印度尼西亚人民代表会议通过了新的《矿产和煤炭矿业法》(Mineral and Coal Mining Law),2009 年 1 月 12 日该法以 2009 年 4 号令的形式正式颁布。《矿产和煤炭矿业法》共 26 章 175 条,其主要内容包括以下几个方面:

---

① 中国企业投资印度尼西亚矿业必须知晓的矿业权证制度,http://m. zichanjie. com/article/917812. html.

② Mineral and Coal Mining Law[EB/OL]. https://eiti. ekon. go. id/v2/wp-content/uploads/2017/07/UU-4-TAHUN-2009. pdf.

(1)《矿产和煤炭矿业法》原则和目标

该矿法坚持公正、透明、实用和均衡发展的基本原则,确保国家和民族的利益不受侵害,促进社会和环境的可持续发展。

矿产管理的目标是:保证矿业活动的成效和可持续性,保障国内矿产和能源资源的需求;提高矿业企业在国内外的竞争力;提高地方和国家来自矿业的收入;增加社会就业;保证法律的客观性。

(2)中央政府与地方政府在矿业管理上的权力划分

①中央政府的权限。中央政府权限如下:制定国家矿业政策;制定法律条例,制定国家标准及指南,制定矿产开发许可证颁发的相关规则;颁发普通矿业许可证(Izin Usaha Pertambangan,IUP)、特别矿业许可证(IUP Khusus,IU-PK);划定矿产潜力区;指导和帮助解决社会矛盾;对跨省和离海岸12英里以外的矿业活动进行监督管理;制定生产、销售、利用及环保的政策;制定提高社会参与和合作能力的政策;制定对矿产及煤炭生产企业的税收政策;监督和指导地方政府的矿业管理工作和地方政府地方矿业条例的制定工作;收集和管理全国的矿业信息,包括矿产资源储量、相关地质条件、开发情况,以及矿权区和国家矿产储备区的相关信息;指导开采后的土地复垦活动;编制全国矿产煤炭资源平衡表,合理安排全国的矿产资源开发,使其均衡发展;发展与提高矿产经营活动的附加值;提高中央及地方各级政府经营管理矿产活动的能力。

②省政府的权限。省政府管理矿产煤炭开采的权限包括:制定地方法规;颁发普通矿业许可证、社会矿业许可证(Izin Pertambangan Rakyat,IPR),指导和解决社会矛盾,监督跨县界及离岸4~12海里内的矿产开采经营活动;指导和帮助解决社会矛盾,监督县界及离岸4~12海里内对直接影响环境的矿产开采经营活动;收集和管理省区矿产煤炭资源及开采活动的信息和数据;编制省区矿产煤炭资源平衡表;发展和提高省区矿产煤炭经营的附加值;促进当地经济发展兼顾环境保护;根据权限协调本区矿区爆炸品批准并监督其使用;向部长及县/市长提供有关普查及勘探资料;向部长及县/市长提供生产、国内销售及出口的资料;指导和监督采后矿区的土地复垦工作;提高省县/市各级政府经营管理矿产活动的能力。

③县/市政府的权限。县/市政府负责其所辖地区内的矿业活动管理与监

督工作,具体包括:制定相关条例;发放社会矿业许可证;监督县内及离岸4海里内的矿产开采经营活动;调解矛盾;收集、整理和加工相关信息;监督与指导土地复垦,向部长及省长提供生产、国内销售及出口的资料等。

(3)含矿潜力区的划定

矿产潜力区是矿业活动基本限定区,由中央政府与地方政府协商并通过人民代表会议确定。矿产潜力区的划定要充分考虑当地经济发展、社会文化和生态环境等方面的因素,同时综合相关政府机构和当地居民的意见。矿产潜力区分为三类:①可开采区,煤炭和金属矿产可开采区由中央政府与地方政府协商并通过人民代表会议确定,非金属矿产可开采区经中央政府授权由省政府划定。②民间可开采区,限于国内民间开采,由县/市政府划定,最大面积为25公顷。③国家储备区,是为国家战略需要,为某种特殊的矿产品(煤、铜、锡、金、铝土矿和镍)储备或保护生态环境而划定的矿产潜力区。该类区域经人民代表会议批准,可转为特别开采区,在此开采矿产必须先得到政府颁发的特别矿业许可证。

(4)矿业权的设置与管理

印度尼西亚矿业权分为三种:普通矿业许可证、社会矿业许可证、特别矿业许可证。

①普通矿业许可证。普通矿业许可证又分为勘探许可证和采矿许可证两种。

勘探许可证的权限包括普查、勘探和可行性研究,可根据不同矿种确定不同的最长期限和面积,金属矿最长期限为8年,非金属矿为3年,特定种类的非金属矿(用于生产水泥的石灰石、金刚石和其他宝石)为7年,石材矿为3年,煤炭为7年。金属矿面积最少为5 000公顷,最大为10万公顷;非金属矿最少500公顷,最大2.5万公顷;石材矿最少5公顷,最大5 000公顷;煤矿最少5 000公顷,最大5万公顷。勘探许可证须至少包含以下信息:公司名称、区域面积和位置、整体规划、投资保证、投资资本、勘探许可证持有者的权利与义务、活动阶段有效期、行业类别、对矿区周围民众的帮扶规划、税务、纠纷的解决、固定费用和勘探费用及环境评估等。

采矿许可证的权限包括矿山基本建设、矿产开采、加工运输和销售,根据不同矿种确定不同的最长期限和面积。金属矿采矿许可证的最初期限为 20 年，可延长两次，每次 10 年；非金属矿采矿许可证最初期限为 10 年，可延长两次，每次 5 年；特定非金属矿采矿许可证最初期限为 20 年，可延长两次，每次 10 年；石材矿采矿许可证最初期限为 5 年，可延长两次，每次 5 年；煤矿采矿许可证最初期限为 20 年，可延长两次，每次 10 年。金属矿采矿许可证的最大面积为 2.5 万公顷；非金属矿为 5 000 公顷；石材矿为 1 000 公顷；煤矿为 1.5 万公顷；放射性矿开采区的面积由中央政府划定。

采矿许可证须至少包含以下信息：公司名称、区域面积、矿区位置、加工与提炼位置、运输与销售、投资资本、许可证有效期、活动阶段有效期、征地问题的解决、环保（包括环境恢复和采后活动）、环境恢复及采后活动的保证金、许可证的延长、许可证持有者的权利与义务、矿区周围民众的帮扶规划、税务、国家非税收性收入（包括固定费用和生产经营费用）、争议的解决、工作安全与健康、矿物及煤炭的保存、国内产品服务和技术的使用、采取的采矿技术措施、印度尼西亚员工的发展、矿物及煤炭资料的管理和采矿技术的使用及发展等。

普通矿业许可证的颁发由各级政府分别负责。如果矿业权归属县/市，则由所在地的县/市长颁发；如果矿业权区在同一省内，但跨两个或两个以上的县/市，则经当地县/市长推荐后由省长颁发；如果矿业权区跨两个或两个以上的省，则经当地省长和县/市长推荐后由部长颁发。

②社会矿业许可证。社会矿业许可证主要是用于小规模矿产开发，由当地县/市长负责发证，优先颁发给当地的个人、社会团体、合作社。许可证初始期限最长 5 年，此后可以延长。个人最大许可面积为 1 公顷，社会团体最大面积为 5 公顷，合作社最大面积为 10 公顷。

③特别矿业许可证。特别矿业许可证由部长负责颁发，主要是针对特别可开采区而颁发的。一个特别矿业许可证的权限区域内只授予一个品种金属或煤矿的特别开采权。许可证持有者对矿权区内发现的新矿种拥有优先权。

特别矿业许可证包括勘探和生产运营两个阶段。不同矿产各阶段在面积和期限上有不同的规定。金属矿产勘探期间最大面积为 10 万公顷，生产运营期间最大面积为 2.5 万公顷；煤炭勘探期间最大面积为 5 万公顷，生产运营期间最大面积为 1.5 万公顷。金属特别矿业许可证的勘探期限最长为 8 年，煤炭的勘探期限最长为 7 年,金属或煤炭的生产运营期限最长为 20 年,可延长两次,每次 10 年。

(5)权利和义务

普通矿业许可证和特别矿业许可证持有者有以下权利:①在符合法律规定的条件下利用生产所需要的公共设施及便利;②除了放射性矿产衍生物,在缴纳了相关勘探和开采税费后,有权拥有生产的矿产品;③在矿业进行了一定阶段勘探后,可以在印度尼西亚股票交易中心转让其所有权或股票,但转让前需通知主管的部长、省长或县/市长。

矿业许可证持有者有以下义务:①采用良好的采矿技术。普通矿业许可证和特别矿业许可证持有者须:遵守矿业工作安全与健康规定;保障采矿作业安全;监管采矿环境;保护矿物和煤炭资源;对采矿作业后的剩余的固体、液体或气体废料,经过处理达到环境质量标准后,再排放到周围环境中;保证实施与各地标准相符的环境保护标准。②根据印度尼西亚会计准则处理财务,提高矿物或煤炭等自然资源的附加值。③协助当地居民发展致富,遵循环境承受能力。④在申请矿产许可证的同时提交采后复垦及环保处理计划。⑤缴纳矿区土地复垦及环保处理保证金,部长、省长或县/市长有权指定第三方使用该项保证金执行矿区采后的复垦及环保处理工作。关于更详细的矿区土地复垦及环保处理条例和保证金条例将由中央政府另作规定。⑥矿业许可证持有者开采的矿产品应当在国内进行加工和提炼(可以加工和提炼从其他矿业许可证持有者开采出的矿产品);应当优先利用当地劳工、产品和服务;向部长、省长或县/市长按其权限呈交所有勘探及生产运营所得数据。⑦矿业企业的中外资股权在矿山投产 5 年后有义务向中央或地方政府或国有企业、地方企业、国内私营企业减持,其细则由中央政府另作规定。

此外,在矿业服务方面,矿业许可证持有者有义务使用当地或国内的矿业服务公司,矿业服务业活动的范围包括:普查、勘探、可行性研究、矿区建筑、运输、环境、采后环保处理及土地复垦;安全和卫生,以及开采和冶炼领域的咨询、计划及设备测试等。矿业服务公司应当优先使用本地的承包商和本地劳工。矿业许可证持有者不得在其矿区使用所属的矿业服务公司,除非得到部长允许;在下列情况下,可以得到部长允许:在矿区没有类似的服务公司,没有相关服务业企业有兴趣提供服务。更详细的矿业服务条例由中央政府另作规定。

（6）普通矿业许可证和特别矿业许可证的暂停和终止

①普通矿业许可证和特别矿业许可证的暂停。普通矿业许可证和特别矿业许可证发生以下情况时,可暂停采矿活动:第一,形势受阻或形势不利导致全部或部分采矿活动停止,须向部长、省长或县/市长申请。部长、省长或县/市长在接收到民众的请求之后最晚30日之内,必须出具接收或拒绝的书面决定,并附上理由。第二,地区环境无法承受采矿活动的负荷,须由采矿监督员进行,或者根据民众向部长、省长或县/市长的请求而进行。

暂时停止采矿活动,最多给予1年的时间,之后可延长一次,每次延长1年。暂停期限未到期之前,普通矿业许可证和特别矿业许可证持有者如已准备好进行采矿作业,必须向部长、省长或县/市长报告后,由其作出撤销采矿活动暂停的决定。采矿活动暂停将通过政府条例的形式予以进一步规定。

暂停采矿活动的效力:不会减短采矿许可证有效期;如因形势受阻导致停止,则许可证持有者向中央政府和地方政府的应尽责任暂时失效;如因形势不利导致全部或部分采矿活动停止,则许可证持有者向中央政府和地方政府的应尽责任仍然有效;如因地区环境无法承受采矿活动的负荷而导致采矿活动暂停,则许可证持有者向中央政府和地方政府的应尽责任仍然有效。

②普通矿业许可证和特别矿业许可证的终止。如发生以下情况,普通矿业许可证和特别矿业许可证将终止:第一,许可证被返还。普通矿业许可证和特别矿业许可证持有者可通过书面声明将许可证返还给部长、省长或县/市长,并附上明晰的理由。许可证返还经由部长、省长或县/市长批准及满足应尽责任义务后方生效。第二,许可证被撤销。如发生下列情况,普通矿业许可证和特别矿业许可证可由部长、省长或县/市长撤销:许可证持有者未能符合许可证中包含的责任义务及法律规定;许可证持有者实施本法中所述的犯罪活动;许可证持有者破产。第三,许可证到期。如普通矿业许可证和特别矿业许可证已到期,而并未申请延长或申请不符合条件,则许可证将终止。

上述已终止许可证的持有者须根据法律规定满足和完成应尽的责任和义务。普通矿业许可证或特别矿业许可证终止的普通采矿区域或特别采矿区域可通过本法规定的机制授予公司、合作社或个人。如普通矿业许可证和特别矿业许可证已终止,则持有者需将其在勘探和经营生产过程中获得的全部数据资料移交给部长、省长或县/市长。

(7)国家和地方收入

矿业许可证持有者有义务缴纳属于国家和地方收入的各种税费,包括税收和非税收入。税收包括根据税法规定的税收、进口税。非税收入包括固定租金费、勘探费、权利金、信息补偿费。地方收入包括地方税、地方补偿费(retributions)以及法律规定的其他合法地方性收入。

6.2.2 印度尼西亚《矿产和煤炭矿业法修正案》(2020 年)[1]

印度尼西亚政府 2020 年通过了关于修订《矿产和煤炭矿业法》(2009 年)的第 3/2020 号法律《矿产和煤炭矿业法修正案》,其中引入了若干修改,包括但不限于矿区分类、矿产和煤炭管理权力集中、许可事项的重新安排、投资和撤资义务、工作合同和煤炭工作合约的继续生效等。

(1)工作合同

在 2009 年之前,被称为"工作合同"(Kontrak Karya)或"煤炭工作合同"(Perjanjian Karya Pengusahaan Pertambangan Batubara)的采矿协议主要由国际投资者与印度尼西亚政府签订。根据印度尼西亚 1967 年基本采矿法,此类协议旨在为投资者的特定采矿活动提供一个全面的监管框架和财政制度。"工作合同"制度所保留的其他发展中国家传统采矿特许权协定的一些特点目前正在逐步消失。新的采矿项目应采用许可证制度进行,这一制度既适用于国内投资者开发的采矿项目,也适用于外国投资者开发的采矿项目。在 2009 年之前,有单独的许可证制度[颁发采矿许可(Kuasa Pertambangan,KP)]可用,但仅限于国内矿业公司。采矿许可必须转换为采矿营业执照。[2]

2009 年《矿产和煤炭矿业法》规定,现有的工作合同在到期前仍然有效,但到 2010 年 1 月,其期限(与国家收入有关的合同以外的条款)必须加以修订。工作合同条款与 2009 年《矿产和煤炭矿业法》制度之间有争议的差异包括:大

---

① Permen ESDM Nomor 7 Tahun 2020,https://peraturan. bpk. go. id/Home/Details/142152/permen-esdm-no-7-tahun-2020.

② 德勤. 2020—2021 年印度尼西亚投资之窗[EB/OL]. http://www. tradeinvest. cn/information/9600/de-tail.

幅度减少矿区的最大规模,可能更严格地要求股份剥离,以及限制保留承包商和其他问题。

然而,2020年《矿产和煤炭矿业法修正案》保证,工作合同/煤炭工作合同在符合某些法定要求(特别是增加税收和非税收的国家收入)后可以延长。就延长期本身,如果工作合同/煤炭工作合同以前没有延长,则可以延长两次,每次最长期限为10年。如果工作合同/煤炭工作合同以前曾获得一次延期,则此类工作合同/煤炭工作合同可获得再次为期10年的延期。上述延期以工作合同/煤炭工作合同继续运作的特殊采矿业务许可证的形式进行。

延长工作合同/煤炭工作合同的申请(连同所有必要的行政要求和文件),必须最早在5年和各工作合同/煤炭工作合同到期前一年提交能源和矿产资源部部长。

(2)采矿营业执照

在不属于州保留区的区域进行商业开采,需由普通矿业许可证授权,而州保留区域的采矿则由特别矿业许可证授权。根据2020年《矿产和煤炭矿业法修正案》的规定,颁发采矿相关许可证的权力集中于国家政府。但是,中央政府可以将该权力下放给省政府,例如,授权省政府颁发社会矿业许可证和岩石采矿授权书(Surat Izin Penambangan Batuan,SIPB)。

非金属矿物或岩石的普通矿业许可证是通过申请获得的,而金属矿物或煤炭的普通矿业许可证是通过招标和竞争性投标程序获得的。所有发给私营企业的特别矿业许可证也通过招标和竞标程序获得。尽管如此,国有企业和地区所有制企业仍享有优先权。

根据法律,只要满足某些条件,勘探许可证持有人有权获得升级的生产许可,继续其采矿商业活动。许可证的颁发可以用于勘探(Eksplorasi)或生产(Produksi Operasi)。

许可证持有人必须优先使用国内人力、货物和服务。此外,对采矿服务提供者(即承包商)也有具体限制:必须制定企业社会责任方案,包括一项发展和赋予当地人民群众权利的方案,该方案须与国家政府、地方政府和人民群众协商制定。

根据2020年《矿产和煤炭矿业法修正案》,综合金属矿产和煤矿开采的矿业许可证有效期为 30 年，并保证在符合适用法律、法规的要求后延长 10 年。然而，《矿产和煤炭矿业法修正案》并未明确：对于综合金属/煤矿开采的普通矿业许可证来说，在采矿许可到期后可延期 10 年，还是可以进行两次 10 年的延期。我们期望在即将执行的政府条例中有关于此事项的进一步说明。

此前，2009 年《矿产和煤炭矿业法》要求报告意外开采的任何矿物和煤炭。此类报告必须在征收生产特许权使用费之前提交给相关许可证颁发者。2020 年《矿产和煤炭矿业法修正案》中不再纳入此类规定。

此外，普通矿业/特别矿业许可证持有人在采矿活动期间必须使用专用采矿道路。这些道路可以自己建造，抑或与已经修建采矿道路的其他普通矿业/特别矿业许可证持有人合作建造，也可以与拥有采矿道路的其他当事方合作建造。此项规定也符合目前实际操作情况。

（3）收购矿业公司

采矿营业执照不能直接转让给另一方，除非该方是关联公司（这意味着其至少 51% 的股份归转让方所有）。此外，经政府批准，国有企业可以将矿区的一部分转让给子公司（其至少 51% 的股份归转让方所有）。然而，通过许可证持有人间接获取矿业许可证已是非常普遍的操作。根据 2009 年《矿产和煤炭矿业法》要求，勘探完成后，监管机构允许进行这种间接转让。

此类间接转让的过程存在一定的不确定性，须完成以下必要事项：政府当局批准相关矿业公司投资普通矿业许可证；能源和矿产资源部部长（或代表部长的总干事）就投资发出授权函。此外，如果目标公司是本地公司，且收购方是外国公司，则各方必须完成转换为印度尼西亚有限责任公司的要求。

与 2009 年《矿产和煤炭矿业法》不同，2020 年《矿产和煤炭矿业法修正案》允许转让普通矿业/特别矿业许可证，但须经能源和矿产资源部部长批准。获得这种批准的最低要求包括：①资源供应和储量数据可以证明普通矿业/特别矿业许可证持有人已完成其勘探活动；②普通矿业/特别矿业许可证持有人必须满足行政、技术和财务规定。

根据 2020 年《矿产和煤炭矿业法修正案》，类似的规定也适用于国际矿业/特别矿业许可证的转让。未经能源和矿产资源部部长批准，普通矿业/特别矿业许可证持有人不得转让股份所有权。获得这种批准的最低要求包括：①资源供应和储量数据可以证明普通矿业/特别矿业许可证持有人已完成其勘探活动;②普通矿业/特别矿业许可证持有人必须满足行政、技术和财务规定。

普通矿业/特别矿业许可证持有公司及其利益相关者需要考虑与遵守相关要求。2020年《矿产和煤炭矿业法修正案》尚未明确提及"普通矿业/特别矿业许可证转让人必须拥有转让方51%的股份",与转让有关的详细要求预计将列入采矿法实施条例。因此,矿业公司和投资者应谨慎考虑此类转让监管框架(包括如上所述"普通矿业/特别矿业许可证转让人必须拥有转让方51%的股份"的要求)。

假设不再设有"普通矿业/特别矿业许可证转让人必须拥有转让方51%的股份"的要求,那么在二级市场上进行采矿特许权销售或并购重组时,普通矿业/特别矿业许可证转让可能会更加方便。例如,当买方需要购买目标公司的股票以获得目标特许权普通矿业许可证的控制/所有权/持有权此类基于股份的交易时,可避免承担不必要的风险。转让是否更加便捷也取决于目标矿业公司所处阶段以及规模,例如是绿地或是褐地投资。

(4)采矿加工/精炼业务许可证

2020年《矿产和煤炭矿业法修正案》明确了独立/非集成采矿冶炼厂、加工/精炼公司许可证制度的二元性,规定此类公司的许可证只能由工业部颁发。

拥有独立/非集成冶炼厂可在采矿资产和冶炼资产之间提供结构灵活性,因为这两种资产可由不同的利益相关者或项目发起人持有,并具有不同的资本和融资结构(包括一揽子担保),并在矿业公司要求履行其强制性撤资义务时,间接避免"剥离"冶炼资产。

(5)撤资要求

2020年《矿产和煤炭矿业法修正案》规定,外资独资企业必须逐步将其51%的股份剥离给中央政府、地方政府、国有企业、地区性企业和国有民营实体。如果在历经逐步撤资程序后无法实施直接剥离,则可以通过在印度尼西亚证券交易所矿业公司IPO进行此类剥离。

然而,2020年《矿产和煤炭矿业法修正案》没有具体规定此类撤资的详细时间要求。此前,剥离的监管将在生产5年后开始,如下所示:第六年产量:20%;第七年产量:30%;第八年产量:37%;第九年产量:44%;第十年产量:51%。

要剥离的股份必须提供给国家政府、省政府、省/市政府或国有和地区企业。如果这些机构不愿意收购这些股份,则它们可以通过招标方式提供给印度尼西亚私营商业实体。工作合同还可包括撤资要求。①

6.2.3　印度尼西亚《关于矿产和煤炭开采业务活动政府条例》(2021年)

印度尼西亚政府于2021年9月9日发布了关于矿产和矿业业务的2021年第96号政府条例(简称"GR96条例"或"新矿业法规"),这是印度尼西亚政府自2009年发布第4号《矿产和煤炭矿业法》、2020年发布《矿产和煤炭矿业法修正案》之后又发布的一项重大矿业法规。GR96条例的最主要内容是取消了采矿业领域内外资所持股权比例的限制,并且放宽了外资剥离(撤资)义务的履行期限,进一步完善了印度尼西亚矿业市场的外商投资环境。这一变化对外资在印度尼西亚矿业领域的跨境投资具有重大影响,包括对中国投资者的影响,甚至在某种程度上直接改变了中国投资者在印度尼西亚矿业领域的投资策略,为中国公司提供了较大的投资机遇。

(1)取消了外资股比限制

GR96条例取消了印度尼西亚矿业公司中外国股东的股权比例限制,中国公司等外国投资者现在可以收购并持有一家印度尼西亚矿业公司100%的股份,这将极大地促进中国投资者对于收购印度尼西亚矿业公司的积极性,有利于中国投资者在收购后对该等矿业公司的控制并享有相应的股东权益和收益。需要注意的是,外国投资者仍然需要遵守一定的剥离义务,但是GR96条例下的剥离义务相比以前较为宽松。

(2)延长了剥离义务期限

GR96条例延长了剥离义务期限,剥离义务变得更为宽松。根据矿业公司生产活动的不同,剥离义务可以分为以下四类情形:

①对于采用露天采矿方法开展采矿活动,且未与加工精炼设施或开发使用活动相结合的矿业公司而言,应在投入生产后第10年至第15年每年剥离股份给印度尼西亚方,使得该6年间印度尼西亚方每年持有的股份分别达到公司总

① 德勤. 2020—2021年印度尼西亚投资之窗[EB/OL]. http://www.tradeinvest.cn/information/9600/de-tail.

股本的 5％、10％、15％、20％、30％和 51％。

②对于采用露天采矿方法开展采矿活动,且已经与加工精炼设施或开发使用活动相结合的矿业公司而言,应在投入生产后第 15 年至第 20 年每年剥离股份给印度尼西亚方,使得该 6 年间印度尼西亚方每年持有的股份分别达到公司总股本的 5％、10％、15％、20％、30％和 51％。

②对于采用地下采矿方法开展采矿活动,且未与加工精炼设施或开发使用活动相结合的矿业公司而言,应在投入生产后第 15 年至第 20 年每年剥离股份给印度尼西亚方,使得该 6 年间印度尼西亚方每年持有的股份分别达到公司总股本的 5％、10％、15％、20％、30％和 51％。

④对于采用地下采矿方法开展采矿活动,且已经与加工精炼设施或开发使用活动相结合的矿业公司而言,应在投入生产后第 20 年至第 25 年每年剥离股份给印度尼西亚方,使得该 6 年间印度尼西亚方每年持有的股份分别达到公司总股本的 5％、10％、15％、20％、30％和 51％。

需要注意的是,在实施剥离义务时,印度尼西亚矿业公司(即普通矿业许可证持有人)必须直接向印度尼西亚政府方发出要约;印度尼西亚政府方经内部协调后,必须自收到要约之日起 90 日内说明他们对股份的收购意向。如果印度尼西亚政府方对该股份没有收购意向或回应,则被剥离的股份可以通过拍卖的方式转让给印度尼西亚的国家或私营企业实体。如果没有人对拍卖感兴趣,则被剥离的股份将通过印度尼西亚证券交易所公开出售。

此外,由外国投资者持有 49％以上股份的矿业公司(即普通矿业许可证持有人)还可以在履行剥离义务之前将外国股份转让给第三方,前提是它应首先就该股份向印度尼西亚国有公司发出要约。印度尼西亚国有公司必须在 75 日内对该要约进行书面答复。如果印度尼西亚国有公司对该要约没有兴趣或没有提供书面回复,则矿业公司(普通矿业许可证持有人)可向印度尼西亚能源和矿产资源部提交关于批准股份转让的申请。[①]

2020 年《矿产和煤炭矿业法修正案》和 2021 年 GR 96 条例的实施对外商投资者和印度尼西亚当地矿业公司的积极效应是巨大的。一方面,外资股比限

---

① 印度尼西亚新矿业法规为中国公司带来的机遇与风险[EB/OL]. http://www. dehenglaw. com/CN/tansuocontent/0008 /023129/7. aspx? MID=0902.

制的取消和剥离义务履行期的延长给予了中国投资者更多的投资机遇与空间；但在另一方面，实践中的法规实施路径尚不明晰，潜在的问题与风险并存，GR96 条例能否真正有效实施还有待进一步观察。

6.3 印度尼西亚的石油与天然气法及条例

6.3.1 印度尼西亚《石油与天然气法》(2001 年)①

印度尼西亚《石油与天然气法》制定于 2001 年，由人民代表会议决议批准生效。在该法案中，印度尼西亚进一步加强了对石油和天然气资源的控制，并对石油和天然气资源的所有权、开采活动、市场运作、国家收益、违法行为等多方面作出了明确的法律规定，为各主体在印度尼西亚境内进行石油和天然气开采活动提供了明确的法律依据。

(1)明确了石油天然气资源的所有权

《石油与天然气法》规定："石油和天然气是国家掌握的不可再生的战略性天然资源，也是与人民群众需求紧密相关的必须矿产品。"该法第三章"管理和经营"第四条规定：石油和天然气作为印度尼西亚法定的矿藏区域所具有的天然的战略资源，是国家财产；国家是所有者，政府作为矿产权的代表对石油和天然气进行经营；政府作为矿产权的掌管者组建执行机构。

(2)变革了资源决策产业结构

2001 年 11 月，印度尼西亚国会通过《石油与天然气法》，2003 年通过《政府 31/2003 号条例》，将印度尼西亚国家石油公司 Pertamina 的法律地位由特许国营企业变为国营股份有限公司，改变了其长达 32 年的市场垄断局面。同时，印度尼西亚国家石油公司 Pertamina 也由原来的首长制变为政府指派董事会的集体决策制，并成立独立的石油与天然气管理机构(BP Migas)，取代印度尼西亚国家石油公司 Pertamina，监管产量分成合同(PSC)的合约内容，并在产量分成

---

① Undang-undang (UU) tentang Minyak dan Gas Bumi, https://peraturan. bpk. go. id/Home/Details/44903/uu-no-22-tahun-2001.

合同中增列石油公司在国内市场的义务,以确保国内能源的供应。

根据《石油与天然气法》,印度尼西亚政府对国家石油公司 Pertamina 的特殊地位进行五项变革,内容包括:①取消印度尼西亚国家石油公司 Pertamina 的石油勘探与管制的特权;对 Pertamina 的开采提炼与销售加工业务进行分工;允许新公司加入提炼与销售业务。②印度尼西亚国家石油公司 Pertamina 变成国营公司而非决策机构。③撇清印度尼西亚国家石油公司 Pertamina 与中央银行的财务关系;公司须自行负责盈亏,央行不再给予财政支持。④印度尼西亚国家石油公司 Pertamina 定期公开运营信息,并接受印度尼西亚财政发展管理局(BP-KP)的监督。⑤成立石油与天然气监管机构(BP Migas),取代印度尼西亚国家石油公司 Pertamina,成为石油与天然气的管理与监督机构。2001 年《石油与天然气法》通过后,印度尼西亚石油资源决策产业结构有所调整,详见图 6-2。

印度尼西亚国家石油公司的运作也有了显著变化。首先,根据《石油与天然气法》,石油与天然气监管机构 BP Migas 负责开发与管理印度尼西亚油气上游事业,此管理机构的主任委员由总统提名,并经国会同意后任命。石油收益直接归属中央银行,石油实际收益转化为国家的收益。跨国公司今后要签署印度尼西亚石油开采合约,对象应是石油与天然气监管机构 BP Migas 而非国家石油公司。若国家石油公司在商讨与执行决策时结果出现分歧,新的监督机制可以解决以往石油资源管理不透明与贪腐的问题。此外,石油与天然气监管机构 BP Migas 主席由总统指定,并须得到印度尼西亚国会的批准,每半年需向总统汇报相关报告,报告书的副本也必须交由国会审议,让能源资源的分配受到国会民意的监督。

(3)独特的石油经营方法

印度尼西亚对石油开采经营活动进行了严格的区分和分类,将石油开采经营活动分为"上游产业"和"下游产业",并按照市场因素,对上下游产业给予法定的定义,对上下游经营活动进行法定的限制。具体来说,根据印度尼西亚《石油与天然气法》的规定:"上游产业是指以勘探和开采活动为核心或立足于勘探和开采活动的产业";"下游产业是以加工提炼、运输、储存和贸易为核心或者立足于加工提炼、运输、储存和贸易的产业"。印度尼西亚用法律的形式严格控制了石油开发的上下游产业的运作。对于石油的勘探、开采活动,只有通过与印

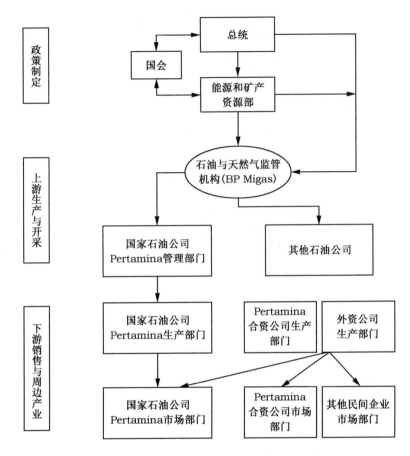

图 6—2 印度尼西亚石油资源决策产业结构

度尼西亚政府共同参股组建项目公司的方式才能进行。一般的法人均无权进行石油的勘探、开采活动。

上游活动为勘探开采，实行矿山特许权制度，以合作经营合同制进行，经营者包括国有企业、地方政府所有公司、合作社和私营商业实体，《石油与天然气法》要求商业实体①与政府下辖的印度尼西亚油气特别工作小组（SKK Migas）签署产量分成合同，从而实现政府对上游环节的控制。常设机构②只能从事上

①　商业实体是指按照既定的法律和法规，在印度尼西亚境内注册的，永续经营的常设法人实体形式的公司。

②　常设机构是指在印度尼西亚之外的其他国家设立的法人商业实体，且该实体在印度尼西亚境内从事商业活动、有住所，且有义务遵守印度尼西亚的法律和法规。

游产业。下游活动为加工、运输、储存和贸易,实行合理、公平、透明的营业许可证制度,经营者包括国有企业、地方政府所有公司、合作社和私营商业实体,由油气下游工业活动安排机构(BPH Migas)进行管控,负责发放各类经营牌照。以上经营者只有从政府获得相关业务的许可证后,才能从事相关的商业活动,这些证件分别是加工许可证、运输许可证、仓储许可证和营业许可证。

从事上游产业的商业实体或常设机构不能从事下游产业,从事下游产业的商业实体不允许从事上游产业。在印度尼西亚有办事处的外国公司可以从事上游或下游活动,但不能同时参与两个领域的活动。该条法律还规定优先使用本地人力,并且公司必须具备项目执行方面的专业知识,并满足环保标准。

根据 2001 年《石油与天然气法》,自 2002 年起,私营部门就可以从事天然气的运输和管道输送行业。私营公司可在油气下游工业活动安排机构(BPH Migas)监管部门的监督下进行输气管道、CNG 运输和存储设施的经营活动,即这些私营公司可为管道的使用以及家用或小规模用气设置收费表。

2012 年 11 月,宪法法院的一项裁决使 2001 年《石油与天然气法》中有关石油与天然气监管机构 BP Migas 的设立和权威的某些方面无效,并要求解散 BP Migas。能源和矿产资源部部长对印度尼西亚能源部门拥有一般权力,石油与天然气监管机构 BP Migas 是监督上游活动的管理机构,并代表印度尼西亚政府执行生产共享合同和其他类型的合作合同。根据第 95/2012 号总统条例,BP Migas 的权力已移交给能源和矿产资源部。政府还宣布将 BP Migas 的业务和工作人员转移到上游石油和天然气活动特别工作组,由能源和矿产资源部部长监督。BP Migas 的所有雇员都被分配到印度尼西亚油气特别工作小组 SKK Migas,继续从事石油和天然气业务。油气下游工业活动安排机构 BPH Migas 则是监督下游活动的管理机构。[1]

6.3.2 2007/25 号法案《投资法》及 2007/40 号法案《公司法》

从事石油和天然气业务的公司必须以常设机构[2]及外国公司分公司的性质成立。以定居印度尼西亚的性质成立的公司只能是印度尼西亚的公司和投资

---

[1] 德勤. 印度尼西亚投资之窗——印度尼西亚中国建交 70 周年特刊. 2019—2020.
[2] 常设机构是指在印度尼西亚之外其他国家设立的法人商业实体,且该实体在印度尼西亚境内从事商业活动、有住所,且有义务遵守印度尼西亚的法律和法规。

者。根据"栅栏原则",商业实体①只可以拥有一份石油产量分成合同(PSC),若想再获取额外的石油产量分成合同,就必须再成立单独的机构。该法律还详细规定了商业实体如何通过转移和汇回利润获得股息。生产所需的资本货物进口机械和设备免征增值税(VAT),而生产用货物免征或推迟征收增值税。

外国投资者可通过外国公司在印度尼西亚设立分支机构(PE)或者在印度尼西亚当地成立有限责任公司(PT)开展油气上游业务。但每家分支机构或有限责任公司仅可签署一份产量分成合同。对于外国公司在印度尼西亚成立的有限责任公司开展的油气下游业务,《投资法》允许其以外汇支付并汇出股息或分红。

6.3.3　印度尼西亚 2016/44 号总统令

2016 年 5 月 18 日,印度尼西亚发布 2016/44 号总统令,公布了对外国公司在印度尼西亚成立的有限责任公司的投资负面清单,包括:陆上钻探业务,禁止外国资本进入;海上钻探业务,外资持股比例不可超过 75%;陆上管道、生产设施、垂直及水平储罐的安装,禁止外资公司进行建造服务;海上管道及球罐的安装,外资持股上限为 49%;海上平台的建造服务,外资持股上限为 75%;油井的运行和维护、设计和工程支持服务、技术检查,均禁止外资进入;油气勘查服务,外资持股上限为 49%。

6.3.4　油气下游相关的法律法规文件

油气下游相关的法律法规文件,主要包括《石油与天然气法》和 GR30/2009 号实施法。

(1)天然气管道的建设与运营

在印度尼西亚指定区域内开展天然气输配送管道的建设与运营,相关管道线路必须首先被纳入《天然气基础设施总体规划方案》中,并参加油气下游工业活动安排机构 BPH Migas 组织的竞标、获得其颁发的"特殊许可"后,方可开展业务操作。

---

① 商业实体是指按照既定的法律和法规,在印度尼西亚境内注册的,永续经营的常设法人实体形式的公司。

（2）天然气管线输送费用的设定

印度尼西亚于 2008 年颁布新的法规，以修订天然气管道输送费用的计算方式，具体包括：①具有天然气管道运营"特殊许可"的企业向油气下游工业活动安排机构 BPH Migas 提交运费初步方案。②油气下游工业活动安排机构 BPH Migas 评估该方案，并平衡兼顾输气企业、用户及终端消费者的利益。③油气下游工业活动安排机构 BPH Migas 组织公开听证会，输气企业及用户参会。④油气下游工业活动安排机构 BPH Migas 理事会对价格方案作出最终决策。⑤价格方案有两种计价模式可供选择：第一种是"邮票模式"，即在某一特定范围内的各类客户所需支付的运费相同；第二种是"距离模式"，即根据客户距离气源点的距离不同，收取不同额度的运费。⑥经输气企业或管道用户申请，在以下情形下，经批复的运费方案可由油气下游工业活动安排机构 BPH Migas 进行修改：管道总投资金额发生变化；管道用户数量发生变化；运维成本发生较大变化；输气量发生变化；⑦输气企业每月提交报告，确保经批复价格方案的落实，以及是否存在上述变化。

（3）天然气的液化、再气化、储存、运输

运营商需取得能源和矿产资源部发放的经营牌照。对于天然气运输业务，还需先行取得油气下游工业活动安排机构 BPH Migas 颁发的"特殊许可"。

（4）天然气定价

天然气经销商可以与终端用户以协议的方式商定天然气价格，但需确保 25％以上的产能供应国内用户。除对小规模用户实行国家指导价格外，向其他用户的天然气售价不受国家监管，各经销商间存在相互竞争。

尽管上述机制削弱了政府对天然气价格的监管，但政府仍通过下述两个渠道干预价格：一是要求上述经协商的天然气价格须在经过能源和矿产资源部下设的油气特别工作小组 SKK Migas 批准后方可执行；二是通过印度尼西亚境内最大的天然气贸易商——国有控股的 Pertamina 和 PGN 干预市场价格。

（5）激励政策——鼓励外资参与兴建炼油厂

2014 年 12 月，印度尼西亚政府鼓励国内外投资者参与印度尼西亚油气领域投资，特别是在印度尼西亚投资兴建炼油厂。为减少对进口燃油的依赖，印度尼西亚政府原计划使用国家预算资金兴建炼油厂，但由于投资额巨大、燃油供应缺口较大,最终决定与外资或私企合作。印度尼西亚能源和矿产资源部油气总司代理总司长纳尔延多·瓦吉敏称,印度尼西亚政府已对投资建设炼油厂进行可行性研究,鼓励外国投资者和私营企业与印度尼西亚国家石油公司开展合作,印度尼西亚政府将简化许可证办理程序,提供一定的减免税优惠,并协助进行征地。但印度尼西亚政府对炼油厂投资者提出了四项要求:①投资者必须具备一定实力和高尖端科技,希望在印度尼西亚投资兴建的炼油厂是国际一流的;②保障原油等原材料供应充足,确保炼油厂建成后能顺利投产;③要具备开展石油化工业务的能力,以进一步延伸产业链;④要雇用当地和国际专业人才,确保项目实施质量和效果。

(6)2019 年新增税收优惠,吸引对油气行业上游的投资并鼓励勘探

2019 年 9 月印度尼西亚政府发布税收优惠政策,以吸引对上游石油和天然气行业的投资并鼓励勘探。对增值税、奢侈税等给予优惠,对土地税给予 100% 减免。在生产阶段,非常规油田不符合目标内部收益率的承包商将获得类似的优惠,但土地税的减幅较小。

(7)2020 年修订法律,允许投资者灵活选择油气合约方式

2020 年 7 月印度尼西亚对 2017 年的一项法律进行了修订,使油气投资者在选择勘探合同选项时获得更大的灵活性。允许承包商在不同的分摊合同中进行选择,包括成本回收合同和产量分成合同,以推动投资。这与以前采用的成本回收合同有所不同,即政府偿还承包商承担的勘探和生产成本,以换取公司石油和天然气收益的更高份额。

通过能源和矿产资源部,政府正式允许投资者灵活选择油气合作合同的形式。这一变化是为了提供法律确定性,并增加对上游油气业务活动——新油井的勘探和钻探的投资。根据修订后的法律,即将到期的合同不再必须从成本回收合同转换为产量分成合同。如果指定了印度尼西亚国家石油公司 PT Pertamina 或其附属公司,则由石油部决定合作合同。

6.4　印度尼西亚的可再生能源政策及条例

根据印度尼西亚《国家能源法》(2007 年),可再生能源被定义为由可持续资

源产生的能源,包括地热能、风能、生物质能、太阳能、水电、潮汐能等。

2017 年,印度尼西亚能源和矿产资源部批准了《关于利用可再生能源提供电力的 2017 年第 50 号条例》,规定必须优先利用可再生能源发电,以进一步鼓励可再生能源的开发。能源和矿产资源部 2018 年第 53 号条例对 2017 年第 50 号条例进行了修正,2020 年第 4 号条例对 2017 年第 50 号条例进行了第二次修正。

6.4.1 印度尼西亚能源和矿产资源部《关于利用可再生能源提供电力的 2017 年第 50 号条例》及其修正[①]

(1)本条例的适用范围

可再生能源种类:太阳能、风能、水能、生物质能、沼气、城市垃圾、地热能、潮汐能、生物燃料等。可再生能源电站包括:太阳能光伏电站(PLTS)、风力发电站(PLTB)、水力发电站(PLTA)、生物质能发电站(PLTBm)、沼气发电站(PLTBg)、城市垃圾发电站(PLTSa)、地热发电站(PLTP)、海浪和海洋能电站(PLTA Laut)、生物燃料电站(PLT BBN)等。政府鼓励优先从以上可再生能源发电站采购电力。

(2)国家电力公司的采购政策

印度尼西亚国家电力公司的采购政策如表 6-1 所示。

表 6-1 印度尼西亚国家电力公司采购政策

发电站类型	采购条件	采购方式	采购价格/参考价格	资源条款
太阳能光伏电站(PLTS)	当地的电力系统可以利用太阳光能源获得电力供应。	由印度尼西亚国家电力公司通过基于容量配额的直接选择机制进行的。	如果当地电力系统的发电价格高于全国平均发电价格,则采购价格最多为当地电力系统发电价格的 85%;如果当地电力系统的发电价格等于或低于全国发电价格的平均水平,则应根据双方的协议确定发电站的购电价格。	从光伏发电站向印度尼西亚国家电力公司的连接点输送电力的电力网络建设,可由电站开发商基于互利机制进行。
风力发电站(PLTB)	当地的电力系统可以接受使用风力能源的电力供应。	由印度尼西亚国家电力公司通过基于容量配额的直接选择机制进行的。	当地电力系统的发电量基准价和全国发电量基准价的平均值,是由部长根据印度尼西亚国家电力公司的提议确定的上一年当地电力系统的发电基准价和全国发电量基准价的平均值。	从风力发电站向印度尼西亚国家电力公司的连接点输送电力的电力网络建设,可由电站开发商基于互利机制进行。

---

① Pemanfaatan Sumber Energi Terbarukan Untuk Penyediaan Tenaga Listrik, https://peraturan. bpk. go. id/Home/Details/142140/permen-esdm-no-50-tahun-2017.

发电站类型	采购条件	采购方式	采购价格/参考价格	资源条款
水力发电站（PLTA）	从水力发电站采购电力，其电力来源于利用以下能源发电的水力发电站：河流瀑布/水流的水力、水坝/水库或多功能灌溉水渠中的水力。	参考价格采购或通过直接选择机制采购。	在当地电力系统的发电价格高于全国发电价格平均值的情况下，水电购买价格应最多与当地电力系统的发电价格一样高；如果苏门答腊岛、爪哇岛和巴厘岛地区或其他地方电力系统的发电价格等于或低于全国发电价格的平均值，则水力发电的购买价格应根据双方的协议确定。另：水库/大坝或灌溉渠的水力发电，其购买价格是基于双方的协议，且电力购买价格应获得能源和矿产资源部部长的批准。	从水力发电站向印度尼西亚国家电力公司的连接点输送电力的电力网络建设，可由电站开发商基于互利机制进行。
生物质能发电站（PLTBm）	只能在《电力采购协议》存续期间，从拥有充足的原料以直接运营发电站的电站开发商处采购。	通过直接选择机制采购。	如果当地电力系统的发电价格高于全国发电价格的平均水平，则发电厂的购电价格最多为当地电力系统发电价格的85%；如果当地电力系统的发电价格等于或低于全国发电价格的平均水平，则生物质发电厂的购电价格应根据双方的协议来确定。	从发电站向印度尼西亚国家电力公司的连接点输送电力的电力网络建设，可由电站开发商基于互利机制进行。
沼气发电站（PLTBg）		如果沼气发电站容量不超过10兆瓦，则国家电力公司使用参考价格采购；如果生物质能发电站容量超过10兆瓦，则国家电力公司通过直接选择机制采购。		
城市垃圾发电站（PLTSa）	旨在协助中央政府和/或地方政府解决和处理城市的垃圾问题。垃圾发电站可以用堆填的方式，通过厌氧发酵或通过热化学技术利用热能。	通过直接选择机制采购。	如果当地电力系统的发电价格高于全国发电价格的平均值，则从发电站购买电力的价格应最多与当地电力系统的发电价格一样高；如果苏门答腊、爪哇和巴厘岛地区或其他地方电力系统的发电价格等于或低于全国发电价格的平均值，则从发电站购买电力的价格应根据双方的协议确定。	从固体垃圾发电站向印度尼西亚国家电力公司的连接点输送电力的电力网络建设，可由电站开发商基于互利机制进行。开发者可以根据法律和法规的规定，以奖励的形式给予便利。
地热发电站（PLTP）	从拥有地热能开发区的电站开发商处采购，同时，已探明上述开发区的地热能储量。	通过直接选择机制采购。		从地热发电站向印度尼西亚国家电力公司的连接点输送电力的电力网络建设，可由电站开发商基于互利机制进行。

续表

发电站类型	采购条件	采购方式	采购价格/参考价格	资源条款
海浪和海洋能电站（PLTA Laut）		通过直接选择机制采购。	如果当地电力系统的发电价格高于全国发电价格的平均值，则海洋水电的购电价格应最多为当地电力系统发电价格的85%；如果当地电力系统的发电成本等于或低于全国发电成本的平均水平，则购电价格应高于当地电力系统发电成本的85%。	从海洋电站向印度尼西亚国家电力公司的连接点输送电力的电力网络建设，可由电站开发商基于互利机制进行。
生物燃料电站（PLT BBN）	只能在《电力采购协议》存续期间，从拥有充足的原料以直接运营生物燃料发电的电站开发商处采购。	通过直接选择机制采购。	从 PLT BBN 购买电力的价格是根据双方的协议确定的。	生物质发电厂的电力网络建设是根据双方的协议确定的，可由电站开发商基于互利机制进行。

(3)可再生能源发电站的标准

国家电力公司在招标、选择或指定电站开发商的过程中，必须优先选择那些国产元件指数符合法律法规的电站开发商。一是发电站使用的国产元件指数必须满足以下任一标准：印度尼西亚电力领域的国家标准、国际标准、不与国际标准化组织或国际电工技术委员会标准相悖的其他国家标准。二是在可再生能源电站建设中，必须执行如下任一标准：印度尼西亚电力领域的国家标准、国际标准、不与国际标准化组织或国际电工技术委员会标准相悖的其他国家标准、国家电力公司内现行的标准。

(4)采购电力的透明度标准

国家电力公司必须做到：对于那些准备接受利用可再生能源发电的发电站，公开其相关信息和状况；对有意开发和建设可再生能源发电站的开发商，有限制地公布当地电力系统的供电主要成本平均值；国家电力公司必须每3个月定期或随时（如有需要）向部长报告上述信息；可再生能源电站开发商向国家电力公司递交的建设利用可再生能源发电的发电站方案，必须包含接入电力系统的可行性分析。

此外，《关于利用可再生能源提供电力的 2017 年第 50 号条例》还对《电力购销协议》的执行标准、违约处罚措施、过渡条款等进行了规定。根据条例，可以通过可再生能源发电站购买电力，支持、鼓励发展对可再生能源的开发利用，优化能源消费结构,推动环保;与此同时,通过市场机制规范可再生能源的开发利用,推行国家标准。①

6.5　印度尼西亚的电力法及条例

1992 年印度尼西亚第 37 号总统令允许私人部门参与电力生产,打破了国家电力公司(Perusahaan Listrik Negara,PLN)对电力行业的垄断。2002 年 9 月,印度尼西亚通过新版《电力法》,取代 1985 年《电力法》,规定该国电力市场的特定领域将自 2007 年起开放竞争。然而,在 2004 年底,印度尼西亚宪制法院以违背《宪法》第 33 条的规定为由推翻了 2002 年《电力法》,并恢复了 1985 年《电力法》的效力。根据印度尼西亚《宪法》第 33 条,电力是战略商品,发电和输配电应当由政府排他控制。随后,印度尼西亚政府在 2005 年和 2006 年分别发布了政府法规 No. 3/2005 和 No. 26/2006,配合 1985 年《电力法》的实施。根据 1985 年《电力法》,国家电力公司在输配电和电力销售方面享有排他性的专有权,但同时允许私营企业参与电力生产。

直到 2009 年,印度尼西亚才再次通过了新的《电力法》,以取代 1985 年《电力法》。印度尼西亚的电力市场主要由其国家电力公司控制。国家电力公司负责印度尼西亚的大部分发电,它还几乎拥有输电、配电和供电的专属权力。近年来,私人参与电力市场的情况在缓慢而稳定地增长。

6.5.1　印度尼西亚《电力法》(2009 年)②

(1)《电力法》的原则和目标

印度尼西亚电力发展的基本原则是:效益原则、公平公正原则、可持续性原则、能源优化利用原则、自主原则、健全的市场规则原则、安全原则、环保原则和区域自治原则。电力发展的目标是确保有足够数量、良好质量和合理价格的电

---

① 宋秀琚. 21 世纪海上丝绸之路与中国-印度尼西亚能源合作[M]. 武汉:华中科技大学出版社,2019:90.
② Undang-undang (UU) tentang Ketenagalistrikan,https://peraturan. bpk. go. id/Home/Details/38767.

力供应,以公平和公正地改善人民的生活水平,实现可持续发展。

(2)《电力法》规定了各级管理机构的权力

①中央政府在电力领域的权力

规定国家电力政策;规定电力领域的法律和法规;制定电力领域的准则、标准和规范;为确定消费者的电力价格制定指导方针;确定国家电力的总体计划;确定业务领域;确定跨境购电许可;确定企业实体的电力供应营业执照;确定其安装设施涵盖的跨省经营许可证;确定电力供应营业执照持有人为消费者确定电价;规定与批准销售电力和/或租用电力网络的企业实体向中央政府销售电力和/或租用电力网络的价格;规定和审批电力供应经营许可证持有人出售多余的电力;为国有企业或拥有大部分股份的外国投资者确定电力供应支持服务的营业执照;规定和审批电力供应业务许可证或经营许可证持有人将电力网络应用于网络基础设施、多媒体发布基础设施和信息传播基础设施;管理和审批电力领域的企业实体;任命电力检查员;为各级政府设立电力检查员的职能职位;负责对电力领域企业实体进行监督和处罚。

②省政府在电力领域的权力

规定电力领域的省级法规;确定省级地区电力的总体计划;确定营业区域为跨区/市的企业实体的电力供应营业执照;确定其安装设施覆盖跨区/市的经营许可证;确定电力供应营业执照持有人为消费者确定电价;规定与批准销售电力和/或租用电力网络的企业实体向省政府销售电力和/或租用电力网络的价格;规定和审批电力供应经营许可证持有人出售多余的电力;规定和审批电力供应业务许可证或经营许可证持有人将电力网络应用于网络基础设施、多媒体发布基础设施和信息传播基础设施;管理和审批电力领域的企业实体;任命省内电力检查员;负责对电力领域企业实体进行监督和处罚。

③县/市政府在电力部门的权力

规定县/市在电力领域的地方法规;确定县/市电力的总体计划;确定业务范围在县/市内的企业实体的电力供应营业执照;确定在县/市范围内安装设施的经营许可证;确定电力供应营业执照持有人为消费者确定电价;规定与批准销售电力和/或租用电力网络的企业实体向县/市政府销售电力和/或租用电力网络的价格;为国内投资者拥有多数股份的企业实体确定电力供应支持服务的

营业执照;规定和审批电力供应经营许可证持有人出售多余的电力;规定和审批电力供应业务许可证或经营许可证持有人将电力网络应用于网络基础设施、多媒体发布基础设施和信息传播基础设施;管理和审批电力领域的企业实体;任命县/市内电力检查员;负责对电力领域企业实体进行监督和处罚。

(3)《电力法》规定了电力业务类型

《电力法》规定了两类电力业务:一类是电力供应,包括发电、输电和配电,以及售电。印度尼西亚国家电力公司是印度尼西亚的主要电力供应商(无论是自身还是通过其子公司),私营部门参与电力供应是合法的,但非常有限,通常通过独立发电商(IPP)进行协议或公私合营(PPP)。另一类业务是电力供应支持业务。

发电方面,国家电力公司及其子公司是参与发电的主要实体,在印度尼西亚经营大部分发电资产。根据《电力法》,国家电力公司对所有业务领域拥有优先购买权。对于国家电力公司未涵盖的业务领域,私营部门的参与是合法的,这通常通过涉及独立发电商协议或公私合营的安排来实现。国家电力公司还作为其未涵盖但没有私营实体愿意供应的地域的最终电力供应商。

输电和配电方面,国家电力公司拥有在印度尼西亚开展电力业务的优先权,实际上仍然是印度尼西亚输电和配电资产的唯一所有者。独立发电商可以建造输电或配电线路,但这些线路的所有权通常在完工时需转让给印度尼西亚国家电力公司。

电力供应方面,国家电力公司必须向整个印度尼西亚提供电力,并垄断向终端用户的电力销售。国家电力公司可以从独立发电商处获得电力供应,但是,国家电力公司仍然是向终端用户供电的唯一实体。

此外,《电力法》还对许可、土地使用规定、电力发展规划、电价等进行了规定。

6.5.2　与印度尼西亚电力相关的其他法律法规

2009 年《电力法》是管理电力部门的主要法律。其实施主要受以下规定的制约:2012 年第 14 号政府法规,经 2014 年第 23 号政府法规《电力业务规定》(GR 14/2012)修订;2012 年关于跨境电力销售和购买的第 42 号政府法规(GR 42/2012);关于电力支持业务的 2012 年第 62 号政府法规(GR 62/2012)。此外,

《电力法》的实施还受到总统、部长、省级政府等其他法规或监管规定的制约。

与电力部门相关的其他法律还包括能源法、投资法、环境法、建筑法和土地征用法。《综合法》于 2020 年出台,修订了《电力法》的部分内容,特别是与电力行业参与者的许可程序和整个许可框架有关的内容。根据《综合法》,印度尼西亚发布了第 10/2021 号总统条例,其中包含一份"鼓励投资清单",调整多个行业的外商投资准入规则,以进一步开放外国投资。"鼓励投资清单"自 2021 年 3 月 4 日起生效,原 2016 年投资清单相应废止。在印度尼西亚,投资清单的功能类似中国早期的产业投资指导目录和外商投资产业指导目录,对当地投资有重要影响。

"鼓励投资清单"颁布前,外商投资电力行业以发电厂产能为标准,存在不同的外国所有权限制,如小于 10 兆瓦的发电项目完全禁止外商投资。"鼓励投资清单"放宽了此类限制,并允许外商 100% 投资 1 兆瓦以上发电厂。小型水电项目及小型风能、太阳能和生物质能项目的产能通常在 1 兆瓦至 10 兆瓦之间。印度尼西亚可再生能源行业刚刚起步,这些政策旨在吸引外商投资此类项目,促进可再生能源领域快速发展,通过外商投资学习可再生领域的新技术和新模式。

除放开发电端以外,"鼓励投资清单"也取消了原先关于输配电领域外商投资比例不得超过 95% 的限制,详见表 6—2。

表 6—2 电力行业投资清单

行业	业务	2016 年投资清单	2021 年鼓励投资清单
电力	电力设施安装咨询	49% 外资所有权限制	无比例限制,但是必须与合作社及中小微企业合作
	低于 1 兆瓦的电力供应	100% 内资所有	专门为合作社及中小微企业保留
	小型发电厂(1～10 兆瓦)	49% 外资所有权限制	不受限制
	普通发电厂(>10 兆瓦)	95% 外资所有权限制(PPP 项目宽免期内课 100% 外资所有)	不受限制
	输电	95% 外资所有权限制(PPP 项目宽免期内课 101% 外资所有)	不受限制
	配电	95% 外资所有权限制(PPP 项目宽免期内课 102% 外资所有)	不受限制

在电力行业,目前仅有如下限制:在电力安装咨询服务领域,外国投资者须与当地合作社、微型、小型和中型企业合作;1兆瓦以下的电力供应只能由当地合作社或中小微企业所开发。[①]

6.6　印度尼西亚的土地法

6.6.1　土地征用法案

印度尼西亚的土地征用法一直被视为实施基础设施项目的主要障碍。2011年12月,印度尼西亚国会批准名为"民心工程的土地征用"第2/2012号法律的土地征用法案,该法案涉及的项目有铁路、港口、机场、道路、水坝和隧道等。该法案通过明确表示政府会将土地用于基础设施项目的建设,通过给被征地人更合理的补偿,来获取基础设施建设用地。根据印度尼西亚的法律程序,众议院通过法案后,必须再颁布一条总统法令来明确有关补偿和新法案适用的项目类别等条例实施细则,还需要财政部等其他部门出台进一步的配套条例。

在框架方面,该法案本身仅适用于政府项目,但根据公私合作伙伴计划,私营部门的投资者可通过与国有企业合作的方式参与。此外,除了设定土地征用程序的完成期限为583天以外,该方案还为项目选址设置了一个两年的最终决议期限,可延长一年。这种时间限制对于推进项目以及为项目流程提供法律确定性而言是至关重要的,因为按照之前的条例,监管力度薄弱,导致土地征用工作受到拖延。关于适用范围,新条例不适用于以往项目,因此实施对象只有尚未开始土地征用活动的项目。之前的条例对已经开工的项目仍然有效,但如有需要,这些项目可在2014年初应用新条例。

土地价格投机和补偿问题在总统条例中也得到了解决。根据该法案,国家机构所需土地可在与权利人协商后征用,而且权利人有权直接向最高法院提出上诉,法院有义务在74日内解决法律纠纷。独立评审小组将对土地进行估价,土地所有人得到的补偿将基于土地价格以及认为因放弃土地而造成的损失,也

---

① 孙晔,李洁.印度尼西亚外商投资限制放宽的能源视角[J].能源,2021,(5):58—63.

可进行上诉。

6.6.2　外资企业获得土地的规定

印度尼西亚实行土地私有,外国人或外国公司在印度尼西亚都不能拥有土地,但外商直接投资企业可以拥有以下3种受限制的权利:建筑权,允许在土地上建筑并拥有该建筑物30年,可再延期20年;使用权,允许为特定目的使用土地25年,可以再延期20年;开发权,允许为多种目的开发土地,如农业、渔业和畜牧业等,使用期35年,可再延长25年。

6.7　印度尼西亚的税法

6.7.1　税收体系和制度

印度尼西亚实行中央和地方两级课税制度,税收立法权和征收权主要集中在中央。现行的主要税种有:公司所得税、个人所得税、增值税、奢侈品销售税、土地和建筑物税、离境税、印花税、娱乐税、电台与电视税、道路税、机动车税、自行车税、广告税、外国人税和发展税等。印度尼西亚依照属人原则和属地原则行使其税收管辖权。

(1)税收系统机构

印度尼西亚税务总署是所属财政部负责税务征管的部门,其主要机构有:税务总署办公室、税务数据及文档处理中心、雅加达特殊税务区域办事处、税务总署区域办事处、大企业税务办公室、税务主管办公室、税务咨询办公室。

(2)税收法律体系

除2008年7月17日通过的《所得税法》之外,为吸引外国投资,印度尼西亚出台了一系列优惠政策。公布于1999年的《第七号总统令》恢复了鼓励投资的免税期政策。

2009年印度尼西亚政府通过的经济特区新法律进一步规定了特别经济区税收优惠政策。所得税优惠由《有关所规定的企业或所规定的地区之投资方面所得税优惠的第 1 号政府条例》规定。

(3)其他有关投资的特别规定

自 2011 年 12 月 1 日起,在印度尼西亚的投资者可以申请免税优惠,根据相关的执行准则规定,凡有意申请免税优惠的投资者,必须把总投资额 10％资金存放在印度尼西亚国民银行。投资者可以向印度尼西亚工业部或投资协调署提出免税申请。

6.7.2 主要税赋和税率

(1)所得税

2008 年 7 月 17 日印度尼西亚国会通过了新《所得税法》,个人所得税最高税率从 35％降为 30％,分为四档:5 000 万印度尼西亚盾以下,税率 5％;5 000 万印度尼西亚盾至 2.5 亿印度尼西亚盾,税率 15％;2.5 亿印度尼西亚盾至 5 亿印度尼西亚盾,税率 25％;5 亿印度尼西亚盾以上者,税率 30％。除上述规定以外,个人取得的股息分红的最终税率为 10％。如果个人纳税人的纳税义务期间并非包括全年,那么其应纳税额应按照纳税义务天数除以 360 得到的比例占全年收入的金额进行计算。

企业所得税率,2009 年为过渡期税率 28％,2010 年后降为 25％。印度尼西亚对中小微型企业还有鼓励措施,减免 50％的所得税。为减轻中小企业税务负担,2013 年印度尼西亚税务总署向现有的大约 100 万家印度尼西亚中小企业推行 1％税率,即按销售额的 1％征税。2018 年 5 月,印度尼西亚政府已完成了 2013 年关于某些固定企业所得税第 46 号政府条例的修改,主要内容是把中小微企业最终所得税税负率从原先的 1％降低为 0.5％。

另外,上市公司的居民纳税人如果有不少于 40％的股权在印度尼西亚证券交易所交易流通,并符合其他特定条件,那么可以取得所得税率降低 5 个百分点的优惠。

(2)增值税

印度尼西亚的增值税标准税率为 10％,根据不同货物可调整范围为 5％～15％。向进口商、生产商、批发商及零售商等提供服务,大部分按 10％的一般税率征收增值税。同时,增值税法准许单项税率的调整,现有非 10％税率包括香烟及二手车辆,诸如包裹快递及旅游中介这类服务按 1% 的税率征税,而代理经营则是按所收佣金的 5% 征税。

(3)奢侈品销售税

除增值税外,印度尼西亚对于属于应税分类的奢侈品销售或进口征收奢侈品销售税。对出口货物不征收奢侈品销售税。奢侈品销售税的计税基础与增值税一致,为销售价格、进口价格、出口价格以及其他法规规定的价格。该税仅在生产环节及进口环节一次性征收。

(4)印花税

印花税是对一些合同及其他文件的签署征收 3 000 印度尼西亚盾或 6 000 印度尼西亚盾的象征性税收。

(5)新税法条例

2018 年 8 月 2 日,有关采矿企业的新税率生效,新税法明确要求矿业公司将目前的合同转换为特别采矿许可。新税法规定公司税率为 25%。矿业公司还需要向中央政府缴纳净利润的 4%,向地方政府缴纳净利润的 6%。

6.8 印度尼西亚的劳工法

6.8.1 劳工(动)法的核心内容

印度尼西亚国会于 2003 年 2 月 25 日通过第 13/2003 号《劳工法》,对劳工提供相当完善的保护,但因部分规定过于偏袒劳工方,大幅提高了劳工成本,影响印度尼西亚产品之竞争力,2006 年,印度尼西亚政府决定修订该法,但因劳方强烈示威抗议,劳工法修订工作无果而终。印度尼西亚的第 13/2003 号劳工法的要点如下。

(1)离职金
由原来薪水的 7 个月,调高到 9 个月。

(2)罢工
劳工因反对公司相关政策而举行罢工,雇主仍须支付罢工劳工工资,但劳工必须事先通知雇主与主管机关,且必须在公司厂房范围内进行罢工。如劳工违反罢工程序,罢工即属非法,雇主可暂时禁止劳工进入工厂并可不必支付罢工工资。

（3）工作时限

每星期工作时间为 40 小时。

（4）离职补偿

对于自愿离职与触犯刑法的劳工,雇主可不必支付补偿金(compensation),但须支付劳工累积的福利金(worker'saccumulated benefits)。

（5）童工

准许雇用 14 周岁以上童工,工作时间每日以 3 小时为上限。

（6）临时工

合同临时工以 3 年为限。

（7）休假

连续雇用工作满 6 年的劳工可享有 2 个月的特别休假(但服务满第 7 年及第 8 年时,开始享有每年休假 1 个月,在此两年期间不得享有原有每年 12 天的年假,另外,特别休假的 2 个月休假期间只能支领半薪)。

此外,依印度尼西亚政府规定,外国人投资工厂应允许外国人自由筹组工会组织。全国性的工会联盟有全印度尼西亚劳工联盟(SPSI)和印度尼西亚工人福利联盟(SBSI)。

6.8.2　外国人在当地工作的规定

印度尼西亚劳工总政策旨在保护印度尼西亚本国的劳动力,解决本国就业问题。根据这一总政策,印度尼西亚目前只允许引进外籍专业人员,普通劳务人员不许引进。对于印度尼西亚经济建设和国家发展需要的外籍专业人员,在保证优先录用本国专业人员的前提下,允许外籍专业人员依合法途径进入印度尼西亚,并获工作许可。受聘的外国技术人员,可以申请居留签证和工作准证。

（1）手续

受聘的外籍专业人员到达印度尼西亚前必须履行下列手续:印度尼西亚公司聘用的外籍专业人员向印度尼西亚政府主管技术部门提出申请;取得劳工部

批准;到移民厅申请签证。

(2)申请

外国合资公司聘用的外籍人员须向印度尼西亚投资协调委员会提出申请,需要提供的信息内容包括:

①雇主的姓名和在印度尼西亚的地址;

②聘用人员的姓名和地址;

③简述拟聘用人员就任的职位、聘用期限、工资及其他福利待遇;

④雇主拟议或执行中的培训印度尼西亚人未来胜任该职位的计划;

⑤有关部门的介绍信。

6.8.3　在当地的务工风险提示

印度尼西亚对外国籍劳工入境工作有着严格的规定。印度尼西亚劳务的总政策是保护本国劳动力,以解决本国的就业问题,因此目前只允许引进外籍专业人员,一般劳务人员不许引进。近年来,随着中国和印度尼西亚经贸关系的迅速发展及中国赴印度尼西亚投资企业数量的增加,越来越多的中国籍务工人员也纷纷前往印度尼西亚工作。但由于面临语言不通以及法律不熟悉等问题,中国籍务工人员在印度尼西亚也经常会面临移民局和警察的质询和调查,甚至因手续问题面临法律风险。

为进一步加大吸引外资的力度,印度尼西亚政府目前对于外国投资公司的相关劳务人员的限制已经大大放宽,印度尼西亚主管外国劳工问题的部门——移民和劳工部要求,相关外资企业一定要严格遵守印度尼西亚相关法律规定,并强调目前外籍劳工入境手续相较之前已经简便许多,而且在手续齐全的前提下,办理过程往往只需要一个月的时间。有意前往印度尼西亚从事劳务工作的中国公民和中国公司须仔细了解印度尼西亚相关法律规定,咨询专业部门和律师,不要轻信非法劳工中介,选择安全合法的方式出国务工。

6.9　印度尼西亚的环境保护法

6.9.1　环保管理部门

印度尼西亚政府主管环境保护的部门是环境国务部。其主要职责是依据《环境保护法》履行政府环境保护的义务,制定环境保护政策,惩罚违反环境保护的行为。

6.9.2　主要环境保护法律法规

印度尼西亚基础环保法律法规是 1997 年的《环境保护法》。《环境保护法》主要规定了环境保护目标、公民权利与义务、环境保护机构、环境功能维持、环境管理、环境纠纷、调查及惩罚违反该法的行为。

6.9.3　环保法律法规基本要点

1997 年的《环境保护法》是印度尼西亚环境保护的基本法,其对环境保护的重大问题作出原则规定,是制定和执行其他单项法律法规的依据,其他环境单项法律法规不得与本法相冲突和抵触。

本法较注重对生态和环境的保护,明确规定:“环境可持续发展是指在经济发展中充分考虑到环境的有限容量和资源,使发展既满足现代人又满足后代人生存需要的发展模式。”这表明,印度尼西亚在发展经济的同时,对自然资源的利用采取优化合理的方式,关注到环境的承载能力,力求使人民获得最大利益,形成人与环境之间的平衡和谐关系。

印度尼西亚森林、动植物等生物保护的法律制度以《生物保护法》和《森林法》为基础。法律中明确规定了用语定义、限制行为及罚则等,结构完善,但条文的细节解释有模糊之处,且缺少对详细事项的规定,当前法律明确禁止的保护品种捕获及森林刀耕火种等问题仍然存在。

6.9.4 环保评估的相关规定

印度尼西亚《环境保护法》要求对投资或承包工程进行环境影响评估(AMDAL),规定企业必须获得由环境部颁发的环境许可证,并详细规定了对于那些造成环境破坏的行为的处罚,包括监禁和罚款。

6.10 新冠肺炎疫情期间的税收政策

2019 年新型冠状病毒大流行严重影响了包括印度尼西亚在内的全球经济。自 2020 年 3 月以来,印度尼西亚政府颁布了各种条例,向纳税人提供所得税和增值税激励,以支持企业和个人。

6.10.1 财政部第 86/PMK.03/2020 号条例下的税收优惠

根据财政部第 86/PMK.03/2020 号条例(经第 110/PMK.03/2020 号条例 PMK‑86 修订)的税收优惠,PMK‑86 为某些行业提供以下税收优惠:

企业所得税由政府承担;

政府承担中小企业 0.5% 的最终税;

免征第 22 条进口所得税;

每月分期缴税减少 50%;

由政府机构为某些建筑业务部门承担的最终所得税,以及增值税超额支付的初步退款。

上述激励措施有效期至 2020 年 12 月。

6.10.2 财政部第 28/PMK.03/2020 号法规下的税收优惠

对某些方和与之交易的其他第三方的若干增值税和预扣税优惠,包括:

某些缔约方进口某些应税货物时未征收的增值税;

增值税企业向特定方提供特定应税货物和/或服务时的政府负担增值税便利;

对某些应税货物的进口免征增值税；

第 21 条境内个人从某些方面取得的所得，免征职工所得税；

第 22 条对某些货物的进口免征所得税；

第 22 条所得税豁免可要求向某些当事人出售某些货物；以及

第 23 条国内公司纳税人或常设机构从某些当事人收取的某些收入免征所得税。

某些当事人被定义为：负责处理新冠肺炎疫情的指定政府机构（中央或地方）；指定为新冠病毒患者转诊医院的医院；或政府机构或机构或医院指定协助处理新冠肺炎疫情的其他各方。

6.10.3　第 29/2020 号政府法规下的税收优惠

本条例下的税收减免包括：

纳税人生产某些医疗设备和/或家庭保健用品的附加扣除额；

扣除对某些组织的捐款；

医疗工作者额外收入的最终 0% 所得税；

对使用资产支持医疗保健服务的补偿征收最终 0% 的所得税；以及

上市公司股票回购激励。

6.11　印度尼西亚外资准入的行业政策[①]

为鼓励外商投资，2020 年 10 月 5 日，印度尼西亚议会通过了《创造就业综合法》（Law No. 11 of 2020 regarding Job Creation，下文简称《综合法》），以应对新冠疫情导致的经济低迷和就业问题。《综合法》大幅修改了印度尼西亚 2007 年的《投资法》，对一系列投资相关法律规定进行了重大改革，涉及投资、劳动法、移民、环境标准、业务许可及工程建设许可等多个领域。

2021 年 2 月 2 日，根据《综合法》的要求，印度尼西亚政府进一步颁布了包

---

① UU_Nomor_11_Tahun_2020 — compressed, https://peraturan. bpk. go. id/Home/Details/149750/uu-no-11-tahun.

含新投资清单的投资与业务领域总统令（Presidential Regulation No. 10 of 2021 regarding Investment Sectors，即"PR 10/2021"，下文简称"第 10 号总统令"），该总统令对原以"负面清单管理"为主要模式的印度尼西亚外商投资准入制度进行了根本性变革，改为以"鼓励投资清单"为主的准入模式，进一步开放了有关行业的外国投资，减少了外国投资的限制性条件。第 10 号总统令已于 2021 年 3 月 4 日正式生效。

2021 年 5 月 25 日，印度尼西亚政府又颁布了第 49 号总统法令（下文简称"第 49 号总统令"，即"PR 49/2021"），主要修改了第 10 号总统令中对有关行业的投资限制性要求，以及酒精饮料业的相关规定。

6.11.1 印度尼西亚 2021 年第 10 号总统令下的"鼓励投资清单"①

相较于 2016 年第 44 号总统令确立的"负面投资清单"，第 10 号总统令产生了重大政策转变。2016 年第 44 号总统令涉及禁止外商投资和有条件开放投资的业务领域清单，同时为印度尼西亚本地中小微企业（下文简称"UMKMs"）提供了较多保护。而 2021 年第 10 号总统令则放宽了现有的监管框架，引入了新的"鼓励投资清单"，对《综合法》进行了补充，推动国内经济向接受外商投资转变，希望以此改变国内经济低迷的状态。在印度尼西亚政府第 10 号总统令包含的"鼓励投资清单"中，除 6 个行业和只能由中央政府从事的行业外，其他行业都是开放的。同时，印度尼西亚政府进一步开放了批发、电厂、制药厂等诸多领域的外商投资，这是印度尼西亚外商投资监管规则的重要变化。

印度尼西亚新确立的"鼓励投资清单"不同于以往的"负面投资清单"。在新冠疫情重创印度尼西亚经济的背景下，印度尼西亚政府试图将吸引更多外商投资视为高度优先级的工作，以期加速经济恢复和增长。因此，第 10 号总统令以鼓励支持商业活动的投资清单修订了之前的负面清单，外商投资政策自此更具开放性，同时也为本土合作社和中小微型企业的发展提供了更多机会（包括划定更多的经营活动范畴，以及要求大型企业在生产、加工、市场营销、投资、人力以及技术领域与其开展合作）。

---

① Perpres Nomor 10 Tahun 2021，https://peraturan.bpk.go.id/Home/Details/161806/perpres-no-10-tahun-2021.

（1）禁止外商投资的行业领域

"鼓励投资清单"列出了 6 个禁止外商投资的行业领域，包括：①一级麻醉品（毒品的种植和交易）；②赌博业及与赌场有关的业务；③捕捞《濒危野生动植物种国际贸易公约》(Convention on International Trade in Endangered Species of Wild Fauna and Flora,CITES)所列举的物种；④采集或利用特定珊瑚制作建筑材料、纪念品、珠宝等；⑤制造化学武器；⑥有关工业化学品和工业臭氧消耗物的业务。

（2）鼓励外商优先投资的行业领域

印度尼西亚"鼓励投资清单"将开放投资的行业重新归列为四大类，并引入了"优先行业"的全新概念。

①优先行业。《新投资清单》列出了 245 个"优先行业"，其中 183 个投资领域可以享有税收津贴优惠，18 个投资领域可以享有所得税免税优惠，44 个投资领域可以享有投资津贴优惠。被纳入"优先行业"类别进行发展投资的要求如下：国家战略规划/项目；资本密集型产业；劳动密集型产业；用先进技术的产业；先驱产业；出口导向型产业；以工业为导向的研究、开发和创新活动。

在满足条件的情况下，投资优先行业可以享受财政性鼓励，具体包括：在某些行业和/或地区的投资所得税减免；企业所得税减免；所投资企业的所得税减免和净收益减免，以及某些投资活动的总收入减免；关税优惠，即对用于建筑或工业发展的机械、货物和材料的进口免征进口关税。申请上述财政优惠的投资者需要参考印度尼西亚其他政府部门[包括财政部和投资协调委员会（BKPM）]签发的条例。

非财政优惠政策主要包括：简化投资许可，完善配套措施，提供充足的能源和物料，移民劳工和其他支持。第 10 号总统令明确，未列为优先发展类别的其他投资领域，只要有相应的政府条例支持，也可以申请上述财政或非财政的优惠政策。

②对合作社和 UMKMs① 分配或开放的业务领域。合作社和 UMKMs（外商不能采用合作社形式）在该类业务领域中将受到一定限制，具体表现为：行业中不需要使用先进技术；行业须为劳动密集型，同时须具备特殊的印度尼西亚

---

① UMKMs 指净资产额低于 100 亿印度尼西亚盾或年收入低于 500 亿印度尼西亚盾的当地企业。

本地文化传统;投资额需控制在 100 亿印度尼西亚盾(约 709 000 美元)以内,投资额不包括土地投资和任何房地产的价值。

满足以下条件的大型企业才可与合作社和 UMKMs 合作:主营业务多数由合作社和 UMKMs 实施,以及/或者主营业务是被鼓励融入大规模供应链企业的。

对于一般行业的印度尼西亚外商投资企业而言,通常需要满足最低 100 亿印度尼西亚盾的最低投资要求。第 10 号总统令规定,对于一些在特别经济园区设立的符合条件的初创型公司,可以不适用 100 亿印度尼西亚盾的最低投资要求。这显示出印度尼西亚政府希望推动初创企业,尤其是本地互联网初创公司的发展。根据目前统计,到 2025 年印度尼西亚的互联网经济规模预计将达到 1 240 亿美元,主要由电商、媒体行业以及互联网独角兽公司(Tokopedia,Bukalapak,OVO, Traveloka and Gojek)引领。UMKMs 被视为印度尼西亚数字经济的关键驱动力,该方案满足了不断增长的互联网线上消费者的需求。

③有条件开放类的业务领域。2016 年第 44 号总统令在"有条件开放类"中规定了 350 项营业活动,2021 年第 10 号总统令将其大幅缩减至 46 项。值得注意的是,第 10 号总统令仅列明了 33 项营业活动为仅允许境内投资者投资和限制外商最高持股比例,而该变动为外商投资印度尼西亚提供了更多的机会。但由于公众对于放开部分区域酒精饮料产业的反对,2021 年 3 月 2 日,印度尼西亚总统在此投资类别中取消了与酒精饮料产业相关的营业活动。

④不属于以上三种类别的领域。即不受限制地向全行业开放的领域,也可以允许外商 100% 持有,这将对过往限制外商投资的商业领域产生重大影响。

然而,外商投资还需要考量有关特殊许可的规定,例如,利用高科技和/或从事高风险和/或合同价值超过 500 亿印度尼西亚盾的工程承包服务的外商投资者,依据之前的总统令,其最高持股比例为 67% 或 70%。虽然第 10 总统令并未列示,但该项投资活动仍旧属于限制外商最高持股比例,即最高持股比例为 67% 和 70%。

因此,正确理解"不属于以上三种类别的领域"需要联系专业律师,并进一步向印度尼西亚投资协调委员会 BKPM 和相应的政府部门咨询,且积极关注相关的部门法规。

另外,"鼓励投资清单"涉及经济特区的变动包括:对位于经济特区的科技创新行业进行的外商投资,可豁免 100 亿印度尼西亚盾(不包括土地和建筑物)的最低投资门槛。在投资条约方面,"鼓励投资清单"中规定的外资所有权限制,不适用于根据外国投资者所在国与印度尼西亚签订的投资条约享有特殊权利的外国投资者,除非"鼓励投资清单"对外国投资者更为有利。

(3)设立外商投资加速工作组机制

根据第 10 号总统令,印度尼西亚政府成立了外商投资加速工作组,直接对印度尼西亚总统负责,以促进投资和营商的便利化。该工作组由印度尼西亚投资协调委员会 BKPM 负责人、副检察长和副警察局长组成,由投资协调委员会负责人任主席。该工作组的主要职责如下:①确保有意投资和/或已取得营业执照的中外投资者投资的实施;②立即解决和解除对投资有营业执照问题的业务部门的瓶颈;③加快发展具有快速增收、新增就业特点的产业,发展区域经济;④加快投资者与 UMKMs 的合作;⑤向部长/机构/当局负责人和省/县/直辖市一级的地方政府提供措施建议,向阻碍投资或导致印度尼西亚投资成本增加的官员提出建议。①

6.11.2　印度尼西亚 2021 年第 49 号总统令修订后的"鼓励投资清单"②

2021 第 49 号总统令修订了第 10 号总统令对有关行业的投资限制性要求,如对第 10 号总统令中很多外资可以 100%投资的行业,第 49 号总统令则设置了外资股权比例要求以及和本地中小企业的合资合作要求。第 49 号总统令的主要修订内容有以下几方面:

(1)饮料行业限制外商投资

对饮料行业的外国投资限制是第 49 号总统令的重点。饮料行业中,印度尼西亚标准行业分类 KBLI 11010 内的酒精饮料、葡萄酒(KBLI 11020)和麦芽酒精饮料(KBLI 11031)的生产不再向外国投资企业开放。

(2)部分种类电商业务不再开放给外资企业

---

① 兰迪出海.印尼外商投资"鼓励投资清单"新立法动向[EB/OL]. http://news. sohu. com/a/586556095_120081461.

② Perpres Nomor 49 Tahun 2021,https://peraturan. bpk. go. id/Home/Details/168534/perpres-no-49-tahun-2021.

涉及 KBLI 47911 所列商品(食品和饮料、烟草、化学品、制药、化妆品和实验室设备)、KBLI 47912(纺织品、服装、鞋类和个人设备)和 KBLI 47913(家庭和厨房设备)的电子商务现在不对外国投资企业开放。这些 KBLI 类型的商品限于本地的合作社、小型企业和中型企业(SMEs)投资经营。需要注意,此前,涉及上述商品类型的业务原本未列入 2021 年第 10 号总统法令,即此类电子商务活动在旧清单中原则上是对外国投资开放的,但是新的规定可能意味着以上范围的业务依然对外资有严格的限制。

(3)快递服务外资限额 49%,邮政服务取消限额

此次更新还包括对快递服务(KBLI 53101)的限制。此前清单中并未列举快递服务(KBLI 53101),新清单则规定快递服务类型的外资持股份额限于49%。但是,邮政服务(KBLI 53100)在旧清单中有 49%的外资持股比例份额限制,在新清单中此限制被取消。

(4)外资限制的分类以及其他新规

第 49 号总统令附件一、附件二和附件三还列举了下述新规定:旧清单列举 46 个外国投资受到限制的业务领域,新清单将外国投资受到限制的业务领域减为 37 个。外资限制的分类如下:一是对外国直接投资开放,但受外国持股比例上限限制;二是对外国直接投资开放,但须经有关部门的特别批准;三是 100%预留给国内投资者;四是由酒精饮料监督管理的单独条例限制、监督或管理的某些业务领域。上述第四点是第 49 号总统令项下的额外分类,此分类包括酒精饮料批发(KBLI 46333)、酒精饮料零售(KBLI 47221)和(街头)酒精饮料售卖(KBLI 47826)。

除了以上新规定外,合作社和中小企业的经营领域由原来的 51 个增加到 60 个,可以与政府达成合作关系的商业领域亦从 38 个增加到 46 个。[①]

---

① 兰迪出海.印尼外商投资"鼓励投资清单"新立法动向[EB/OL]. http://news. sohu. com/a/586556095_120081461.

7

注意事项和风险提示

7.1 政治风险

由于国际形势以及印度尼西亚内政的多重作用,出现政治风险的可能性也是较高的。印度尼西亚目前的政治风险主要体现在以下方面:

7.1.1 印度尼西亚国内的民族主义情绪可能引发的"排华"事件

在南海岛礁问题中,印度尼西亚与我国不存在岛礁主权矛盾,然而在海洋划界问题上依然存在一些分歧。后续与印度尼西亚在南海问题上存在不确定性。1965 年至 1967 年、1974 年、1978 年以及 20 世纪 80 年代印度尼西亚曾出现过"排华"事件,现在许多华人想起来仍然心有余悸,因此笔者将"排华"列为印度尼西亚政治风险的第一位。

7.1.2 印度尼西亚政策的不稳定性,以及较为严重的腐败现象

众所周知,腐败是对一个国家政治稳定的重要威胁,也是对吸引外资促进经济发展的一大障碍。要想改变这一局面,并非一朝一夕的事情,印度尼西亚目前国内的传统家族势力把控了既得利益,这些既得利益集团没有动力也没有

足够的魄力去改变这一状况,因此,一般意义上来说,那些尝试去改善政治透明度的举措都很难奏效。

此外,由于印度尼西亚的法律体系目前还不完善,所以政策管理环境并不透明。税收和劳务政策是否能够稳定、目前已有的印度尼西亚法律能否有效执行以及在政策实施过程中是否会存在腐败问题,都是中资企业面临的问题。

7.2 宗教习俗风险

印度尼西亚是个多民族、多宗教的世俗国家。每个民族都有自己的风俗习惯,对各自活动区域内的矿物资源的开发利用有不同的规定(有些是世代相传下来的习俗)。总体而言,在印度尼西亚,伊斯兰教以温和派为主,但仍然存在宗教极端主义势力,并不时地挑衅印度尼西亚的建国基础。宗教极端主义的分离主义行动造成社会动荡,特别是给外国投资者带来较大风险。有些势力排外倾向严重。

中国企业和人员要充分尊重当地居民的宗教信仰和各种民风民俗,做到入乡随俗,按照当地的礼仪标准开展社会交往活动。如在公共场合不喝含酒精的饮料,宴请时不上酒类饮料,不食猪肉;避免用左手接受礼物或递交物品,特别是触摸别人的头;在印度尼西亚人每周五中午做祷告时,勿大声喧哗;会谈、社交、工作和休闲不同场合,注意着装;在公共场合一般情况下男士要请女性先走、先用餐或先上车;而女士从男士面前经过,皆屈身弯膝而过,以示回敬;在社交场合,男士遇女士一般不主动握手,若对方先伸手,则可以轻握。

7.3 法律风险

投资行为应按印度尼西亚的法律进行,杜绝违法违规行为,大型投资项目尽量通过特别法律立法确认,针对国别风险应投保海外投资险。能源投资活动一般具有周期长、参与方多、风险复杂性的特点。在投资的各个阶段,了解所在国对投资、工程建设、环保、劳工、税法等方面的法律法规都是必要的,甚至所在国签署的国际公约、承认的国际、行业惯例等都对项目的顺利履约至关重要。

首先,要高度重视法律风险,提高法律风险防范意识,落实到具体业务环节。在签署有关合同、协议前,要先行落实外资准入、公司架构、税务体系、劳动用工、环保、外汇等方面的法规,以免给投资行为带来实质性的障碍和不利影响,避免在项目执行过程中增加投资成本或承担法律责任。

其次,在技术标准方面,应事先做好调研和澄清工作,确保项目不存在实质性的技术标准问题;保证项目勘察、设计及施工等各个环节的标准和质量。

最后,合约中是否约定出现争议、纠纷时,在何地、以何种方式裁决;约定的方式是否对投资方有利,是否能够保护投资方的利益或最大程度地减少损失等。

7.4　贸易风险

印度尼西亚市场环境整体比较复杂,风险较高。在印度尼西亚开展贸易活动必须做好充分的市场调研,结合当地特殊的贸易环境,采取有效措施拓展业务,规避风险。

7.4.1　注重提升产品质量

中国产品在印度尼西亚占有广泛的市场,品类丰富,价格便宜,富有竞争力,但也存在部分产品质劣问题,对中国产品的整体形象造成一定损害。中国企业应该特别重视产品质量和售后服务,维护中国在印度尼西亚市场可持续出口的良好环境。

7.4.2　注意言谈举止

印度尼西亚作为"一带一路"建设重点国家和中国企业"走出去"重要目的地,吸引了越来越多的中国企业和人员到印度尼西亚投资兴业。独立个体的行为也会直接影响到中国企业的整体形象,中国企业和人员应注意言行举止,与人交往要文明礼貌,讲究诚信,守法经营,共同维护企业和国家形象。

7.4.3 注意合作伙伴和中介问题

在印度尼西亚华人数量众多,相同的语言和文化背景,使很多中国企业更愿意通过华人来开展经贸合作,华人中介在其中扮演了重要的角色,起到了很好的作用。良好的合作伙伴或中介是顺利开展业务的重要保证,中国企业要广泛调查,认真研究,慎重选择。

7.4.4 EPC 模式业主或供应商方面

印度尼西亚金融市场市场化程度较高,在高速发展的同时也造成了金融市场不够稳定,对外部经济具有较强的依赖性,在选择 EPC 项目时,应优先选择中国政府投资或援建项目和印度尼西亚国家电力公司(PLN)投资或其担保的项目。印度尼西亚电力建设正值高峰,有限的资源被大量稀释,部分当地承包商缺乏足够的人力和物力,选择供应商时应详细调查供应商的资质、经验、人员和设备等情况,仔细审核分析供应商的财务报表,尤其是债务指标,最好使用成熟的或业内推荐的优秀供应商。

首先,在选择 EPC 项目时,应优先选择中国政府投资或援建项目和印度尼西亚国家电力公司(PLN)投资或其担保的项目。事实上,由于近年来印度尼西亚电力市场的高速发展,这样的项目占印度尼西亚电站项目的绝大部分。

其次,选择和管理当地承包商也至关重要。由于印度尼西亚电力建设正值高峰,有限的资源被大量稀释,部分当地承包商缺乏足够的人力和物力。同时由于宗教信仰和风俗文化等原因,如果我们完全按照国内的惯性思维来考虑问题,则往往带来工期的延误和费用的上升。因此,我们在选择供应商时,应详细调查供应商的资质、经验、人员和设备等情况,仔细审核分析供应商的财务报表,尤其是债务指标,最好使用成熟的或业内推荐的优秀供应商。在项目实施过程中,尤其在进度控制上,要充分考虑当地的实际情况制定合理的工期,加强供应商管理和彼此间的协作,必要时给予适当的加班费用。

7.4.5 承包工程方面

中国企业到印度尼西亚承包工程需要注意:①抓住市场机遇。1998 年亚洲金融危机之后,印度尼西亚的基础设施建设基本停滞,近年来随着经济逐步恢复,政府加大了对基础设施建设的投入力度,佐科政府自2014年执政以来,高度重视基础设施建设,交通、电力、通信等领域基础设施建设规模日益扩大。中国企业近年来进入印度尼西亚交通、电力、通信市场并逐步站稳了脚跟,占据了相当的市场份额,具有较为广泛的影响力。中国企业应该继续发挥已有优势,开拓印度尼西亚基础设施建设市场,并通过印度尼西亚市场,逐步拓展东盟承包工程市场。②合理控制风险。印度尼西亚财力较弱,外汇储备不够充足,资金较为短缺,偿付能力较差。很多大型项目要求带资承包,或者使用外方提供的优惠贷款。对于印度尼西亚政府不提供政府担保或者不动产抵押的项目,应谨慎操作,合理评估和控制风险。③加强经营管理。印度尼西亚劳动力市场巨大,劳动力成本较低,但劳动力技能一般不高,工作作风较散漫,工作效率较低下。因此,加强施工前的人员培训和施工中的科学管理十分重要。

7.5　金融风险

7.5.1　汇率方面

在国际贸易中通常都以美元作为主要结算货币,印度尼西亚也采用美元作为主要结算货币。中国企业在印度尼西亚承接的EPC总承包项目或IPP项目,合同价款由美元和部分的当地货币即印度尼西亚盾构成,中国企业面临双重风险。一方面,中国人民币在持续走强之后,2016年以来面临对美元的贬值压力;另一方面,印度尼西亚盾的币值相比人民币更加不稳定,近两三年来对美元大幅贬值,中国企业面临较大的汇率风险。

美元汇率的波动、印度尼西亚盾的不稳定是印度尼西亚投资的主要汇率风险。

第一,在项目投资报价时充分考虑人民币兑美元汇率因素。即以未来合理预期的汇率而不是以当前的汇率进行报价或留取一定的风险金,但这样有可能带来价格偏高而丧失中标机会。

第二,在合同中设计汇率调整条款,当汇率波动到一定幅度时,合同价格进行相应调整。这种合同既包括 IPP 模式,也包括 EPC 合同。

第三,在合同价款构成中尽可能减少当地货币或全部由美元构成,以此来降低当地货币不稳定的风险。

第四,根据对外汇市场的预期,适当采取各种技术手段,能够有效地防范和应对汇率风险。在实际业务中,如果汇率出现大幅波动的情况,则往往可以通过资产负债调整法、选择有利的计价货币、在合同中订立保值条款、适当调整商品的价格、通过风险分摊法、提前或延迟收付法来防范汇率风险。

第五,当汇率变动难以预测时,企业可以运用银行金融衍生工具来规避风险,以较小的代价,将未来不确定的收益和成本固定下来。

7.5.2 税费保险方面

进入印度尼西亚市场的中国企业,必须了解印度尼西亚本地的税务政策和保险制度,印度尼西亚实行中央和地方两级课税制度,这里特别需要注意的是,在印度尼西亚某些地区,地方税费尤其是部分行政收费相当高昂。税费和保险直接影响到项目收益,这也是投资中的一个现实风险点。

首先,在项目投标和前期谈判时应要求业主提供详细的税费保险的要求、标准和费率,并在合同谈判过程中明确费用的构成和归属。同时,可以委托当地法律、财务和保险人员对当地的费用种类和费率进行调查研究,避免遗漏。

其次,妥善协调与当地政府关系,可以有效减小或避免一些额外征收的费用。

7.5.3 融资竞争方面

中国企业在海外能源投资项目中,低价竞争日益成为市场角逐和项目竞争取胜的关键因素,这进一步增加了各公司海外竞争和经营压力,也给能源项目经营和融资带来了潜在风险。项目融资之所以适合于大型工程项目的建设开发,正是因为它具有多元化的资金筹措渠道,包括有限追索性的项目贷款、发行项目债券、政府贷款、多边金融机构贷款以及出口信贷等,同时,项目融资用来保证贷款偿还的首要来源被限制在项目本身的经济收益,低价竞争将给项目运行与收益、项目融资带来巨大风险。

首先,确定合理的资本结构和筹资方式。在决定投资项目最佳资本结构和筹资决策过程中,除了考虑其资金成本最低的要求,也要考虑由于债务资本而带来的金融风险,保证项目资本金落实到位、充足。在投资项目资本金中有债务资本存在的前提下,最佳的资本结构不是加权资金成本最低时的资本结构组合,而应该是接受金融风险后的加权资本成本最低时的资本结构组合。

其次,完善资金筹措方案与计划。在确定投资项目资金筹措方案的过程中,除了考虑资金成本的大小、项目的金融风险以外,还要兼顾资金到位的时间。

最后,加强境外市场风险的监控和预测。境外投资企业必须对造成国际市场产品、生产要素等价格波动的因素进行分析,预测价格波动的趋势,识别可能产生的市场风险,预测各类风险的来源、性质、范围、程度等,以便积极采取相应的防范措施。

7.6　投资合作风险

在印度尼西亚开展投资、贸易、承包工程和劳务合作的过程中,要特别注意事前调查、分析、评估相关风险,事中做好风险规避和管理工作,切实保障自身利益。具体包括对项目或贸易客户及相关方的资信调查和评估,对投资或承包工程的政治风险和商业风险分析和规避,对项目本身实施的可行性分析等。相关企业应积极利用保险、担保、银行等保险金融机构和其他专业风险管理机构的相关业务保障自身利益,包括贸易、投资、承包工程和劳务类信用保险、财产保险、人身安全保险等,银行的保理业务和福费廷业务、各类担保业务(政府担保、商业担保、保函)等。

建议企业在开展对外投资合作过程中使用中国政策性保险机构——中国出口信用保险公司提供的包括政治风险、商业风险在内的信用风险保障产品,也可使用中国进出口银行等政策性银行提供的商业担保服务。

中国出口信用保险公司是由国家出资设立、支持中国对外经济贸易发展与合作、具有独立法人地位的国有政策性保险公司,是我国唯一承办政策性出口信用保险业务的金融机构。公司支持企业对外投资合作的保险产品包括短期出口信用保险、中长期出口信用保险、海外投资保险和融资担保等,对因投资所在国(地区)发生的国有化征收、汇兑限制、战争、违约等政治风险造成的经济损失提供风险保障。

如果在没有有效风险规避情况下发生了风险损失,那么也要根据损失情况尽快通过自身或相关手段追偿损失。通过信用保险机构承保的业务,则由信用保险机构定损核赔、补偿风险损失,相关机构协助信用保险机构追偿。

7.7 劳务合作风险

7.7.1 获取工作许可难度大

印度尼西亚经济处于稳步复苏期,拥有可持续发展的巨大潜力,对于劳动力特别是高素质劳动力的需求不断增加。但由于印度尼西亚对本国劳工保护极为严格,对外国劳工的使用要求非常苛刻,工作签证签发要求很高,除高级管理岗位和高级技术人员之外,本国劳工可以胜任的工作,均不允许使用外国劳工。

7.7.2 非法居留工作问题

因印度尼西亚工作签证审批难度大,外国人使用商务签证或者旅游签证在印度尼西亚务工现象普遍存在,印度尼西亚有关部门经常采取措施进行打击,非法滞留开展商务的外国人被拘捕或处以刑罚的事件也时有发生。

7.7.3 企业用工成本问题

自 2012 年 11 月起印度尼西亚要求所有企业必须遵守 2003 年颁布的《劳工法》,规定除保洁、保安、司机、矿场服务等少数工种外,不允许企业进行劳务外包,并将大幅上调最低工资标准。该项法令过渡期为 6 个月至 1 年。据调查,该法令将影响超过 1 300 家使用劳务外包的企业和 1 400 万合同工人。目前中国企业在印度尼西亚开展业务以承包工程为主,对当地劳动力需求较大,该法令将增加企业用工成本,从而影响企业整体效益。

7.8 不可抗力风险

7.8.1 自然灾害风险

印度尼西亚位于太平洋地震带和欧亚地震带之间,地壳活动剧烈,近年来地震、火山等活动频繁。印度尼西亚被称为"火山之国",全国拥有火山近 400 座,其中 129 座是活火山。印度尼西亚是世界上自然灾害发生最频繁的国家,自然灾害尤其是地震及其引发的海啸是必须要考虑和谨慎面对的问题。

首先,采用投保策略应对自然灾害风险。依据印度尼西亚市场实际情况,为电力投资项目投保各种保险种类,如建筑工程综合保险、第三方责任险、工伤事故赔偿保险、设备物质运输保险等。通过支付保险费把风险转移给有承担能力的保险公司或出口信贷机构。

其次,寻求印度尼西亚政府资助和承诺保证。有些自然风险无法确定成本,不能保险或不能按照合理的保险费进行投保,这往往给项目谈判造成障碍。按国际惯例来看,这类风险东道国政府有义务提供某种形式的政府资助和担保,应积极争取印度尼西亚政府的资助和担保。

再次,当事人各方协商分担策略。在合同条款中提前约定,如果尚在贷款偿还期间,则应当由政府、项目发起人、债权人三方按照事先约定的比例分担损失。如果在贷款已经还清的运营期间,则由政府和项目发起人按照事先约定的比例分担损失。

最后,谨慎、正确评估项目自然灾害风险。要求业主提供选址、初可研和可研阶段准确详实的地质水文资料以及历史数据并负责核实,及时准确的评估项目在自然灾害方面的风险,注意在评估时必须避免因对获得项目的渴望而做出不合理的评价,对于超出可承受风险的项目宁可放弃。

7.8.2 新冠肺炎疫情对印度尼西亚经济的影响

(1)经济增长急剧下滑

全球经济下滑,加上新型冠状病毒大流行在印度尼西亚的蔓延以及随后的封锁措施正在严重影响该国的经济表现。印度尼西亚的 GDP 在 2019 年增长 5％之后,于 2020 年萎缩 2.07％。

私人消费的年度增长是过去几年印度尼西亚经济增长的主要动力,由于家庭在非必需品上的支出大幅减少,2020 年收缩 2.3％。旅游业受到严重打击,随着主要基础设施项目(新道路、港口和发电站的建设)的持续中断,投资在 2020 年收缩。就部门而言,国内运输、服务业(包括旅游业)受到新型冠状病毒的影响最为严重。在食品部门,由于印度尼西亚盾贬值,依赖商品进口的企业面临更高的价格和现金流问题。出口仅占 GDP 的 22％,这使印度尼西亚比其他一些东南亚国家更不容易受到全球贸易下滑的影响。但是,全球需求的急剧下降将给印度尼西亚带来损失。中国的需求下降和价格下降将主要打击采矿和能源行业的生产商和出口商。

政府取消了 2020—2022 年宪法预算赤字占 GDP 的上限 3％,并分配了 490 亿美元的刺激措施(占 GDP 的 4％)。支持经济的主要措施包括增加医疗保健支出、社会保护措施、公司减税信贷重组、对中小企业的特别贷款以及向穷人和非正规部门工人的现金补助(印度尼西亚 2.7 亿人口中约有 7 000 万人在非正规部门工作)。此外,中央银行曾多次下调基准利率,至 2020 年 7 月份降至 4.0％,并下调了银行的存款准备金率,以便为银行业提供更多支持本地业务的空间。

尽管刺激措施应有助于缓冲国内需求,但主要支出以及较低的税收和商品收入导致 2020 年的财政赤字超过 GDP 的 7％,公共债务将增加至 GDP 的 43％(2019 年占 GDP 的百分比)。持续的低税率影响了公共支出的增加,并且政府预算支出的效率低下仍然存在。

(2)易受外部冲击的风险增加

银行业状况良好,资本充足(资本充足率 23％),不良贷款率较低(2.5％)。但是,外国资产净额为负值会使依赖外国融资的商业银行面临此类资金成本或可获得性的变化。

近年来,印度尼西亚经济对外状况有所改善,与商品和服务出口有关的外债和还本付息比率均下降,从而减少了该国对外国资本的依赖。但是,债务还本付息率仍然很高,年度经常账户余额一直保持负数。

印度尼西亚在金融结构上易受全球金融市场动荡的影响,因为外国投资者持有印度尼西亚政府债券的 30% 以上,比其区域同行更大,因此该国的金融资产极易受到资本外流的影响。此外,由于外国投资者持有公司债务融资的约三分之一,因此再融资风险仍然很高。

印度尼西亚和其他新兴市场在 2020 年第一季度的大量资本外流致使印度尼西亚盾急剧贬值,并导致 2020 年 2 月和 2020 年 3 月印度尼西亚股市指数恶化。为了管理印度尼西亚盾贬值并稳定印度尼西亚盾在国内金融市场上的作用,中央银行加大了对外汇和远期市场的干预,并购买了政府债券。

(3)政府对新型冠状病毒传播采取行动迟缓

2019 年 4 月,总统佐科·维多多(Joko Widodo)再次获得 55.5% 的选票,连任第二届,直至 2024 年。在他的第一个任期中,佐科继续致力于经济改革,例如改善基础设施以支持制造业数字经济、劳动力市场改革和外国投资规则。但是,由于既得利益者的阻碍,他的政策议程中的一些关键要素仍然存在争议。

与邻国相比,印度尼西亚政府在采取全面措施遏制新型冠状病毒传播方面行动迟缓,这很可能是由于担心对经济的负面影响。这使政府遭受了一些批评。[1]

---

① 2020 年印度尼西亚国家报告. https://atradius.com.hk/en/publications/country-report-asia-indonesia-2020.html.

8

❦

合作案例剖析

8.1　印度尼西亚爪哇 7 号项目

8.1.1　项目概况

印度尼西亚爪哇 7 号项目厂址位于印度尼西亚爪哇岛万丹省,距离雅加达西北约 100 千米。处于万丹省西冷市与芝勒贡市之间,厂址西距芝勒贡市约 6 千米,东南距西冷市约 15 千米,西北距孔雀港(默拉克港)约 13 千米。地理位置优越,区域地势开阔,海陆交通便捷。

2014 年,印度尼西亚全国总装机容量 5 200 万千瓦,人均 0.22 千瓦,电力缺口很大。在此背景下,印度尼西亚加大电力建设力度,爪哇 7 号项目应运而生,并公开进行 IPP 招标。来自中国、新加坡、泰国、马来西亚、日本、法国、韩国等国家(地区)的数十家企业参与了招标预审。最终,神华国华公司于 2015 年 12 月 21 日成功中标。①

爪哇 7 号项目是 35 000 兆瓦电源规划内的项目,是印度尼西亚单机容量最大的机组,是中国第一个海外百万千瓦级 IPP 火电项目,属于"一带一路"重点

---

① 王涛,一卓. 爪哇 7 号:印度尼西亚能源"新地标"[J]. 走向世界,2020(15):38—40.

能源项目。该项目总投资较少,只有 18.83 亿美元,每千瓦造价不到 1 000 美元。印度尼西亚有自己的标准和规范,总承包商如不能悉数掌握,将产生很大风险。作为"一带一路"的旗舰项目,项目的建设备受两国政府的高度重视,该项目影响力仅次于雅万高铁。

作为我国"一带一路"倡议与印度尼西亚"全球海洋支点"对接的重要举措,该项目得到了两国政府和企业高度重视,相关部门集中批复项目手续,一路绿灯,创造了印度尼西亚 IPP 投标项目的 2 个之最:3 小时完成 SGPJB 公司注册,刷新了印度尼西亚公司注册最短时间纪录;6 个月内完成融资协议签署的项目,创造了印度尼西亚项目融资关闭最快纪录。

神华国华印度尼西亚爪哇 7 号 2 台 105 万千瓦燃煤发电项目,是中国企业在海外投资建设单机容量最大的火电机组,是印度尼西亚电力建设史上装机容量最大、参数最高、技术最先进、指标最优的高效环保型电站。

该工程是中国企业在海外投资建设的单机容量最大、拥有自主知识产权的火电机组。该项目采用国际基础设施建设领域通行的 EPC 总承包模式建设,由山东电力工程咨询院有限公司、浙江火电建设有限公司组成 EPC 联合体,与国家开发银行签署了融资协议,与广东省电力设计研究院有限公司签署了设计监理合同,与中南电力项目管理咨询(湖北)有限公司签署了施工监理合同,浙江火电建设有限公司和安徽电建一公司还分别承担了 1 号、2 号机组检修维护和输煤系统运维,与神华国华(印度尼西亚)爪哇运维有限公司(由国华台山发电公司与 PJBI 共同组建)签署了 O&M 合同,华东电力试研院负责设备调试,三大主机分别由上海电气集团和北京巴威公司提供,海工工程由中交第四航务工程勘察设计院有限公司承建。所有主机均采用中国自主生产设备。

8.1.2 项目风险分析及预控措施

(1)融资方面

爪哇 7 号项目的业主融资策划充分,78 个行动项清晰,须办理很多手续。为节约工程造价,采用母公司担保和股权抵押方式,节省保费几亿元。仅用半年时间融资关闭,创国际工程融资最快的业绩。项目融资关闭并及时放贷,是项目如期建成的基础,很多国际项目由于融资不能及时关闭放贷而下马,即便签订了合同也无法执行。3 个月实现放贷,2016 年 9 月 26 日实现融资关闭,为爪哇项目顺利推进奠定了坚实的基础。[①]

(2)环评方面

环评工作是项目建设实施的必要条件,由于环评出现问题而没有通过的项目比比皆是,无论国内还是国外都是一样的。爪哇 7 号项目在投标前已经完成两步环评工作,由爪哇巴厘发电站公司主导;后两步由 IPP 中标单位完成,后续由总承包单位作为牵头主导单位负责项目的环评关闭工作,这是第一次办理环评报告的批复工作,此项工作难度巨大,需要协调海域和陆域的环评。经过积极协调和努力工作,环评终于在 2016 年 8 月 8 日得到批复。环评的批复只是项目基建合规合法建设的前提条件,后续的按照相关法律条文进行监测是一个长期的过程。

(3)征地方面

国际工程征地是非常艰难的工作,很多国际项目由于征地问题没有解决而停建,印度尼西亚的雅万高铁由于征地问题耽误了 2 年的时间。印度尼西亚土地是私有化,协调工作难度很大,爪哇 7 号项目在 IPP 招标过程中,项目征地工作由印度尼西亚国家电力公司(PLN)明确,合同签订前,业主已经完成土地租赁协议的签订。在 IPP 招标过程中,本项目征地工作 PLN 已经基本明确,合同签订前,业主已经完成土地租赁协议的签订。项目总占地 173 公顷区域,本期占地 73 公顷,均由业主负责办理相应手续,避免了不能如期开工的风险。[②]

(4)建设许可方面

印度尼西亚开工建设需要办理 6 大类 56 项许可,项目开工须办理 29 项许可,办理的难度非常大。爪哇 7 号项目管理团队努力攻坚,于 2016 年 11 月 11 日取得项目开工许可,11 月 16 日签署开工令,保证项目合规合法开工建设,避免了由于开工手续存在问题而停缓建设的风险。办理建设许可,需要提供总平面图纸、所有建(构)筑物功能说明等,在初步设计尚未收口的情况下,组织设计、提前提供各建筑物的施工图和结构计算,备齐支撑性文件和资料,给项目如

---

① 赵忠明,宫俊亭,翟忠振,范明波,赵婧彤. 印度尼西亚爪哇 7 号项目总承包的风险管控[J]. 电力勘测设计,2020(02):51—53.

② 赵忠明,宫俊亭,翟忠振,范明波,赵婧彤. 印度尼西亚爪哇 7 号项目总承包的风险管控[J]. 电力勘测设计,2020(02):51—53.

期开工奠定了良好基础。

后续国际项目必须得到业主正式开工令,这样可以为项目执行规避风险,在国外做项目难度要比国内难得多,要充分考虑许可的办理。该项目需要办理82项许可,项目所有的开工需要办理的许可全部清单需要合理借鉴,明确责任单位,保证项目合规合法推进。针对印度尼西亚项目要求,精心调研,落实条件,积极进行外部协调,完成钢铁制品进口许可、PT公司电力资质许可、绿色清关、现场清关四项许可手续办理和电网专用设施施工图纸的印度尼西亚电力公司审查。

(5)进口许可方面

根据雇主要求,国家电投山东电力工程咨询院有限公司(简称"山东院")负责整个工程免税清单的审批办理工作,从2017年2月份起,项目经理牵头组织雇主、浙江火电建设有限公司、中交第四航务工程勘察设计院有限公司、设计、主机厂、印度尼西亚第三方代理、印度尼西亚能源和矿产资源部电力司等单位和部门进行20余次磋商和协调会,最终于2017年8月14日完成免表的最终批复。

(6)本地成分方面

根据印度尼西亚当地法律,投资商在印度尼西亚建设项目期间要保证在印度尼西亚本国采购规定量的物资及服务,以保证本国工业发展。装机容量超过600兆瓦的项目,产品类印度尼西亚国内部件比例最低为36.1%,服务类比例最低为71.33%,产品和服务综合类比例最低为38.21%。不满足本地采购比例将进行行政处罚。爪哇7号项目委托第三方代理提供此项服务,协调各方关系,降低本地成分的比例。

通过自我评估阶段、本地成分最大化阶段和豁免申请三个阶段,多次组织项目公司、总承包方、SUCOFINDO公司、工业部、印度尼西亚各协会召开协调会议,推进本项工作。2018年3月12日工业部出具批复函,本地成分比例为18.11%。

(7)地质方面

国际工程由于不熟悉国外地质状况,列入项目实施重大风险的不可控因素太多,建议地质勘察不列入总承包合同范围内,对于有意向的国际工程,必须加大勘察投入,保证项目地质安全实施。由于本项目投标时间突然提前一个月开标,投标地质淤泥深度 9 米与初勘淤泥深度 17.9 米之间的重大变化,工程须增加投入几亿元,给项目投资带来巨大风险。后续项目必须高度重视此项工作,特别是总承包项目,应列入项目实施重大风险。①

(8)公共安全方面

印度尼西亚是岛国,地震、海啸、台风、火山喷发、暴雨等自然灾害频发,最近的一次阿伊尔海啸离项目所在地仅有 30 千米。除了天灾,同时也要对当地可能发生的人为安全风险相应做好应急预案。

(9)建设标准方面

工程建设标准对工程总体的造价影响巨大,在业主进行购售电合同(Power Purchase Agreement,PPA)谈判时就需要预判到标准的风险,积极协助业主把国家标准(GB)或等同标准写入购售电合同中,除了高温、高压采用美国机械工程师协会标准(ASME),消防采用美国国家防火协会标准(NFPA)以外,剩余全部采用国家标准,包括设计图纸、设备选型、系统设计等,对于项目顺利推进奠定了良好的基础。否则一般的国际项目是图纸一张一张审阅出版的,在后续国际项目中要做好标准的谈判工作。爪哇 7 号项目执行过程中,印度尼西亚国家电力公司审阅 53 卷涉网图纸整整用了 8 个月时间,单是一个清真寺设计就耗时长达 10 个月,可见标准对于项目工期的影响是巨大的。如果项目没有按照购售电合同按期交付生产,那么罚则还是很重的,最高罚款一天达到 50 万美元。②

8.1.3 项目的实施效果

爪哇 7 号项目由于在投标阶段设计就具备了施工图深度,项目中标以后迅速启动设计和设备采购工作,节省了大量时间。按照业主购售电合同规定,项目的工期风险还是很大的,计算方式是从签订购售电合同开始计算工期,爪哇 7 号项目总工期是购售电合同签订日(2016 年 4 月 7 日)算起 48+6 个月(1 号、2

---

① 赵忠明,宫俊亭,翟忠振,范明波,赵婧彤.印度尼西亚爪哇 7 号项目总承包的风险管控[J].电力勘测设计,2020(02):51-53.
② 赵忠明,宫俊亭,翟忠振,范明波,赵婧彤.印度尼西亚爪哇 7 号项目总承包的风险管控[J].电力勘测设计,2020(02):51-53.

号机组时间），购售电合同的签订日就是项目建设的发令枪打响之时，特别是该项目处于海边滩头地带，全部是淤泥，地质条件很差。地基处理的时间历时 14个月，采用真空预压方式处理，地下全部是摩擦桩。2016 年 4 月 7 日签署合同，2017 年 6 月 30 日主厂房浇筑第一罐混凝土。

2019 年 12 月 13 日，爪哇 7 号项目 1 号机组一次性通过 168 小时满负荷试运行，试运期间各系统运行正常，技术指标优良，满足连续稳定运行要求，顺利签署商业运营日期证书及移交生产交接书。这标志着印度尼西亚电力建设史上装机容量最大、参数最高、技术最先进、指标最优的高效环保型电站正式投产。2020 年 8 月 5 日，中国能建浙江火电总承包建设的印度尼西亚爪哇 7 号工程 2 号百万机组锅炉顺利点火成功，标志着该机组正式进入整套试运阶段。8 月 20 日，国家能源集团国华电力印度尼西亚爪哇 7 号项目 2 号机组首次并网成功，顺利并入印度尼西亚爪哇巴厘电网。[①]

印度尼西亚时间 2020 年 9 月 23 日 0:00，该项目 2 号机组顺利通过 168 小时试运。此次 2 号机组 168 小时试运期间，厂用受电、汽机冲转、并网发电、RB试验和 168 小时满负荷试运均"一次成功"，机组锅炉效率 92.69%，汽机热耗7438.29 千焦/千瓦时，厂用电率 4.16%，供电煤耗 288.64 克/千瓦时，各项指标均优于设计值，主要环保指标达到印度尼西亚最优，再一次诠释了中国速度和中国品质。

该项目一期工程竣工是国家能源集团发展战略落地和国际化发展进程中的又一重要里程碑，是代表"中国电力""中国制造"先进生产力的又一重大成就，更是深入践行习近平主席和佐科总统在中国和印度尼西亚建交 70 周年提出的"为中印尼全面战略伙伴关系注入新内涵"的重大标志性成果。[②]

爪哇 7 号项目整体建成后，年发电量可达到 150 亿千瓦时，将有效改善印度尼西亚区域电力供应现状，大大缓解爪哇地区用电紧张局面，对当地经济增长和社会发展起到强有力的拉动作用。项目建设期累计纳税约 11 000 万美元，直接吸纳当地人员就业逾 3 000 人；预计运营期年纳税约 4 000 万美元，将提供

---

① 国家能源集团国华印度尼西亚爪哇 7 号项目 2 号机组首次并网成功［EB/OL］. http://www. inengyuan. com/kuaixun/3548. html.

② 克服疫情影响，中国企业海外投资建设最大单机火电机组全面竣工！［EB/OL］. https://mp. weixin. qq. com/s/UQtAUN_rchJg RRP0kzcuiQ.

近 700 人的就业机会,第三方服务人员逾 500 人。

该项目是印度尼西亚电力行业设计年利用小时数最高的燃煤发电机组,建成后将创下多个百万千瓦级火电机组世界之最——世界体积最大的褐煤锅炉、最大容量的发电机、最大容量的三相一体变压器、最大电站中速磨煤机以及配套功率达 4 600 千瓦的最大电站双列一次风机。这也彰显出中国制造"走出去"成体系、高水平、大协作的中国特色,成为汇聚中国电力工程设计、装备制造、施工建设、管理运营的优秀范例。

8.2 印度尼西亚阿萨汉项目

8.2.1 项目概况

阿萨汉一级水电站位于印度尼西亚北苏门答腊省阿萨汉河上游河段,是阿萨汉河上游河段水电规划三级开发方案的第一级电站。上游是印度尼西亚最大内陆湖 TOBA 湖,相距 25 千米。多巴湖流域面积 3 450 平方千米,水面面积 1 100 平方千米,正常高水位 905 米时的总库容为 28.6 亿立方米。

阿萨汉一级水电站厂房内设两台单机容量为 90 兆瓦的水轮发电机组,总装机 180 兆瓦,多年平均发电量 11.75 亿千瓦时,电站设计水头 163.5 米,额定出力时最大引用流量为 125.8 立方米/秒。阿萨汉一级水电站项目由调节坝、引水口、引水隧洞、调压井、压力管道、发电厂房、尾水管、发电设备、开关站、输电线路及其他准备工程组成。项目业主为印度尼西亚 BDSN 公司,工程师为印度尼西亚 PLNE 公司,总承包商为华电工程,分包商包括葛洲坝、中水十六局等。

阿萨汉项目是华电集团响应国家"走出去"战略的第一个海外投资项目,对中国工程公司在海外特别是印度尼西亚市场的声誉有很大影响,也对工程总承包(Engineering Procurement Construction,EPC)带动海外投资的融资模式是否成功具有重要的检验作用。阿萨汉按照合同要求按时保质保量完工,对缓解印度尼西亚北苏门答腊省的电力紧张具有重要意义。北苏门答腊省严重缺电,经常拉闸限电,阿萨汉项目早日建成并投产,对缓解北苏省供电紧张局面具有重要作用。

8.2.2 阿萨汉项目执行难点[①]

阿萨汉一级水电站作为华电工程在海外的第一个水电工程总承包项目,尤其是在项目初期,面临与印度尼西亚方设计和管理理念差异大、合同技术指标要求高、受相关方制约严重、各种施工准证繁多、外围关系极其复杂、后勤保障困难等诸多问题和挑战。

(1)设计管理理念差异

印度尼西亚虽然整体经济发展较为欠缺,但工程管理层干部均与欧美、日本进行过长时间项目合作,对我国水电技术施工方法和规范标准的认可度较低。在合同方面,该工程总承包合同条款没有采用国际咨询工程师联合会(FIDIC)标准合同条款,而是制定了对承包商较严格的条款。该项目尽管是工程总承包项目,但合同内容套用了单价合同的条款;此外,合同技术条款制定于20世纪80年代,较多技术方案和标准已经被中国水电技术所淘汰或更新,但业主和监理不愿承担变更合同而带来的责任,仍坚持采用落后的技术,因而给设计和采购以及现场施工带来较大的困难。

(2)技术指标要求高

阿萨汉项目总装机180兆瓦,年保证发电量11.75亿千瓦时,设计水头163.5米,设计流量125.8米/秒。该电站年保证发电小时数达6 500小时,多年平均可发电小时数超过8 000小时。因此,高强度工作环境要求机组具有较高的发电效率和稳定性。变电站电压等级275千伏,为印度尼西亚下一代电网拟采用电压等级的第一个电站。国家电网相关部门缺乏275千伏电压的运营经验,但对设计、设备等要求均高出正常标准。对主设备的要求特别严格,其中要求水轮机的效率达到93.0%,发电机的加权平均效率达到98.23%,否则业主拒收设备。

(3)相关方制约严重

由于水库和阿萨汉河流域的调度权由二级电站(INALUM)控制,因此,一

---

① 张蕙,曾鸣.海外水电EPC项目建设模式探索——以印度尼西亚阿萨汉一级水电站EPC项目为例[J].时代经贸,2013(6):189—190.

级电站在诸多方面受到二级电站的制约。如临时道路施工必须保证开挖的石渣不能落入阿萨汉河和水库、开挖过程中爆破的震动不能超过一定标准、公用道路必须及时维护等。尤其是一级电站调试期和运行期的水库调度问题,目前受到二级电站的极大制约。由于变电站将在建成后直接由印度尼西亚国家电力公司负责运行,因而开关站的设计、设备供货等均须由国家电力公司直接审批。国家电力公司机构设置十分复杂,审批流程非常繁琐,审批结果反复矛盾、前后否定,导致开关站施工进度受到极大影响。

(4)资源组织困难

印度尼西亚属于不发达的第三世界国家,其施工设备十分匮乏。该项目所需的施工设备绝大部分从中国进口。由于海运周期长及海上运输保管难度大等因素,项目的后勤保障困难很大。如由于合同技术要求较高,隧洞衬砌所需止水材料均从中国采购,运输至工地。项目所需水泥,为当地水泥供应商从马来西亚进口,然后按区域分配供应。同时,印度尼西亚节假日众多,一旦过节,所有供应商均停止营业,这也进一步加剧了物资采购的困难。

8.2.3 阿萨汉项目管理模式特点[①]

鉴于执行初期出现的一些问题和面临的实际困难,华电工程阿萨汉项目部改变了完全照搬中国水电开发模式的观念,从项目管理结构、项目执行团队、外围支持、分包商管理、商务管理等方面不断探索和创新,形成了既符合水电建设特点,又满足华电工程项目管理体系要求的海外水电项目管理模式。

(1)建立以总包商为核心的项目管理结构

在项目执行的初始阶段,我方沿用国内广泛采用的业主(总承包方)-设计(设计分包)-监理(监理分包)-施工单位(施工分包)的模式,通过招标确定了设计、监理和施工的分包单位,拟由小规模的华电项目部执行该项目。但业主BDSN公司基于自身利益、责任和项目管理经验,对华电工程的项目执行进行苛刻的控制,导致现场施工无法按照国内成熟经验进行。与此同时,工程总承包项目团队、监理、施工单位都缺乏类似模式的工程经验,责任不明,无法在较

---

① 张蕙,曾鸣.海外水电EPC项目建设模式探索——以印度尼西亚阿萨汉一级水电站EPC项目为例[J].时代经贸,2013(6):189-190.

短时间内适应印度尼西亚方的管理模式,难以通过总包商与业主工程师进行有效沟通,导致现场施工无法正常开展。

因此,参照国际项目的执行模式,项目部执行管理模式作了如下改进:将监理(监理分包)环节改为工程部,技术环节成立技术部,外围协调环节成立 HSE(Health,Safety,Environment)部等,形成业主-业主工程师-总包商(工程部、技术部、HSE 部等)模式。该模式突出了总包商的核心地位,通过成立强有力的工程部和技术部取代监理分包,加强了总包商自身的专业水平,能够更为有效地与业主和业主工程师进行沟通,同时对分包商的管理也更为有效,推动了上下游环节的良好运转。

(2)整合高效的项目执行团队

在项目执行团队建设方面,阿萨汉项目具有以下特点:

①华电工程作为总包商,主要定位于专业的项目管理,其核心团队的主要作用在于按照项目管理的思路进行安全、进度、质量、费用等控制,强调其执行能力和沟通能力。

②水电工程是系统复杂、作业面距离远的系统工程,涉及地质、测量、水工、施工、水机、电气、金属结构等各个专业,需要各个专业大量的技术和管理人员。

③项目地处海外,在项目管理、技术、社会协调、物资保障等各个方面要与当地人员进行沟通,所以需要一批从事沟通协调工作的当地员工。

(3)寻求最大限度的各方支持

阿萨汉项目的执行,除了依托华电工程自身的管理和技术力量外,还寻求最大限度的华电系统内外单位支持,主要体现在:充分借助集团公司大家庭相关单位的管理和技术力量;加强与华电香港公司和华电运营公司的互动与合作;与一批国内知名专业公司进行充分合作,解决关键性的管理和技术问题;争取印度尼西亚方业主和工程师的大力支持;加强与当地电网公司的合作。

(4)实施务实高效的分包商管理

阿萨汉项目土建及安装分为引水系统工程和厂房系统工程两个标段,在集团工程部的指导下,分别选择了葛洲坝和中水十六局作为施工分包商,既避免了海外项目分标过多引起进退场成本高、管理难度大等问题,又形成了适当竞争的格局。在对两家施工分包商的管理中,既重视现场工程管理,又重视国内后勤管理,在保证现场得到充足的人力、设备、材料和后方全力支持的条件下,扎实推进安全、质量、进度管理。

8.2.4 阿萨汉项目运行管理相应对策[①]

(1)完善员工教育培训机制

在阿萨汉水电站生产过程中,运行人员时刻掌握着设备的运行状态及影响生产的各种因素,对设备的安全、经济运行直接负责,因此,他们的整体素质及技术能力对水电站的运营起着非常关键的作用。由于国内外员工的工作水平参差不齐,工作的标准和习惯各不相同,语言沟通存在一定困难,导致全体员工形成合力还存在一定难度。如何提高他们的职业修养及技术能力,促使他们在生产中时时刻刻从公司利益出发,为水电站的发展做贡献,就成为管理的重点和难点。尤其当地员工觉得检修岗位的技术含量要高于运行岗位,以后的发展前景也更好,所以从事运行工作的积极性不高。这就要求完善水电站内部的员工教育培训机制;在对员工做好教育培训的同时,对运行工作给予足够的重视,对运行人员的价值给予充分的肯定,建立行之有效的激励机制,使之感受到自身工作对安全生产和创造效益的重要性。这样有利于水电站整体效益的提高。

(2)提高员工社会保障及生活补助

增加员工的收入,有利于提高员工生活水平,激励员工,增强员工的企业认同感,激发员工的工作热情和奉献精神。充分尊重当地的宗教信仰和生活风俗,建设良好的企业文化,增强企业的发展凝聚力。要把提高企业经济效益同提高全员综合素质、改善员工福利待遇结合起来,为当地优秀人才的成长搭建广阔平台,维护好当地员工的根本利益,真正实现企业与员工福利的稳步提高。这样才有利于解决技术人员流动性大的问题,实现水电站综合效益的稳步增长。

(3)加强技术监督与运行管理

由于当地电力企业的技术水平和管理水平较国内落后,所以应当提高水电站运行人员技术监督力度,加强运行人员发现问题和处理问题的能力。项目部生产主管坚持每天到生产现场,检查、了解人员及设备状况,加强与运行人员的

---

① 韩玉林. 浅谈承接境外水电站运行工作[J]. 管理观察,2014(7):64—65.

沟通,检查和督促运行人员做好运行分析工作。运行人员按照要求严格执行"两票三制"制度,这一制度在海外显得格外必要和有效,是确保安全生产的基石。运行人员互相监督,坚决执行交接班制度。交班人员要对设备进行检查,对工作过程中发生的问题要做详尽的记录,为接班人员迅速进入工作状态做准备;接班人员也需要进行设备检查,核对设备状态,提出有关的疑问,确认无误后方可接班。巡回检查要求按照规定时间和规定路线运行,在特殊的情况下,可增加机动性巡回检查。做好应急准备和事故预想,这是在事故发生时能做出迅速反应的有效办法。由于地处海外,一方面,各种复杂情况出现的概率较大,另一方面,无论是人员调配还是物资准备,均存在较大的困难和不确定性,所以尤其需要事先做足准备。

(4)逐步完善水电站安全生产管理机制

由于投资主体变化,阿萨汉水电站最终交由印度尼西亚方人员管理。为了实现交接过程平稳和有序,水电站内部员工通过认真细致的工作,始终把安全放在首位,逐步完善水电站运营安全管理机制。加大设备管理力度,保证机组的安全稳定运行。在设备大修或重要施工项目之前,及时对施工项目编制安全技术、组织措施,对施工单位进行技术交底和安全交底。只有建立健全安全生产管理机制,采取一系列行之有效的措施及制度,水电站在安全生产、经济效益、设备维护、技术提高等方面才会明显进步。只有形成了制度化,才能确保在人员变动的情况下,仍能确保水电站的安全生产和正常经营。只要做到了以上列出的各个方面,就能最大限度地避免和控制人身伤亡及设备损坏事故的发生,实现电站安全生产管理,确保经营权的平稳过渡。

8.2.5　阿萨汉项目管理体系建设

在建立高素质、强凝聚的海外项目管理团队的同时,项目部加强管理体系建设,促进项目管理规范化、高效化,对工程的质量、进度、安全、环保及外围保障的管理体系进行了一系列探讨。

(1)质量进度控制体系

阿萨汉项目按照项目经理-现场经理/副经理-工程部部长/副部长-专责工程师-区域工程师的组织结构进行控制,通过区域工程师,管理分包商的区域工程师;通过工程部,管理分包商的项目部;实现对分包商的全面控制,同时工程部担负与业主工程师的沟通。

(2)安全、环保及外围保障体系

项目部根据水电施工实际情况,结合阿萨汉项目现场的具体特点,按照集团公司安全管理工作体系的相关要求,建立了项目部安全环保及外围保障的管理工作体系,并不断加以完善。按照项目经理-现场经理/副经理-HSE部-HSE专责工程师的组织结构进行控制,对分包商进行控制,并与业主、工程师协同工作。[①]

8.2.6 电力企业对外直接投资的风险防范[②]

相对于国内较为稳定的电力需求环境和行业发展环境而言,国际电力能源环境十分复杂,不同区域所面临的风险也不尽相同,目前我国电力企业与国际大型能源企业相比,在风险防范意识和风险管理能力方面还有不小差距,因此,我国电力企业在实施"走出去"的发展战略之时,应当针对各种投资风险建立相应的发现机制、防范机制,在保证自身对外投资不受损失并获得一定收益的同时,增强自身的国际竞争力。同时,我国政府也应当制定一系列政策来支持我国电力企业实施"走出去"战略,保证其对外投资项目能够长期稳定地运营,确保电力企业的对外投资能够获取应得的利益。

(1)基于企业的风险防范

①战略风险的防范。战略风险与战略决策实质上是直接对应关系,合理的战略决策能够有效预防战略风险的发生,加强对战略风险的研究也能够促进企业战略决策能力的提升。

在控制与决策方面,首先,电力企业应当始终明确制定战略决策的目的是为了维护企业长久稳定的发展,提升自身的核心竞争力,从而在同行业内形成竞争优势。在制定战略策略时,应当充分考虑自身实际情况,制定科学合理的战略决策。其次,在制定对外投资的战略决策之后,应形成良好的监督、约束和

---

① 张蕙,曾鸣. 海外水电EPC项目建设模式探索——以印度尼西亚阿萨汉一级水电站EPC项目为例[J]. 时代经贸,2013(6):189—190.

② 张聪. 电力企业对外直接投资的风险防范——基于中国华电集团印尼阿萨汉投资项目的探讨[D]. 对外经济贸易大学,2016.

激励机制,并针对投资项目组建专门的负责团队来确保战略决策的实施。再次,要重视战略决策实施过程中和完成后的评价,在战略决策实施过程中,应时刻将预期目标与当前进度进行对比,避免出现较大的误差,若存在误差,则必须深入分析其原因并制定相应的措施,以保证战略决策真正落到实处,实现决策目标。

选择合作伙伴也是战略决策中的一部分,从华电集团对印度尼西亚阿萨汉项目的投资过程来看,选择印度尼西亚 BDSN 公司作为合作伙伴实质上是一项错误的决策,正因为印度尼西亚 BDSN 融资不利,导致该项目一度处于停滞状态,所幸的是华电集团作出了有效的应对措施,弥补了决策上的失误,采取以香港华电购买印度尼西亚 BDSN 公司股权的方式来主导项目的融资建设,最终使该项目重回正轨。因此,电力企业在对外投资选择合作伙伴时,应当加强对合作企业的了解,认真分析合作企业的发展轨迹与历史资料,以确保对外投资项目能够正常运行。

②市场风险的防范。电力企业对外直接投资的市场风险主要体现在外汇风险、利率风险以及电力需求风险方面。

在外汇风险方面,外汇风险是电力企业对外投资经营中面临的主要风险,通常体现为因汇率变动而对电力企业对外投资造成的不利影响。但从企业自身而言,可以通过采取相应的措施来防范。首先,电力企业需要搜集目标国更为全面的经济信息,包括经济政策、外汇管制和市场发展情况等诸多方面的信息,从而构建外汇市场行情的信息网络,为自身的对外投资做好预备工作。其次,电力企业可以采取货币保险策略来尝试转移外汇风险,但货币保险往往成本较高,电力企业应当综合项目收益与投保成本来考量,以选择合理的风险防范策略。

在利率风险方面,利率风险也是电力企业对外投资过程中所要面对的主要风险之一。从华电集团对印度尼西亚阿萨汉项目的投资来看,从 2003 年 4 月立项,到 2005 年 5 月开工建设,再到 2010 年 8 月正式运营,整个过程经历了 7 年多,在这一过程中,印度尼西亚为了应对通货膨胀而调整过多少次基准利率已无法统计,这一情况无论是对于该项目的建设成本还是盈利都产生了极大的影响,电力企业应当加强对国际金融市场中利率市场的研究和分析,从而做好利率的预测工作。同时,电力企业开展对外投资工作时,应当合理利用负债资本,运营各种借款方式来筹措投资资金,从而控制资本的使用成本。此外,还可以利用各种金融工具来有效地规避和防范利率风险。

在电力需求风险方面,电力企业在深入分析东道国的经济发展目标和实际发电量的基础上,还应当研究同行业企业在接下来一段时间内在东道国的投资情况。一般而言,如果某个国家的电力需求量较大,同时又具备一定的优惠政策来引进外企进入本国的电力能源行业,那么必然会有许多国际大型电力企业瞄准这一市场,电力企业在分析东道国市场环境的同时,还应分析同行业企业的动向,以免出现因目标国电力需求短缺而吸引国际大型电力企业扎堆投资,最终导致电力供给过剩的状况。

③运营风险的防范。电力企业对外投资项目想要长久稳定地运营,首先必须在技术方面得到保障,其次要加强对投资项目的管理。

在技术风险方面,电力企业要控制投资项目的核心技术。当东道国应用的技术标准与国内应用的技术标准出现不匹配情况时,应当进行相应的调整,并加强自身研发能力,始终拥有电力行业的尖端技术,此外,提高投资项目的施工质量,从而避免对外投资项目被东道国国有化或单方面取消协议。在设备的维护和管理方面,电力企业可以与合作伙伴或东道国政府签订相应的协议,在分摊一部分维护责任的同时,规避一定的技术贸易风险。

在管理风险方面,电力企业首先要做的就是完善自身的内部治理结构和内控机制,确保在对外投资项目的管理过程中,企业总部与项目管理人员在政策上能够协调统一。其次,对于对外直接投资项目的日常管理,项目管理层人员要做好权利的分配工作,在保证当地工作人员既得利益的同时,提高项目整体的管理运营质量。最后,要制定合理的运营目标,在激励项目员工工作积极性的同时,顺利完成投资项目的运营规划目标。

④财务风险的防范。在建设和运营成本方面,电力企业应当适当使用东道国当地的资源,节约材料运输成本,同时可以聘请当地工作人员来参与项目的建设,将东道国的利益、企业自身利益与该项目的利益进行融合对接,并以此与东道国政府进行沟通,争取更多的优惠政策,从而进一步降低建设和运营成本。

在税务风险方面,电力企业应充分研究各国税法和国际税收协定,并找出其中的差别、缺陷或特例,从而合理规避或减轻一定的纳税义务。

在融资管理方面,华电集团对阿萨汉项目的投资发生了一项重大失误,对该项目和华电集团造成了严重的影响。鉴于这一情况,电力企业在对外投资中,可以在与合作伙伴签订合约的基础上,再与东道国政府签订一份投资协议,明确东道国政府在该项目中应承担的责任和义务,以减少来自合作伙伴的融资管理风险。

⑤法律风险的防范。在电力企业对外投资过程中,必然会因为两国法律的不同以及对国际法律理解的差异而产生或多或少的法律纠纷。针对这一情况,电力企业首先要强化自身的法律风险意识,在项目的投资和运作过程中要时刻识别法律风险,防范法律风险,让防范法律风险成为对外投资项目管理人员的意识常态。其次,电力企业要完善企业法律事务工作体系,法务人员应深入研究各国法律和国际通行的法律,以保证出现法律纠纷时能够立刻开展法务工作,在化解纠纷的同时保证投资项目的政策运营。

⑥其他风险的防范。

电力企业在对外投资时,应当对当地环境进行全面细致的分析与评估,既包括自然环境,也包括社会人文环境。就电力企业对外投资项目而言,各种设备的建设必然会对当地环境造成一定的影响,电力企业必须做好相应的应对措施,减少环境污染事件的发生,同时对于项目所在地的地址灾害分析必须科学严谨,避免因严重地址灾害而导致对外投资打了水漂,给企业自身带来严重损失。而对于社会人文环境,电力企业首先要做的就是了解东道国的人文历史以及政策制度,对项目实现跨文化管理,在此基础上保证项目所在地民众的利益,保证目标国的利益,并树立良好的企业形象,避免投资项目受当地人排斥和干扰,保证项目能够长久稳定地运营并取得相应的收益。

(2)基于政府的支持策略

电力企业实施"走出去"的发展战略既是企业自身发展的需要,也是我国经济发展的需要,以电力、基建等为首的一大批大型企业肩负着我国科技与制造工艺迈向国际市场的重要责任,也肩负着我国发展战略规划所赋予的重大使命。而我国政府作为实施"走出去"战略的企业的坚实后盾,应当采取相应的措施来支持这些企业的对外投资。

①建立电力企业对外投资监管体系。建立统一的电力企业对外投资监管体系,是强化电力企业防范对外投资风险的必要措施之一。首先,政府可以建立一个专门负责对外投资企业的管理机构,并建立健全的对外投资管理体系,加强对电力企业对外投资的指导和管理。例如设立"对外投资委员会",通过以政府主导、各对外投资企业共同参与的会员模式,来共同规划我国对外投资的战略蓝图,建立统一的行动准则、方针政策和管理措施,同时还可以为以电力企业为代表的对外投资企业提供咨询、管理、协调和可行性分析等一系列服务措施,以保证国内企业能够顺利开展对外投资并获得合理收益。其次,政府可以建立一个对外投资企业的绩效评估机构。目前我国对外投资企业大多是以电力和基建为代表的国有企业。建立对外直接投资企业的绩效评估机构,能够加强对国有企业对外直接投资的监督和审计,在对对外直接投资企业的投资行为进行规范的同时,尽可能避免国有资源遭受损失。最后,政府需要进一步提高国际影响力,并制定一系列保护、鼓励和管理对外直接投资企业的法律法规,如"中国企业对外直接投资法"及其相关配套法律法规等。

②完善电力企业对外投资保险制度。完善电力企业对外投资保险制度有利于增强电力企业对外投资风险的应对能力。电力企业在实施对外投资时,可以向保险机构购买一定的保险,如果风险造成的影响在承保范围以内,那么在风险发生后,保险机构应当依照对外投资保险制度给予相应的补偿,此举能够有效地帮助对外投资企业实现投资风险转移。除此之外,政府可以鼓励证券机构增强自主研发能力和创新能力,设计出更多更为实用的帮助电力企业规避对外投资风险的金融工具,以增强对外投资企业抗击风险和防范风险的能力。

③加强政府与东道国的对话与合作。加强政府与东道国的对话,创造和平稳定的投资环境是我国政府支持国内企业"走出去"的重要可行措施之一,目前我国部分对外投资项目之所以以失败告终,大多数情况下是因政府双方的政策不够协调以及东道国出于自身利益考虑所致,因此,我国政府应积极参与国际多边对话,加强政府层次的沟通,积极构建多边投资保护框架,促进我国企业对外投资项目顺利运行。就电力企业而言,目前我国电力企业的对外投资多集中在东南亚和非洲等地区的发展中国家,我国政府应进一步强化与这些发展中国家的沟通,在保证大方向不错误的前提下,积极推进电力企业对外投资的发展。

④推进电力企业对外投资金融支持。首先,要加强国内银行业对电力企业对外投资的支持,实质上国内银行业对电力企业对外投资的支持也是实现自身国际化目标的有利途径之一。目前我国以电力为代表的基建企业对外投资项目大多是耗资巨大的项目,为了企业自身的稳定发展,需要国内银行业提供一定的资金支持。其次,我国政府和金融监管机构需要适当放松一定的金融管制。例如,在条件允许的情况下允许对外投资企业在投资项目所在地成立财务公司,完成融资,达到自我扶持的目的;对于部分金融核心机构,政府和金融监管机构在条件允许的情况话可以批准其成立跨国银行,从而通过采用不同的法律体系来更好地实现对对外投资企业的资金支持。

8.2.7 总结与思考

通过阿萨汉项目的执行,对海外直接投资项目的思考如下:

(1)项目的管理模式和组织体系既要充分结合项目和合同的特点,满足业主的需要,又要结合管理国内分包商的习惯,推动上下游环节的良好运转。

(2)通过强化核心团队、凝聚专家团队、融合本土团队,并结合这三支团队和海外工程的特点,进行管理体系的创新,取得相应的成效,为海外项目提供管理借鉴。

(3)较大规模海外项目的执行工作,其特点是系统复杂、专业性强、各有特点,需要整合多种资源,并结合工程实际来做好管理体系的创新工作,才能保证执行的正确性和高效性。在华电集团和华电工程集团的大力支持及帮助下,海外分公司阿萨汉项目部克服了各种外部社会干扰,精心组织,认真施工;整合各种资源配置,运用先进的项目管理方法,狠抓落实,按照"安、快、好、省、廉"的标准,经过41个月的艰苦奋斗,成功实现了按合同工期并网发电,为集团公司第一个海外投资项目的成功实施、为海外工程分公司的荣誉贡献了智慧和力量。

(4)我国电力企业在实施"走出去"的发展战略之时,应当针对各种投资风险建立相应的发现机制、防范机制,在保证自身对外投资不受损失并获得一定收益的同时,增强自身的国际竞争力。同时,我国政府也应当制定一系列的政策来支持我国电力企业实施"走出去"战略,保证其对外投资项目能够长期稳定地运营,确保电力企业的对外投资能够获取应得的利益。

参考文献

[1]许利平,薛松,刘畅.列国志·印度尼西亚[M].北京:社会科学文献出版社,2019.

[2]中华人民共和国外交部网站.印度尼西亚国家概况.https://www.fmprc.gov.cn/web/gjhdq_676201/gj_676203/yz_676205/1206_677244/1206x0_677246/2020.1.12.

[3]宋秀琚.21世纪海上丝绸之路与中国-印度尼西亚能源合作[M].武汉:华中科技大学出版社,2019.

[4]StatistikIndonesia,2019,https://www.bps.go.id/publication/2019/07/04/daac1ba18cae1e90706ee58a/statistik-Indonesia-2019.

[5]BP. BP Statistical Review of World Energy 2019. London,June,2019.

[6]中国商务部,对外投资合作国别(地区)指南——印度尼西亚(2019年版).

[7]刘胜,胡安琪.印度尼西亚外资政策变化及其对"一带一路"建设的影响[J].东南亚研究,2019(2):122-138+157-158.

[8]严小青.印度尼西亚电力市场概况及投资前景分析[J].中外能源,2017,22(6):8-14.

[9]孟婵.中国与东盟能源合作研究[D].广西大学,2019.

[10]耿伟伟,宋秀琚.中国-印度尼西亚能源合作:进展、动因及挑战[J].东南亚纵横,2019(3):28-37.

[11]杨雄庭,王泽安.印度尼西亚中加里曼丹波拉湾煤勘探区的构造解析[J].湖南地质,1996(4):45-49.

[12]童晓光,杨福忠.印度尼西亚油气资源及中国石油合同区块现状[J].中国石油勘探,2005(2):58-62+65.

[13]刘胜,胡安琪.印度尼西亚外资政策变化及其对"一带一路"建设的影响[J].东南亚研究,2019(2):122-138+157-158.

[14]杜宏宇,方勇,袭著纲,尹新义,张科.印度尼西亚苏拉威西地区波尼盆地形成及其

石油地质特征[J].海洋地质前沿,2019,35(10):49—55.

[15]龙继红,吴道.印度尼西亚朋古鲁煤矿全煤巷支护改革可行性探讨[J].江西煤炭科技,2016(2):109—111.

[16]王文江.印度尼西亚煤炭投资机会 SWOT 分析[J].内蒙古煤炭经济,2015(10):59—60.

[17]向敏,王雷.印度尼西亚煤炭对华出口影响及走势分析[J].煤炭经济研究,2019,39(4):42—47.

[18]Yudi Prabangkara.印度尼西亚矿产及能源的投资现状和机遇[C].亚洲与太平洋地区红土镍矿合作组织(APOL),2019 年镍产业发展高峰论坛暨 APOL 年会会刊,亚洲与太平洋地区红土镍矿合作组织(APOL)亚洲与太平洋地区红土镍矿合作组织(APOL),2019:82.

[19]谢越韬,楼书逸,张皓天.印度尼西亚可再生能源与电力发展现状及合作潜力分析[J].中外能源,2019,24(1):22—27.

[20]杨超,韩露,经蕊,等.印度尼西亚经济特区:中企投资的机遇和风险[J].国际经济合作,2016(12):43—47.

[21]李小军.印度尼西亚核能的发展现状及国际核合作[J].东南亚南亚研究,2017(3):38—45.

[22]王树洪,徐庆元.印度尼西亚电力投资市场分析[J].国际工程与劳务,2017(3):52—54.

[23]李洁.印度尼西亚电力能源建设投资环境 PEST 分析[J].四川电力技术,2019,42(2):86—90.

[24]翟迪,欧阳敏,袁家海.印度尼西亚煤电投资环境研究[J].华北电力大学学报(社会科学版),2019(1):35—43.

[25]严小青.印度尼西亚电力市场概况及投资前景分析[J].中外能源,2017,22(6):8—14.

[26]梁富康,苏新旭.印度尼西亚的煤炭资源及开发前景[J].中国煤炭,2019,45(4):128—132.

[27]王玫黎,杜陈洁.印度尼西亚产品分成合同对中国-东盟南海油气合作的启示[J].中国矿业,2020,29(1):52—56.

[28]李今朝.企业境外煤电项目投资浅析[J].中国电力企业管理,2019(36):38—39.

[29]陈从磊,徐孝轩.国外能源公司地热能利用现状以及对中国石化的启示[J].中外能源,2013,18(11):21—25.

[30]钟帅,邱华盛,沈镭,等.关于中国和印度尼西亚在资源环境领域开展重点合作的建议[J].中国科学院院刊,2019,34(1):94—103.

[31]吴晓鹏.印度尼西亚 KABURAN 煤矿区工程地质特征分析[J].江西煤炭科技,2012(4):60—62.

[32]罗嗣祥,胡艳青,黎心宇.关于印度尼西亚卡布兰煤矿开拓方式的讨论[J].江西煤炭科技,2012(3):99—101.

[33]左志刚.印度尼西亚宏观经济趋势分析(2017—2018),印度尼西亚经济社会发展报告(2018),2018(12):139—155.

[34]白维灿.印度尼西亚 BARA 煤矿褐煤煤质特征[J].中国煤炭地质,2009,21(S2):36—37+53.

[35]赵宏,伍浩松.印度尼西亚将启动核电可行性研究[J].国外核新闻,2019(9):8.

[36]中国国际贸易促进委员会:企业对外投资国别(地区)营商环境指南——印度尼西亚(2019).

[37]应霄燕,谢静岩.印度尼西亚全球海洋支点战略的实施与展望——基于国家战略适应性的分析[J].印度洋经济体研究,2019(06):132—149+154.

[38]2019 年印度尼西亚货物贸易及中印双边贸易概况,https://countryreport.mofcom.gov.cn/record/view110209.asp? news_id=68158.

[39]梁富康,苏新旭.印度尼西亚的煤炭资源及开发前景[J].中国煤炭,2019,45(4):128—132.

[40]中国煤炭市场网,https://www.cctd.com.cn/show-74-190577-1.html.

[41]韦玉飞.印度尼西亚穆印露天煤矿非工作帮残煤回收[J].露天采矿技术,2017,32(7):16—20+24.

[42]白维灿.印度尼西亚 BARA 煤矿褐煤煤质特征[J].中国煤炭地质,2009,21(S2):36—37+53.

[43]余娜.海外煤电博弈正酣项目搁浅风险犹存[EB/OL].http://124.193.200.164:8088/nygy/201911/t20191120_221229.html,2019-11-20.

[44]Indonesia:PetroleumGeology&Potential,http://www.ccop.or.th/epf/indonesia/indonesia_petroleum.html.

[45]李小军.印度尼西亚核能的发展现状及国际核合作[J].东南亚研究,2017(3):38—45+109.

[46]赵宏,伍浩松.印度尼西亚将启动核电可行性研究[J].国外核新闻,2019(9):8.

[47]印度尼西亚电力市场简介.中国贸易投资网,http://www.tradeinvest.cn/information/4951/detail.

[48]利好频频,投资印度尼西亚潜力有多大? 全球纺织网,https://www.tnc.com.cn/

info/c-012004-d-3679555. html.

[49]2019 年印度尼西亚外国投资前五大行业. 中国贸易投资网, http://www. tradein-vest. cn/information/5334/detail.

[50] 石雪杰. "一带一路"倡议下海外竞标类 IPP/PPP 电力项目前期工作探讨. 中国经贸导刊, 2016(3Z): 13—15.

[51] 东盟 PPP 模式及采购流程: 以印度尼西亚为例. 搜狐网, https://www. sohu. com/a/230972009_610982.

[52]全面解读印度尼西亚独立发电商(IPP)项目. 厦门华气信息咨询有限公司, http://www. hqhunt. com/energydetail? article_id=1179.

[53]郭维平, 严雨思, 高平. 基于马来西亚 IPP 电站项目 EPC 总承包开发阶段的实践与探索[J]. 顶级项目管理技术, 2012(6): 1.

[54]钱卓, 余文成. 海外 EPC 项目物资采供问题与建议[J]. 施工企业管理, 2020(2): 70—73.

[55]李森. EPC 工程总承包模式下的施工全过程管理[J]. 中国勘察设计, 2020(8): 66—69.

[56]郭永峰. 一文了解油气勘探开发生产全流程. 石油圈, http://www. oilsns. com/article/431273.

[57]赵忠明, 宫俊亭, 翟忠振, 等. 印度尼西亚爪哇 7 号项目总承包的风险管控[J]. 电力勘测设计, 2020(2): 51—53.

[58]张蕙, 曾鸣. 海外水电 EPC 项目建设模式探索——以印度尼西亚阿萨汉一级水电站 EPC 项目为例[J]. 时代经贸, 2013(6): 189—190.

[59]张秋明. 开发绿色能源——印度尼西亚的可再生能源开发与能源保护政策[J]. 国土资源情报, 2005(12): 26—30+39.

[60]李晓平, 焦敬平. 印度尼西亚能源产业发展现状与中印合作展望[J]. 能源, 2020(6): 67—71.

[61]卫培. 印度尼西亚油气工业状况与投资环境分析[J]. 国际石油经济, 2020, 28(10): 51—59.

附录1 印度尼西亚主要政府部门和服务机构联系方式

序号	机构名称	地　址	联系方式
国家最高机构			
1	国务秘书部	State Secretary Prof. Dr. Pratikno, M. Soc. Sc. Kementerian Sekretariat Negara Jl. Veteran No. 17－18, Jakarta Pusat 10110	电话: (021) 3843 858 传真: (021) 3849 065 E-mail: humas@setneg. go. id 网址: www. setneg. go. id
2	人民代表会议(国会)	The Indonesian House of Representatives Drs. Setya Novanto, Ak. Jl. Jend. Gatot Subroto No. 6, Jakarta Selatan	电话: (021) 5715 311 传真: (021) 5731 967 E-mail: set_tu_ketua@dpr. go. id 网址: www. dpr. id
3	国家财政稽查署 The Audit Board of Republic Indonesia Dr. H. Harry Azhar Azis, M. A.	Jl. Jenderal Gatot Subroto Kav 31, Jakarta 10210	电话: (021) 2554 9000 传真: (021) 5795 0288 E-mail: webmaster@bpk. go. id 网址: www. bpk. go. id
4	最高法院 Supreme Court Prof. Dr. H. Muhammad Hatta Ali, SH, MH.	Jl. Medan Merdeka Utara No. 9－13, Jakarta 10110	电话: (021) 3843 348, 3810 350 传真: (021) 3810 357 E-mail: info@mahkamahagung. go. id 网址: www. mahkamahagung. go. id
统筹部			
1	政治法律安全统筹部 Coordinating Ministry for Political, Legal, and Security affairs Jenderal TNI (Purn) Dr. H. Wiranto, S. H.	J l . Medan Merdeka Barat No. 15 Jakarta Pusat 10110	电话: (021) 3483 3704 传真: (021) 3483 3704 E-mail: polkam@polkam. go. id, sidhal@polkam. go. id 网址: www. polkam. go. id
2	经济统筹部 Coordinating Ministry for the Economy Darmin Nasution, S. E. , Ph. D	Jl. Lapangan Banteng Timur No. 2－4, Jakarta	电话: (021) 3521 835 传真: (021) 3511 643 E-mail: humas@ekon. go. id 网址: www. ekon. go. id
3	海洋统筹部 Coordinating Ministry for the Maritime Luhut Binsar Pandjaitan	JL. M. H. Thamrin No. 8 Jakarta Pusat 10340	电话: (021)23951100 传真: (021)3141790 E-mail: biroreni@maritim. go. id; 网址: www. maritim. go. id
4	人民福利统筹部 Coordinating Ministry for People Welfare and Culture Puan Maharani	Jl. Merdeka Barat No. 3, Jakarta Pusat	电话: (021) 345 9444 传真: (021) 345 9444 网址: www. kemenkopmk. go. id

续表

序号	机构名称	地 址	联系方式
中央直属部门			
1	国务秘书部 State Secretary Prof. Dr. Pratikno, M. Soc. Sc.	Kementerian Sekretariat Negara Jl. Veteran No. 17—18, Jakarta Pusat 10110	电话：(021) 3843 858 传真：(021) 3849 065 E-mail：humas@setneg. go. id 网址：www. setneg. go. id
2	内政部 Department of Home Affairs Tjahjo Kumolo, SH	Jl. Medan Merdeka Utara No. 7,Jakarta 10110	电话：(021) 3450 038 传真：(021) 3851 193 E-mail：usdatin@kemendagri. go. id 网址：www. kemendagri. go. id
3	外交部 Department of Foreign Affairs Retno L. P. Marsudi	Jl. Taman Pejambon No. 6 Jakarta Pusat,10110	电话：(021) 3441 508 传真：(021) 3857 316 E-mail：kontak-kami@kemlu. go. id 网址：www. kemlu. go. id
4	国防部 Department of Defense Jenderal TNI (Purn) Ryamizard Ryacudu	Jl. Merdeka Barat 13—14,Jakarta 10110	电话：(021) 3840 889 传真：(021) 3828 500 E-mail：ppid@kemhan. go. id 网址：www. kemhan. go. id
5	司法人权部 Department of Justice and Human Rights Yasonna Hamonangan Laoly, S. H. ,Sc. ,Ph. D	Jl. H. R. Rasuna Said Kav. 6—7 Kuningan, Jakarta 12940	电话：(021) 5253 004 传真：(021) 5253 004 E-mail：rohumas@kemenkumham. go. id 网址：www. kemenkumham. go. id
6	财政部 Department of inanceSri Mulyani Indrawati, S. E. ,M. Sc. , Ph. D	Jl. Lapangan Banteng Timur No. 2—4,Jakarta 10710	电话：(021) 3861 489 传真：(021) 3500 842 E-mail：helpdesk@kemenkeu. go. id 网址：www. kemenkeu. go. id
7	能源和矿产资源部 Department of Energy and Mineral Resources Ignasius Jonan	Jl. Merdeka Selatan 18,Jakarta 10110	电话：(021) 3804 242； 传真：(021) 3507 210, 3440 649 E-mail：klik@esdm. go. id 网址：www. esdm. go. id
8	工业部 Department of Industry Airlangga Hartarto	Jl. Jend. Gatot Subroto Kav. 52—53, Jakarta 12950	电话：(021) 5255 509 传真：(021) 5255 509 E-mail：humas@kemenperin. go. id 网址：www. kemenperin. go. id
9	贸易部 Department of Trade Drs. Enggartiasto Lukita	Jl. Jend. Gatot Subroto Kav. 52—53,Jakarta 12950	电话：(021) 2352 8404 传真：(021) 3846 106 E-mail：ontact. us@kemendag. go. id 网址：www. kemendag. go. id
10	农业部 Department of Agriculture Dr. Ir. H. Andi Amran Sulaiman, MP	Jl. Harsono RM No. 3 Ragunan PS. Minggu,Jakarta 12550	电话：(021) 5201 587 传真：(021) 7806 305 E-mail：webmaster@pertanian. go. id 网址：www. pertanian. go. id

续表

序号	机构名称	地　址	联系方式
11	林业部 Department of Forestry Dr. Ir. Siti Nurbaya Bakar, M. Sc	Gedung Manggala Wanabakti Jl. Jend. Gatot Subroto Senayan, Jakarta	电话:(021) 8580 067 传真:(021) 8580 067 E-mail:pusdata@menlhk. go. id; 网址:www. menlhk. go. id
12	交通部 Department of Transportation Ir. Budi Karya Sumadi	Jl. Merdeka Barat No. 8, Jakarta 10110	电话 021-3811308 传真 021-3451657 E-mail:info151@dephub. go. id; 网址:www. dephub. go. id
13	海洋渔业部 Department of Maritime and Fisheries Affairs Dr. (HC) Susi Pudjiastuti	Gedung Mina Baharis Jl. Medan Merdeka Timur No. 16, Jakarta 10110	电话:(021) 351 9070 传真:(021) 386 4293 E-mail:humas@kkp. go. id; 网址:www. kkp. go. id
14	劳工与安置部 Department of Manpower and Transmigration Muhammad Hanif Dhakiri, S. Ag. , M. Si.	Jl. Jend. Gatot Subroto Kav. 51, Jakarta 12950	电话:(021) 5255 733 传真:(021) 5296 3276 E-mail:umasnakertrans@gmail. com 网址:www. kemnaker. go. id
15	公共工程部 Department of Public Work Ir . Mochamad Basoeki Hadimoeljono, M. Sc. , Ph. D	Jl. Pattimura No. 20, Kebayoran Baru, Jakarta 12110	电话:(021) 722 8497 传真:(021) 7279 7851 E-mail:menteri@pu. go. id 网址:www. pu. go. id
16	卫生部 Department of Health Prof. Dr. dr. Nila Djuwita F. Moeloek, SpM	Jl. H. R. Rasuna Said Blok X 5 Kav. 4-9 Blok A, Jakarta 12950	电话:(021) 500 567 传真:(021) 5292 1669 E-mail:kontak@kemkes. go. id 网址:www. kemkes. go. id
17	国民教育部 Department of National Education Prof. Dr. Muhajir Effendy, M. AP	Jend. Sudirman Pintu 1 Senayan, Jakarta 10002	电话:(021) 570 3303 传真:(021) 5733 125 E-mail:pusdatin@kemdikbud. go. id 网址:www. kemdikbud. go. id
18	社会部 Department of Social Services Dra. Khofifah Indar Parawansa	Jl. Salemba Raya No. 28, Jakarta 10430	电话:(021) 310 3591 传真:(021) 392 1014 E-mail:siks@kemsos. go. id 网址:www. kemsos. go. id
19	宗教部 Department of Religious Affairs Lukman Hakim Saifuddin	Jl. Lapangan Banteng Barat No. 3-4, Jakarta 10710	电话:(021) 3920 774 传真:(021) 3800 175 E-mail:pinmas@kemenag. go. id 网址 www. kemenag. go. id
20	文化与旅游部 Department of Culture and Tourism Dr. Ir. Arief Yahya, M. Sc.	Jl. Medan Merdeka Barat 17, Jakarta 10110	电话:(021) 383 838 传真:(021) 384 0210 E-mail:info@kemenpar. go. id 网址:www. kemenpar. go. id

续表

序号	机构名称	地　址	联系方式
21	信息与通讯部 Department of Communi- cation and Informatics Rudiantara	Jl. Medan Merdeka Barat No. 9,Jakarta 10110	电话：(021) 3452 841 传真：(021) 3452 841 E-mail：humas@mail. kominfo. go. id 网址：www. kominfo. go. id
		国务部	
1	科技国务部 State Ministry for Re- search and Technology Prof. Drs. H. Muham- mad Nasir, M. Si, Ak, Ph. D, CA	Gedung II BPP Teknologi Lt. 6 Jl. MH Thamrin 8,Jakarta 10340	电话：(021) 3140 830 传真：(021) 3911 789
2	中小企业与合作社国务部 State Ministry for Coop- eratives Small and Medi- um Enterprises Drs. Anak Agung Gede Ngu- rah Puspayoga	Kementerian Koperasi dan Usaha Kecil dan Menengah Jl. H. R. Rasuna Said Kav. 3—5 Kuningan,Jakarta 12940	电话：(021) 7901 440 传真：(021) 7989 746 E-mail：bagdat@depkop. go. id 网址：www. depkop. go. id
3	妇女作用与保护儿童国务 部 State Ministry for Women Empowerment Yohana Susana Yembise	Jl. Merdeka Barat 15, Jakarta 10110	电话：(021) 384 2638 传真：(021) 380 5562 E-mail：humas@kemenpppa. go. id 网址：www. kemenpppa. go. id
4	提高国家机构效率国务部 State Ministry for the Empowerment of State Apparatus H. Asman Abnur, S. E. , M. Si	Jl. Jend. Sudirman Kav. 69,Jakarta	电话：(021) 739 8381 传真 021 5252 720 E-mail：halomenpan@menpan. go. id 网址：www. menpan. go. id
5	落后地区发展国务部 State Ministry for Accel- eration Development Backward Regions Eko Putro Sandjojo, BSEE. , M. BA.	Jl. Abdul Muis No. 7, Jakarta	电话：(021) 7994 372 传真：(021) 350 0334 E-mail：humas@kemendesa. go. id 网址：www. kemendesa. go. id
6	国家发展计划国务部 State Ministry for Chair- person of the National Development Planning A- gency Bambang Permadi Soemantri Brodjonegoro, Prof. , S. E. , M. U. P. , Ph. D.	Jl. Taman Suropati No. 2, Jakarta 10310	电话：(021) 3193 6207 传真：(021) 3145 374 E-mail：ditpolkom@bappenas. go. id 网址：www. bappenas. go. id
7	国有企业国务部 State Ministry for State Owned Enterprises Rini Mariani Soemarno	Jl. Medan Merdeka Selatan No. 13, Jakarta 10110	电话：(021) 2993 5678 传真：(021) 2993 5742 E-mail：sekretariat@bumn. go. id 网址：www. bumn. go. id

序号	机构名称	地　址	联系方式
8	青年与体育国务部 State Ministry for Youth and Sports Affairs H. Imam Nahrawi, S. Ag.	Jl. Gerbang Pemuda No. 3 Senayan, Jakarta 10270	电话:(021) 5738 155 传真:(021) 5738 318 E-mail:sisinfo@kemenpora.go.id 网址:www.kemenpora.go.id
相当于部级机构			
1	最高检察院 Attorney General Drs. H. Muhammad Prasetyo, S. H, M. H	Jl. Sultan Hasanudin No. 1 Pusat Instakrim, Jakarta Selatan	电话:(021) 722 1269 传真:(021) 722 1269 E-mail: humas. puspenkum @ kejaksaan. go. id 网址:www. kejaksaan. go. id
2	印度尼西亚最高军事委员会 Chief of the Indonesian Military 主席 Jenderal TNI Gatot Nurmantyo	Mabes Tentara Nasional Indonesia Cilangkap, Jakarta 13870	电话:(021) 8459 5576 传真:(021) 8459 1193 E-mail:ppidtni@puspen. tni. mil. id 网址:www. tni. mil. id
3	印度尼西亚警察总署 Chief of the Indonesian PoliceJenderal Polisi Drs. H. M. Tito Karnavian, M. A. , Ph. D	Mabes Polri Jl. Trunojoyo 3, JakSel	电话:(021) 9126 1059 传真:(021) 7218 741 E-mail:mabes@polri. go. id 网址:www. polri. go. id
政府直属机构			
1	国家档案馆 National Archives of Republic of Indonesia	Jl. Ampera Raya, Cilandak Timur, Jakarta 12560	电话:(021) 780 5851 传真:(021) 780 5812 E-mail:info@anri. go. id 网址:www. anri. go. id
2	国家情报委员会(正部级) The State Intelligence Board	Jl. Seno II/b 1, Pejaten Timur,Jakarta	网址:www. bin. go. id
3	国家雇员委员会 State Employees Board	Jl. Letjen Sutoyo No. 12, Jakarta 13640	电话:(021) 8093 008 传真:(021) 8010 301 网址:www. bkn. go. id
4	国家计划生育委员会 National Family Planning Coordination Board	Jl. Permata No. 1, Halim Perdanakusuma, Jakarta 1360	电话:(021) 8098 018 传真:(021) 8008 554 E-mail:admin. web@bkkbn. go. id 网址:www. bkkbn. go. id
5	国家投资协调署(正部级) Investment Coordinating Board Thomas Trikasih Lembong	Jl. Jenderal Gatot Subroto No. 44, Jakarta 12190	电话:(021) 5252 008 传真:(021) 5202 050 E-mail:info@bkpm. go. id 网址:www. bkpm. go. id
6	国家测绘局 Geospatial Information Board	Jl. Raya Jakarta — Bogor Km. 46,Cibinong	电话:(021) 8753 15 传真:(021) 8790 8988 E-mail:info@big. go. id 网址:www. bakosurtanal. go. id

续表

序号	机构名称	地　址	联系方式
7	国家地理气象局 Meteorology and Geophysics Board	Jl. Angkasa I No. 2, Kemayoran, Jakarta Pusat	电话：(021) 4246 321 传真：(021) 4246 703 E-mail：info@bmkg. go. id 网址：www. bmkg. go. id
8	国家食品药品管理局 National Agency of Drug and Food Control	Jl. Percetakan Negara No. 23, Jakarta 10560	电话：(021) 4244 691 传真：(021) 426 3333 E-mail：ppid@pom. go. id 网址：www. pom. go. id
9	商品期货交易管理委员会 Commodity Futures Trading Controlling Board	Gedung Bappebti Lt. 3—5, Jl. Kramat Raya No. 172, Jakarta 10430	电话：(021) 3192 4744 传真：(021) 3192 3204 E-mail：bappebti@bappebti. go. id 网址：www. bappebti. go. id
10	原子能管理委员会 Nuclear Energy Controlling Board	Jl. Gajah Mada No. 8, Jakarta 10120	电话：(021) 6385 8269—70 ext. 2129, 2147, 2154 传真：(021) 6385 8269—70 E-mail：info@bapeten. go. id 网址：www. bapeten. org
11	国家审计和发展监督局 Audit and Development Supervising Agency	Jl. Pramuka No. 33, Jakarta 13120	电话：(021) 8591 0031 传真：(021) 8590 0608 E-mail：humas@bpkp. go. id 网址：www. bpkp. go. id
12	专利局 Agency for the Assesment and Application Technology	Jl. M. H. Thamrin No. 8, Jakarta 10340	电话：(021) 316 8200 传真：(021) 390 4573 E-mail：humas@bppt. go. id 网址：www. bppt. go. id
13	国家土地局 National Land Agency	BPN—SIP Lantai 5 Jl. Sisingamangaraja No. 2, Keb. Baru, Jakarta 12110	电话：(021) 7228 901 传真：(021) 7228 901 E-mail：humas@bpn. go. id 网址：www. bpn. go. id
14	中央统计局 Central Board of Statistic 局长 鲁斯曼·赫利亚宛 (Rusman Heriawan)	Jl. Dr. Sutomo No. 6—8, Jakarta 10710	电话：(021) 3841 195 传真：(021) 3857 046 E-mail：bpshq@bps. go. id 网址：www. bps. go. id
15	国家标准化署 National Standardization Board	Gd. Manggala Wanabhakti Blok IV, 4th Flor Jl. G. S, Jakarta 10270	电话：(021) 3927 422 传真：(021) 3927 527 E-mail：bsn@bsn. or. id 网址：www. bsn. or. id
16	国家原子能局 National Nuclear Energy Board	Jl. Kuningan Barat, Mampang Prapatan, Jakarta 12710	电话：(021) 5251 109 传真：(021) 5251 110 E-mail：humas@batan. go. id 网址：www. batan. go. id

续表

序号	机构名称	地址	联系方式
17	物流管理委员会 Logistic Concern Board	Jl. Gatot Subroto No. 49，Jakarta 12950	电话：(021) 5252 209 传真：(021) 5252 209 E-mail：redaksiweb@bulog. co. id 网址：www. bulog. co. id
18	国家管理学院 National Institute of Ad- ministration	Lembaga Administrasi Negara Jl. Veteran No. 10， Jakarta 10110	电话：(021) 3868 201－05 传真：(021) 3868 201 E-mail：kepala@lan. go. id 网址：www. lan. go. id
19	印度尼西亚科学院 Indonesian Institute of Sciences	Gedung Widya Sarwono Jl. Jend. Gatot Subroto No. 10，Jakarta 12710	电话：(021) 5225 711 传真：021－5207226 E-mail：humas@mail. lipi. go. id 网址：www. lipi. go. id
20	国家航空航天研究院 National Institution of Space and Aeronautics	Jl. Pemuda Persil No. 1，Jakarta 13220	电话：(021) 4892 802； 传真：(021) 4892 815 E-mail：humas@lapan. go. id 网址：www. lapan. go. id
21	国家图书馆 National Library of Re- public Indonesia	Jl. Salemba Raya 28A， Jakarta 10430	电话：(021) 3101 411 传真：(021) 3103 554 E-mail：info@perpusnas. go. id 网址：www. perpusnas. go. id
地方省级政府			
1	雅加达首都特区 (DKI Jakarta Province) 省会城市 雅加达(Jakar- ta)	l. Merdeka Selatan Blok. 8－9 Jakarta Pusat Indonesia	电话：(021) 3822 255 传真：(021) 3822 255 E-mail：dki@jakarta. go. id 网址：www. jakarta. go. id
2	万丹省(Banten Province) 省会城市 塞朗(Serang)	l. Syech Nawawi Al Bantani No. 1，Serang	电话：(0254) 200 123 传真：(0254) 200 520 E-mail：admin@bantenprov. go. id 网址：www. bantenprov. go. id
3	日惹行政特区 (D. I. Yogyakarta Prov- ince) 省会城市 日惹 (Yogyakarta)	Komp. Kepatihan Danurejan， Yogjakarta 55213	电话：(0274) 562 811 传真：(0274) 588 613 E-mail：santel@jogjaprov. go. id 网址：www. jogjaprov. go. id
4	西爪哇省 (West Java Province) 省会城市 万隆 (Bandung)	Jl. Tamansari No. 55，Ban- dung	电话：(022) 2502 898 传真：(022) 2511 505 E-mail：info@jabarprov. go. id 网址：www. jabarprov. go. id
5	东爪哇省 (East Java Province) 省会城市 泗水 (Surabaya)	Jl. Ahmad Yani 242－ 244，Surabaya	电话：(031) 8294 608 传真：(031) 8294 517 E-mail：kominfo@jatimprov. go. id 网址：www. jatimprov. go. id

续表

序号	机构名称	地　址	联系方式
6	中爪哇省 (Central Java Province) 省会城市 三宝垄 (Semarang)	Jl. Pahlawan No. 9, Semarang	电话：(024) 8311 174 传真：(024) 8443 916 E-mail：humas@jatengprov. go. id 网址：www. jatengprov. go. id
7	巴厘省 (Bali Province) 省会城市 登帕萨 (Denpasar)	Jl. Basuki Rachmat Niti Mandala Renon, Bali	电话：(0361) 224 671 传真：(0361) 226 491 E-mail：info@baliprov. go. id 网址：www. baliprov. go. id
8	亚齐行政特区 (Nanggroe Aceh Darus- salam Province) 省会城市 班达亚齐 (Banda Aceh)	Jl. T. Nyak Arief No. 219,Banda Aceh 23114	电话：(0651) 7551 377 传真：(0651) 7552 307 E-mail：humas@acehprov. go. id 网址：www. acehprov. go. id
9	北苏门答腊省 (North Sumatera Prov- ince) 省会城市 棉兰 (Medan)	Jl. P. Diponegoro No. 30, Medan	电话：(061) 4538 045 传真：(061) 4513 830 E-mail：bappedasu@sumutprov. go. id 网址：www. sumutprov. go. id
10	朋古鲁省 (Bengkulu Province) 省会城市 朋古鲁 (Bengkulu)	Jl. Pembangunan No. 1 Padang Harapan, Bengkulu 38224	电话：(0736) 21450； 传真：(0736) 21092 E-mail：bpbd@bengkuluprov. go. id 网址：www. bengkuluprov. go. id
11	廖内省 (Riau Province) 省会城市 北干巴鲁 (Pekanbaru)	Jl. Jen. Sudirman No. 460, Pekanbaru	电话：(0761) 45505 传真：(0761) 45505 E-mail：diskominfo@riau. go. id 网址：www. riau. go. id
12	廖内群岛省 (Riau Mainland Province) 省会城市 丹戎槟榔 (Tanjungpinang)	Gedung Sultan Mahmud Riayat Syah Tanjungpinang,Riau Mainland 29124	电话：(0771) 4575 000 传真：(0771) 4575 000 E-mail：info@kepriprov. go. id 网址：www. kepriprov. go. id
13	西苏门答腊省 (West Sumatera Prov- ince) 省会城市 巴东 (Padang)	Jln. Jend Sudirman No. 51, Padang	电话：(0751) 37626 传真：(0751) 31549 E-mail：biro_humas@sumbarprov. go. id 网址：www. sumbarprov. go. id
14	南苏门答腊省 (South Sumatera Prov- ince) 省会城市 巨港 (Palembang)	Jl. Kapten A. Riai No. 3,Palembang	电话：(0711) 352 388 传真：(0711) 357 483 E-mail：webmaster@sumselprov. go. id 网址：www. sumselprov. go. id
15	邦加—勿里洞省 (Bangka Belitung Prov- ince) 省会城市 邦加槟榔 (Pangkalpinang)	Jalan Pulau Bangka, Air Itam, Pangkalpinang 33149	电话：(0717) 4262 141—142 传真：(0717) 4262 143 E-mail：info@babelprov. go. id 网址：www. babelprov. go. id

续表

序号	机构名称	地 址	联系方式
16	占碑省 (Jambi Province) 省会城市 占碑 (Jambi)	Jl. A Yani No. 1 Telanaipura, Jambi 36128	电话:(0741) 66269 传真 0741－66269 E-mail:diskominfo@jambiprov. go. id 网址:www. jambiprov. go. id
17	楠榜省 (Lampung Province) 省会城市 班达尔楠榜 (Bandarlampung)	Jl. Wr. Monginsidi 69, Telukbetung 35215	电话:(0721) 481 107; 传真:(0721) 481 107 E-mail:diskominfo@lampungprov. go. id 网址:www. lampungprov. go. id
18	巴布亚省 (Papua Province) 省会城市 查亚普拉 (Jayapura)	Jl. Soa Siu Dok Jayapura － Papua	电话:(0967) 537 523 传真:(0967) 531 847 网址:www. papua. go. id
19	西巴布亚省 (West Papua Province) 省会城市 马诺克瓦里 (Manokwari)	Jln. Siliwangi No. 1, Manokwari	电话:(0986) 211 719 传真:(0986) 213 124 网址:www. papuabaratprov. go. id
20	哥伦打洛省 (Gorontalo Province) 省会城市 哥伦打洛 (Gorontalo)	Jl. Sapta Marga Gorontalo	电话:(0435) 821 277 传真:(0435) 828 281 网址:www. gorontaloprov. go. id
21	西加里曼丹省 (West Kalimantan Province) 省会城市 坤甸 (Pontianak)	Jl. A. Yani, Pontianak	电话:(0561) 736 541 传真:(0561) 749 702 E-mail:sekda@kalbar. go. id 网址:www. kalbar. go. id
22	南加里曼丹省 (South Kalimantan Province) 省会城市 马辰 (Banjarmasin)	Jl. Jend. Sudirman No. 14 Ban- jarmasin 70114	电话:(0511) 336 3845, 335 2667 传真:(0511) 436 4197, 335 1187 E-mail:webmaster@kalsel. go. id 网址:www. kalselprov. go. id
23	中加里曼丹省 (Middle Kalimantan Province) 省会城市 帕朗卡拉亚 (Palangka Raya)	Jl. RTA Milono No. 1, Palangka Raya 73000	电话:(0536) 323 1496, 322 1955 传真:(0536) 323 1422 E-mail:kaltengweb@yahoo. co. uk 网址:www. kalteng. go. id
24	东加里曼丹省 (East Kalimantan Province) 省会城市 三马林达 (Samarinda)	JL Gadjah Mada 2, Samarinda	电话:(0541) 733 333 － 164/160 传真:(0541) 741 981 E-mail:humas@kaltimprov. go. id 网址:www. kaltimprov. go. id
25	马鲁古省 (Maluku Province) 省会城市 安汶 (Ambon)	Jl. Dr. Latumeten No. 12, Ambon	电话:(0911) 342 460 传真:(0911) 342 460 E-mail:admin@malukuprov. go. id 网址:www. malukuprov. go. id

续表

序号	机构名称	地　址	联系方式
26	北马鲁古省 (North Maluku Province) 省会城市 德尔纳特 (Ternate)	Jl. Pahlawan Revolusi No. 1 Ternate	电话：(0921) 321 044 传真：(0921) 326 155 网址：www. maluku－utara. go. id
27	东南苏拉威西省 (South East Sulawesi Province) 省会城市 肯达里 (Kendari)	Kompleks bumi Pradja An-duonouhu Kendari 93232	电话：(0401) 391 609； 传真：(0401) 391 614 E-mail：webmaster@sultra. go. id 网址：www. sultra. go. id
28	北苏拉威西省 (North Sulawesi Province) 省会城市 万鸦老 (Manado)	Jl. 17 Agustus No. 69, Manado	电话：(0431) 865 559－176,179, 172 传真：(0431) 855 950 E-mail：kpde@sulut. go. id 网址：www. sulut. go. id
29	南苏拉威西省 (South Sulawesi Province) 省会城市 望加锡 (Makassar)	JL. Urip Sumoharjo 269, Makassar 90245	电话：(0411) 449 979 传真：(0411) 449 979 E-mail：info@sulsel. go. id 网址：www. sulsel. go. id
30	中苏拉威西省 (Middle Sulawesi Province) 省会城市 帕卢 (PALU)	BAPPEDA Jln. Prof. Dr. Moh. Yamin, SH No. 7 PALU 94112	电话：(0451) 421844, 421845 传真：(0451) 421844 E-mail：admin@sulteng. go. id； 网址：www. sulteng. go. id
31	西苏拉威西省 (West Sulawesi Province) 省会城市马穆朱 (Mamuju)	Jl. Ahmad Yani No. 1 Mamu-ju 91511	电话：(0426) 22680, 22677 传真：(0426) 22680, 22677 E-mail：webmaster@sulbar. com 网址：www. sulbar. com
32	西努沙登加拉省 (West Nusa Tenggara Province) 省会城市 马塔兰 (Mataram)	—	电话：(0370) 62833 传真：(0370) 651020 E-mail：pde@ntb. go. id 网址：www. ntb. go. id
33	东努沙登加拉省 (East Nusa Tenggara Province) 省会城市 古邦 (Kupang)	Jl. Raya El Tari No. 52 Kupang	电话：(0380) 824 843 传真：(0380) 830814 E-mail：kpde@nttprov. go. id； 网址：www. nttprov. go. id
印度尼西亚驻中国使领馆			
1	印度尼西亚共和国 驻中华人民共和国大使馆 Embassy of the Republic of Indonesia in P. R. C	Dong Zhi Men Wai Da Jie No. 4 Chaoyang District，Beijing，100600，P. R. China	电话：(86－10) 6532－5486/5488 传真：(86－10) 6532－5368/5782 E-mail：kombei@public3. bta. net. cn 网址：www. indonesianembassy china. com

续表

序号	机构名称	地　　址	联系方式
2	印度尼西亚共和国驻广州总领事馆 Consulate General of the Republic of Indonesia in Guangzhou	Dong Fang Hotel West Bulding 2/F Rooms 1201 — 1223 120 Liu Hua Road Guangdong, Guangzhou 510016, P. R. China	电话:(86—20) 8601—8772/8790 传真:(86—20) 8601—9773/8722
3	印度尼西亚共和国驻香港总领事馆 Consulate General of the Republic of Indonesia in Hongkong	127—129 Leighton Road 6—8 Keswick Street Causeway Bay Hong Kong, P. R. China	电话:(852) 2890—4421 to 8 传真:(852) 2895—0139 E-mail:kjrihkg@netvigator.com 网址:www. kjrihkg. org. hk

附录 2　中国驻印度尼西亚大使馆联系方式

序号	机构名称	地　址	邮　箱
1	中国驻印度尼西亚大使馆	Jl. Mega Kuningan No. 2 Jakarta Selatan 12950，Indonesia	电话：0062-21-5761039 5761037 传真：0062-21-5761038 网址：http://id. china-embassy. org
2	中国驻印度尼西亚大使馆经济商务参赞处	Jl. Mega Kuningan Barat 7，Jakarta 12950，Indonesia	电话：0062-21-5761048/49/50 传真：0062-21-5761051

附录3　印度尼西亚主要商协会联系方式

序号	机构名称	地　址	联系方式
1	印度尼西亚工商会中国委员会 Kadin Indonesia Komite Tiongkok（KIKT）	Jl. Iman Bonjol No. 80，Jakarta 10310，Indonesia	电话：0062-21-39831308 传真：0062-21-39831307 E-mail：secretariat@kikt. or. id
2	印度尼西亚中华总商会 Indonesian Chinese Entrepreneur Association	Dutsche Bank Building 11th Floor Jl. Imam Bonjol No. 80 Jakarta-0310 Indonesia	电话：0062-21-3983136 传真：0062-21-39831369 E-mail：info@perpit. or. id 网址：www. perpit. or. id/cn
3	印度尼西亚-中国经济、社会与文化合作协会 Association of Indonesia-China Economic Social and Culture Cooperation	Jl. Jendral Sudirman Kav. 86，Jakarta 10220	电话：0062-21-29022699 传真：0062-21-29022694 E-mail：james_isd@gmail. com
4	印中商务理事会 Indonesia China Business Council	Gedung Maspion Plaza Lt. 18 Jl. Gunung Sahari Ray-a No. 18 Jakarta 14420 INDONESIA	电话：0062-21-3910947 E-mail：icbccenter@yahoo. com
5	印度尼西亚雇主协会	Jl. Kuningan Mulia Kav. 9C，Guntur, Jakarta 12980	电话：0062-21-83780824 网址：www. apindo. or. id/en

附录 4 在印度尼西亚主要中资企业及行业分会一览表

序号	分会名称	代表企业
1	火电分会	中国技术进出口总公司印度尼西亚代表处、神华国华电力驻印度尼西亚代表处、大唐海外投资公司驻印度尼西业项目部、华电科工印度尼西亚区域公司
2	新能源分会	中国电力建设集团国际工程有限公司印度尼西亚代表处、葛洲坝集团印度尼西亚项目部、中化印度尼西亚巨港电站公司
3	机电设备分会	三一印度尼西亚机械有限公司、长虹印度尼西亚电器有限公司
4	农业分会	天津聚龙集团印度尼西亚区域公司、新希望集团印度尼西亚股份有限公司
5	金融分会	中国太平保险印度尼西亚有限公司、中国人寿印度尼西亚有限公司、中国出口信用保险印度尼西亚工作组、中国工商银行(印度尼西亚)公司、中国银行雅加达分行、中国建设银行(印度尼西亚)公司、国开行印度尼西亚代表处(筹)、进出口银行印度尼西亚工作组
6	轨道交通分会	中国交建(印度尼西亚)公司、中国中铁国际印度尼西亚公司、中铁建印度尼西亚公司
7	建筑材料分会	印度尼西亚海螺水泥有限公司、中国建筑股份有限公司
8	矿业冶金分会	富海(印度尼西亚)公司、青山钢铁苏拉威西工业园区公司、中钢印度尼西亚有限公司、中冶印度尼西亚公司
9	物流运输分会	中国远洋集团印度尼西亚分公司、中国国际航空雅加达代表处、东方航空雅加达代表处、南方航空雅加达代表处、厦门航空雅加达代表处
10	石油化工分会	中国石化国际石油勘探开发公司印度尼西亚分公司
11	水工分会	中国港湾(印度尼西亚)有限公司
12	房地产分会	华夏幸福印度尼西亚区域公司、碧桂园印度尼西亚区域公司

附录 5 "三北一岛"开发计划 27 个投资项目列表

编号	项 目	地 点	投资总值	资金计划	所有者	备 注
1	Kuala Tanjung 国际枢纽港和工业区	北苏门答腊	37 亿美元	国企分配(与私企有潜在合作可能)	印度尼西亚港口管理有限公司一局	Kuala Tanjung 作为港口和工业园的综合区域,其开发分两个阶段进行。第一阶段是开发多用途港口,长度 500 米,有 2 个侧靠泊位,用于集装箱、液体散装和散装货物。第二阶段是发展国际枢纽港
2	Sei Mangkei 工业园区	北苏门答腊			印度尼西亚种植园有限公司三局	SeiMangkei 经济特区是一个基于棕榈油和橡胶的工业中心,定位是以农业为基础的行业材料中心
3	SeiMangkey 250 兆瓦发电厂	北苏门答腊	2.86 亿美元		印度尼西亚种植园有限公司三局	第一阶段预计将开发 10 兆瓦发电厂,为 SeiMangkei 工业园的客户供电。之后,将继续开发 250 兆瓦发电厂,国营农园控股公司三局将为发电厂提供土地,印度尼西亚国家石油公司负责供气
4	Kualanamu 机场(战略合作关系)	北苏门答腊	7.67 亿美元	合资运营,合作伙伴投资份额不超过 49%	印度尼西亚机场服务公司二局	投资分为两部分。第一部分需 2.83 亿美元建设航站楼外的商业区。第二部分需 4.83 亿美元用于开发机场第二跑道、滑行道、航站楼和其他设施,包括货仓、机库和停机坪区域等
5	TanahKuning 国际枢纽港和工业区	北加里曼丹	1.1 亿美元	国企分配(与私企有潜在合作可能)	KayanPatriaPropertindo 有限公司	发展综合工业园以吸引更多企业赴北加里曼丹投资,面积 800 公顷
6	TanahKuning 综合经济区印度尼西亚战略工业有限公司	北加里曼丹	39 亿美元	30% 的股权,70%的债务	印度尼西亚 Garuda Realti 有限公司	印度尼西亚战略工业有限公司已启动 11 300 公顷综合经济区建设。综合经济区以水力发电和太阳能电池板发电厂等形式提供清洁能源
					印度尼西亚 Garuda Properti 有限公司	面积 2 500 公顷的工业园,初期开发土地 1 040 公顷,涵盖 4 类工业,另有 1 460 公顷土地用于建造设备和其他基础设施
7	Mangkupadi 工业园 - TanahKuning	北加里曼丹	7.3 亿美元	25% 的股权,75%的债务	Ask 集团和葛洲坝集团	由 DragonLand 有限公司负责征地,在 KIPI 工业园区的划定范围,BCAP 有限公司拥有 9 674 公顷土地。DragonLand 有限公司将升级和建设国际化的基础设施,以整合工业区和国际海港
8	Mangkupadi, KIPI 工业园公共和基础设施 - Tanahkuning	北加里曼丹	4 000 万美元	股权投资	DragonLand 有限公司	国际海港将于 2019 年底开始建设,2021 年底开始商业运营。国际海港计划与 Inalum 公司(一家冶炼公司)合作,该公司要求建设自己的产品运输点

续表

编号	项目	地点	投资总值	资金计划	所有者	备 注
9	KIPI 国际海港 - Tanah-Kuning	北加里曼丹	8.5 亿美元	股权投资	DragonLand 有限公司	水力发电厂 大致容量:安装 1 300 兆瓦;安全功率:800 兆瓦
10	SEB-KPP-国家电网综合解决方案	北加里曼丹	20 亿美元	JV 集团控股＋项目融资	印度尼西亚卡扬水电能源公司,中国水电建设集团	传输:距离 TanahKuning 工业园 200 千米
11	卡扬河流域水电项目	北加里曼丹	178 亿美元	30% 的股权,70%的债务	Sinorohydro 有限公司 Leeman 国际能源公司	初步规划大坝地址距离 Sembakung 河下游的 Mansalong 镇约 63 千米
12	Sembakung 水电厂	北加里曼丹	7. 31 亿美元	30% 的股权,70%的银行融资	印度尼西亚 HanergyPower 有限公司	总容量:250 兆瓦北加里曼丹的 KIPI1 000 兆瓦燃煤电厂于 2019 年底开始建设,并于 2022 年底投入运营
13	KIPI1. 000 兆瓦燃煤电厂 - TanahKuning	北加里曼丹	20 亿美元	股权投资	DragonLand 有限公司	卡扬水电站 A 位于加里曼丹省北部卡扬河下游,距离巴好河和卡扬河交汇处上游 4.5 千米。共安装 6 间厂房,总装机容量 1 000 兆瓦,每年发电量 6 286 吉瓦时(十亿瓦特)
14	卡扬河和巴河的水电站项目	北加里曼丹	15 亿美元	25% 的股权,75%的债务	DHEI 公司和葛洲坝集团	印度尼西亚 PrimeSteel 有限公司将开发一个综合钢铁加工园,包括一个铁矿石加工厂和一个钢铸造厂,并计划在第三阶段建设结束时年产量达 300 万吨
15	综合钢铁加工园-印度尼西亚 PrimeSteel 有限公司	北加里曼丹	20 亿美元(3 个阶段)	30% 的股权,70%的债务	MCCOverseas 有限公司	DragonLand 有限公司、华东工程科技有限公司、ArrtuMegaEnergie 有限公司已签署购买二甲醚技术协议,用于生产 2 000 000 百万吨/年的产品,这将使液化石油气的进口费用减少 36.4%
					Tambang 有限公司	Kaltara 地区的簇状铝可用于生产铝锭及其衍生产品,例如坯料,合金等。该项目将拥有高达 1 000 000 吨/年的生产能力,计划将分两期建造,要求电力为 850～1 700 兆瓦
16	KIPI 二甲醚(煤改气)项目 -TanahKuning	北加里曼丹	36 亿美元	股权投资	DragonLand 有限公司	Bitung 经济特区主要是渔业和椰子产业,印度尼西亚政府于 2014 年开发该特区,并取得了印度尼西亚东部地区的物流支持。政府在该经济特区实行的财政和非财政激励政策将为投资者带来好处
17	铝矿集群项目 -Bulungan	北加里曼丹	60. 3 亿美元	30% 的股权,70%的债务	Inalum	总面积:534 公顷
18	Bitung 工业园	北苏拉威西	1.7 兆印度尼西亚盾	投资商及买家	MembangunSulutHebat 有限公司	占地 500 公顷,远离闹市,图像隔离对于该项目的成功非常重要,因为这将使游客置身于完全丰富的自然环境中,远离城市生活的影响,并提供一种特殊的感觉它是一个幸福之岛的愿景,为蓬勃发展的国际创意社区提供可持续发展的生态系统

续表

编号	项 目	地 点	投资总值	资金计划	所有者	备 注
19	KEKLi kupang 旅游区	北苏拉威西	16 兆印度尼西亚盾	投资商及买家	Minahasa Permai Resort Development 有限公司	创建创新科技园区生态系统
20	巴厘岛海龟岛	巴厘岛	70 亿～80 亿美元	投资商	Bali Turtle Island Development 有限公司	PLTU Celukan Bawang 有限公司正在开发位于巴厘岛北部 2×350 兆瓦的燃煤蒸汽发电厂("项目")。PLTU Celukan Bawang 有限公司将确保电力供应的可靠性,并力争成为岛上的主要发电实容量:50～250 兆瓦
21	Celukan-Bawang 燃煤电厂	巴厘岛	15.5 亿美元	30％ 的股权,70％的债务	上海电气集团,Merryline International 有限公司	地位:分散在苏门答腊、加里曼丹、苏拉威西、巴布亚、马鲁
22	中型发电厂	爪哇岛外	30 亿美元	30％ 的股权,70％的债务	西门子印度尼西亚有限公司和中国国企	容量:南加里曼丹省东南部 3:2×100 兆瓦 南加里曼丹省东南部 4:2×100 兆瓦
						开发东南亚最高建筑,印度尼西亚的新国家标志(638 米,2020 年成为第五高楼)
23	Mine Mouth 燃煤电厂	中加里曼丹	每项目 3.5 亿～3.8 亿美元	20％ 的股权,80％的债务	印度尼西亚国电公司,转让给子公司 PJB 有限公司	项目占地 30 000 公顷,第一阶段将开发约 8 000 公顷
24	签名塔	雅加达	17 亿美元	股权及债务	Grahamas Adisentosa 有限公司	BAP 有限公司将建设年产量为 150 万吨的氧化铝冶炼厂,以及特殊用途港口和其他配套设施。KBS 有限公司将为铝产品下游行业建设工业区
25	印度尼西亚-中国经济特区,位于 Jonggol	西爪哇	90 亿美元	私人所有(合资企业),PPP 模式	Bukit Jonggol Asri 有限公司	总面积:2 150 公顷
26	Ketapang 综合工业区	西加里曼丹	15 亿美元	30％ 的股权,70％的债务	Ketapang Bangun Sarana 有限公司,Borneo Alumindo Prima 有限公司	工业园区主要瞄准建筑材料生产,先进建材制造,将采用智能化工业园运营,并通过电子商务驱动先进物流。项目可行性研究正在进行中。覆盖面积为 15 平方千米
27	印度尼西亚美加达-中国国际智能协同建材工业园	西爪哇	188 亿美元	出口买方信用	Mahkota SentosaUtama 有限公司	Kuala Tanjung 作为港口和工业园的综合区域,其开发将分两个阶段进行。第一阶段是开发多用途港口,长度 500 米,有 2 个侧靠泊位,用于集装箱、液体散装和散装货物。第二阶段是发展国际枢纽港